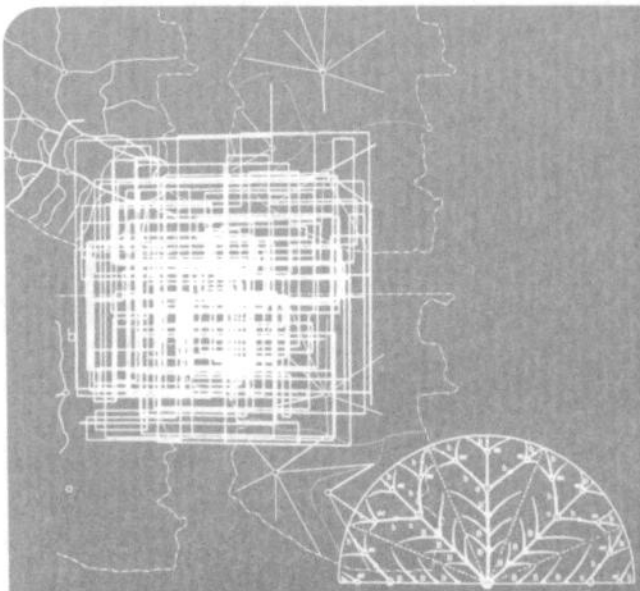

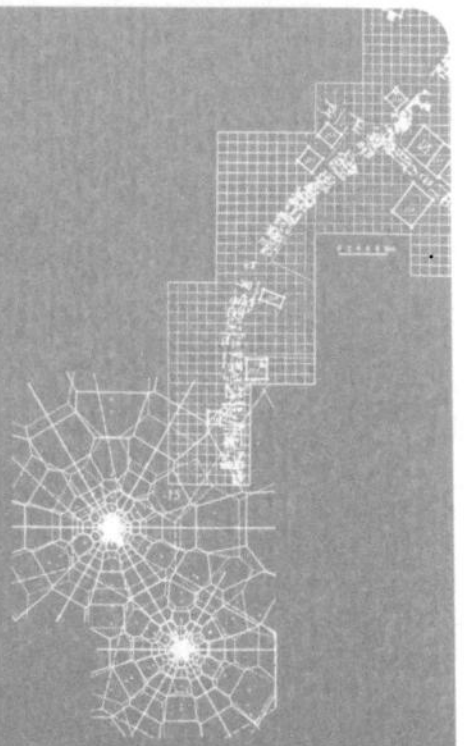

レイアウトの法則

アートとアフォーダンス

佐々木正人

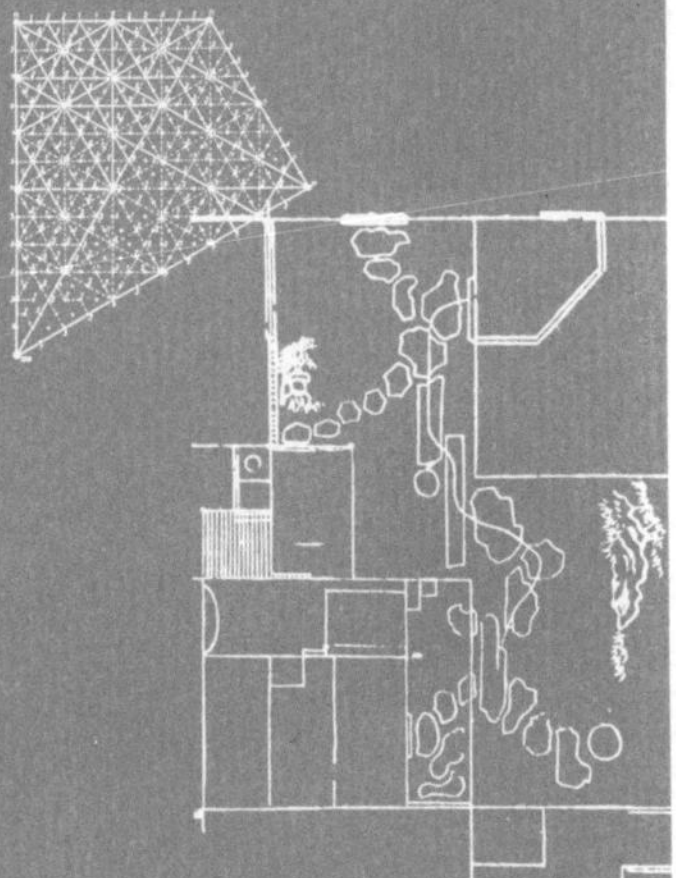

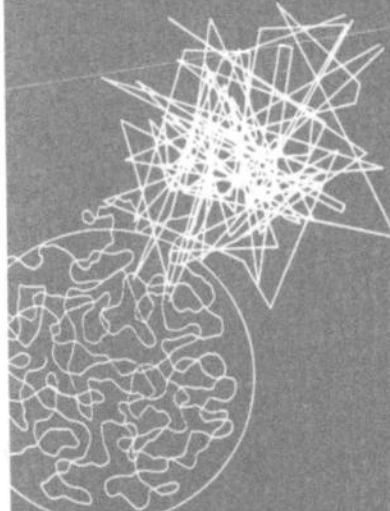

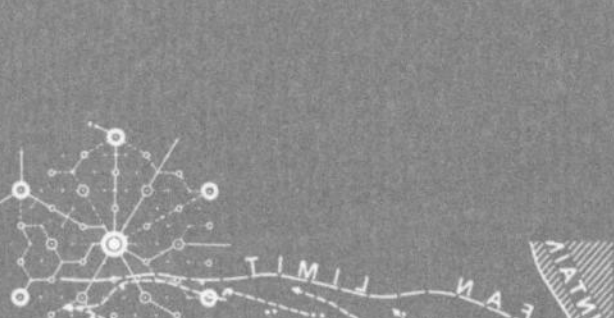

春秋社

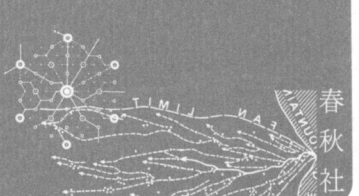

レ イ ア ウ ト の 法 則

目次

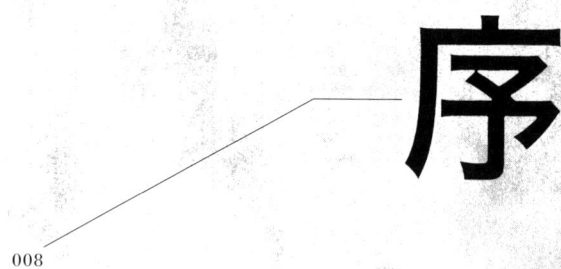

レイアウトの法則

アートとアフォーダンス

序

誰もがいつも見ていながら言葉にしなかったことがある。二〇世紀の半ば、一人の男がそれに気がついた。周囲に肌理《キメ》があるということである。

自分が発見したことがどのようなことなのか、人々に知らせるために、その男は六枚の写真を選んだ。「視覚的肌理の例」というタイトルがつけられている。どの写真にも、確かに肌理が写っている。

香りたつ草原の真昼に、放置されて古くなった木製の荷車
切りたてのオレンジ
絶えることなく砂浜に押し寄せている波と海岸の植物群落
石造りの街、木漏れ陽の下、傾斜している石畳の歩道と地下窓を開けた家並
表面を平らに削られ使い込まれた硬い石に、深く打ち込まれている鉄具
焼き上がったばかりのパンの切り口

周囲のどの表面にも細かな粒が満ちており、それがある秩序、つまり肌理をなしている。写真には肌理の発見の驚きが示されている。どの写真でも、肌理は物の性質をよく表わしている。

写真が六枚あることで、もう一つのことがわかる。

撮影した所と対象との距離は六つの情景で一様ではない。しかし、どの写真にも肌理が写っている。肌理はどこにいても、つまり周囲の表面に接近しても、遠ざかっても見える。つまり、どこに立っても、そこで見える肌理がある。

人に近づけば皮膚が見え、遠ざかれば顔が見える。山に近づけば木肌が見え、遠ざかれば森が見える。皮膚も、顔も、人も、木肌も、森も、山も、肌理である。

このように肌理はどこにでもあり、そして肌理どうしは繋がっている。顔と皮膚の肌理、木肌と森の肌理には区切れ目がない。移動して観察する所を変えると、新しい肌理が見えてくるが、いままで見ていた肌理がどこで終わり、どこから新しい肌理が見え始めたのかは

『視覚世界の知覚』(Gibson, J. J. (1950))より

FIGURE 29. Some Examples of Visual Texture

言えない。そういうきっちりした境界線は肌理どうしにはない。

肌理は肌理になだらかに変移する。周囲に肌理を発見した男は、肌理と肌理が包摂するこの関係を「入れ子」と表現した。私たちを取り囲んでいる肌理は、このように次から次へと現われる新しいレベルの肌理を埋め込んでいる。移動するといま見えている肌理から分岐する肌理が現われる。だから肌理を見るということで、周囲がどこまでも途切れていないということを知ることになる。

本書がレイアウトとよぶのは、この肌理の性質を持つ周囲のことである。周囲にはレイアウトがある。レイアウトは他に例のない仕方で世界を繋げている。私たちはレイアウトを知ることで、世界の「全体」を知ることになる。

これまで人は、周囲にあることを物とよんできた。物には他との境界がある。だから一つずつ名前をつけられる。人は物を発見しては名前をつけてきた。辞書には既に膨大な名詞が収められている。人はさらに、物の輪郭を平面に表現する遠近法という技術を発明した。人は輪郭と言語、この二つで世界を明晰に記述できると考えてきた。

しかし周囲にあることがレイアウトだとすると、世界を区切り取るこの方法は無効になる。なぜならレイアウトには輪郭がない。入れ子しているレイアウトに名前をつけることには無理がある。顔と皮膚という言葉でレイアウトを区切ると、顔を顔に見せ、皮膚を皮膚に見せているレイアウトが連続しているという事実が無視されてしまう。

レイアウトを発見した男の名前をジェームス・ギブソンという。知覚心理学者の彼は、周囲の表面をレイアウトにしている自然の原理を「表面の生態学的法則」とよんだ。これは世界をわずかの原理で説明しつくすための法則ではない。世界の無限な多様性を、全面的に肯定して、日々黙々と働いている私たちの知覚の原理を表わす法則である。レイアウトの法則は、環境に近い法則である。

ギブソンは、このレイアウトという周囲のレベルが、環境に埋め込まれた意味のありかを動物に知らせ、絶えることのない興味を彼らに与え続けていると考えた。彼は環境にある意味をアフォーダンスとよんだが、動物はレイアウトにアフォーダンスを知覚する。ギブソンが構想した生態心理学は、レイアウトに中心の役割を与えている。

アフォーダンスをどのように捕獲できるのか。ギブソン没後四半世紀、心理学はまだ頭を悩ませている。ところが、ずいぶんと前から、肌理について、レイアウトについて、周囲のアフォーダンスについて、持続して探究している一群の人々がいた。彼らはアーティストとよばれていた。世界には知覚心理学よりもはるかにレイアウトに詳しい人々がいる。学問の領域では、レイアウトを種々の理論が押しつぶしてきたが、アートの世界では、レイアウトはレイアウトとしてそのまま探究されていた。おそらく二一世紀の心理学は、アートが何かを掘り当てた、その地面から再出発すべきなのだ。

アートは既に幾つものレイアウトの法則を知っている。本書が出会うのはその法則である。

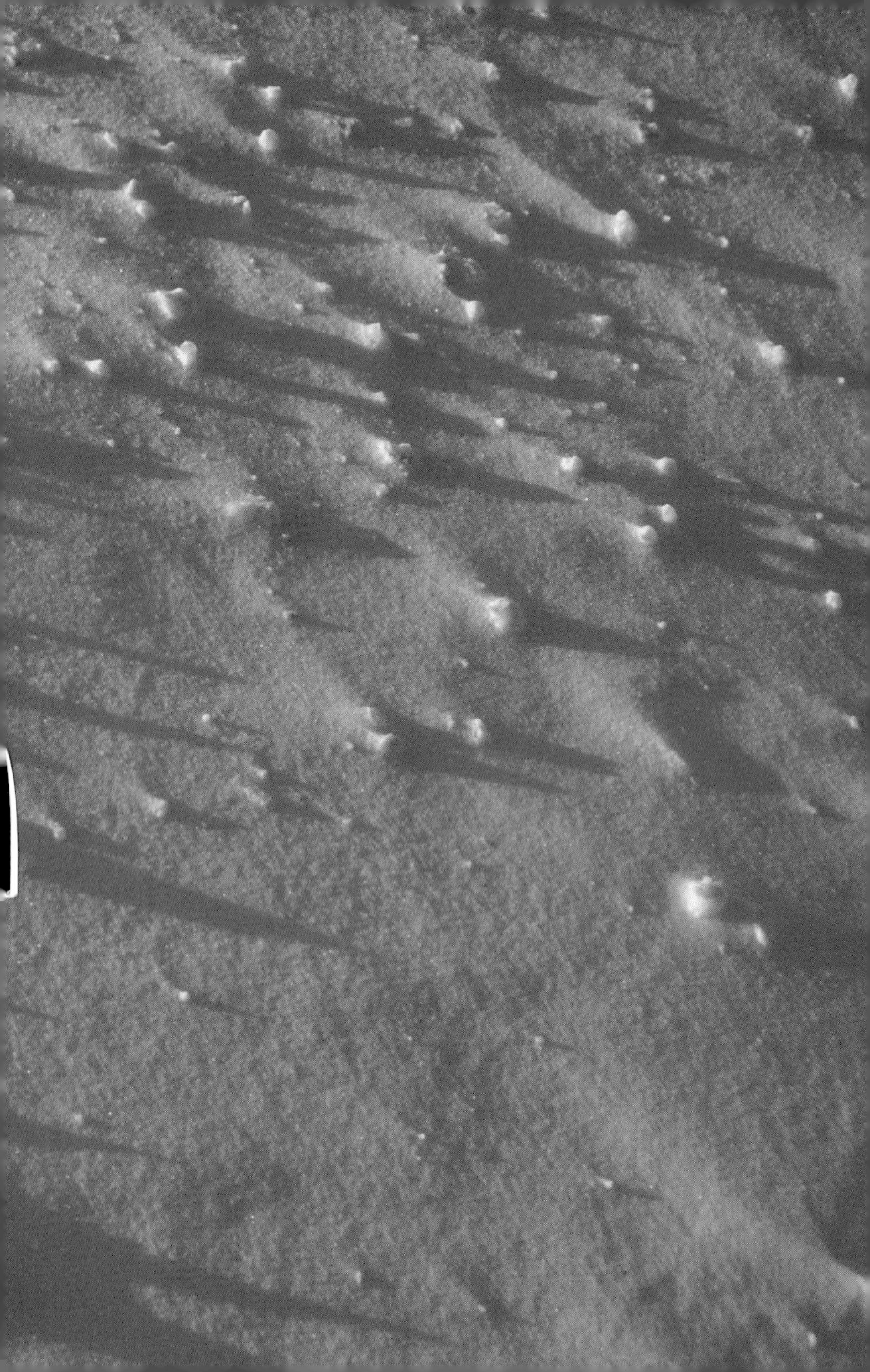

1 レイアウトの法則

レイアウト宣言
自然のデザイン原理

1 系譜

チャールズ・ダーウィン(1809〜82)は一七の書物を残した。『種の起原』(1859)は六冊目である。五〇歳を過ぎて、進化論を纏《まと》めたあとにも、長い観察をしては詳細極まりないものを幾つも書いた。最後の本、一八八一年に刊行された『ミミズと土』(渡辺弘之訳、平凡社ライブラリー、一九九四年)は動物の行動観察の書としては異例の内容を持つ。動物行動という複雑な出来事を忠実に記述するためには、行為が利用した周囲のことをいちいち列挙するという、頼りない、分裂した方法しかないということが、イギリス産ミミズの寒気を凌ぐための「穴塞ぎ」行為を素材に示されている。他の博物学者の書いた動物誌とは異なり、物語好きの人々を意気消沈させる素っ気ない内容である。変化を十分に記述しようとして、結局そうした試みの、のっぴきならない不可能さを証明してしまうという筋は『種の起原』と同じである。晩年のどの書物にもダーウィンのそういう鬱々とした正直すぎる思考が畳み込まれている。

『ミミズと土』の一年前、一八八〇年に公刊されたのが『パワー・オブ・ムーブメント・イン・プランツ』(邦題『植物の運動力』渡辺仁訳、森北出版、一九八七年)である。ダーウィンは植物の微動を観察するために道具を作った。記録板として透明なガラスを鉢の上面か側面に配置する。馬の毛よりも細い、ごく短いガラス糸を植物の種々の部分(茎、葉、根)に付着し、糸の先に小さな黒ビーズ玉を付ける。固定した観測点を決めて、まず観察の開始点をガラス板上にプロットする。数分から数時間の間隔で植物の運動に伴うビーズ玉の移動を記録し続ける。この観察でダーウィンはまず植物のどの部分も「回っている」ことを発見する。

まずはじめに芽生え直後の幼根と子葉の動きを記録した。二〇〇枚の図が収められているこの本の冒頭の図を引用する【図1】。それはキャベツの幼根が六〇時間をかけて動いた軌跡を約四〇倍に拡大したものである。約三〇個体の植物の芽生えを見た。どれも確実に回っていた。次に成長した後の五〇個体を越える植物の茎、葉に観察は及び、ダーウィンは、すべての植物の、あらゆる部分が、成長のどの時期にも少しずつ回っているという事実を確認した。観察は周囲の影響、とくに光を避けるために暗闇の室内で行われた。ここまではいわばベースラインの測定、下地作りである。

植物を取り囲むことがある。周囲にいろいろなことがあるので、暗闇で観察したもともと植物に備わっている回旋運動は必ず変形を被るはずだ。実はそのことを知りたいというのがこの本の動機であった。

ダーウィンがもともとの回旋を変形させる要因として最初に観察したのが、固い物との接触である。幼根を空気中につり下げて、根の先に便箋、薄紙、鳥の羽、ガラス片、牛の腸間膜、

図1…キャベツの幼根の回旋

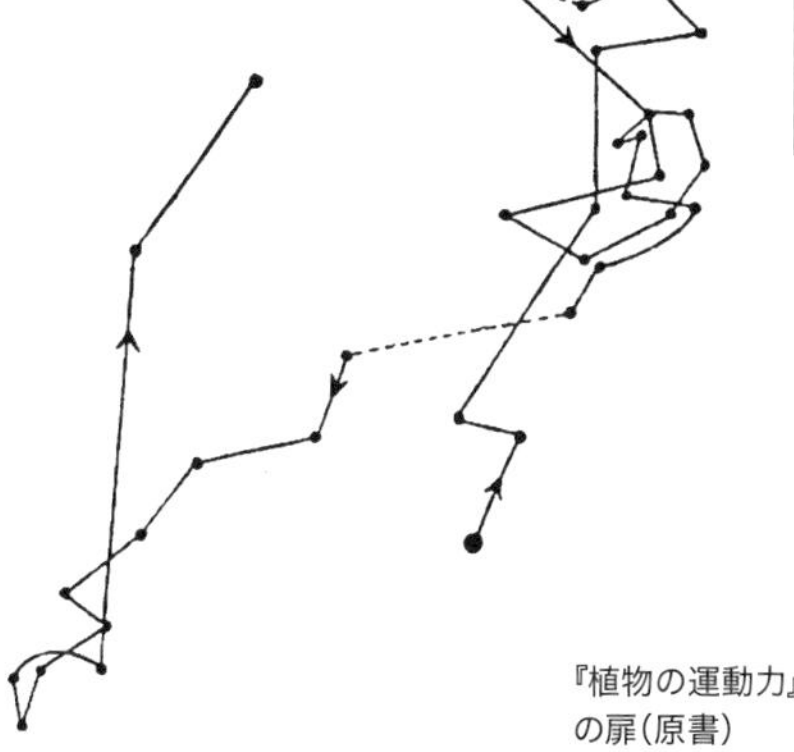

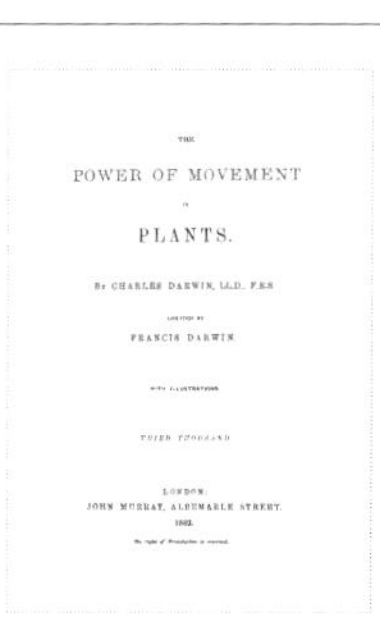

『植物の運動力』の扉(原書)

サンドペーパーなどを、大きさ、形（四角、円、楕円など）、厚さなどを変えて付着させてみた。もともとの回旋はどの場合も変形した。変形の仕方は接触物ごとに異なっていた。私たちの手は、例えばガラス面と綿では、それに触る動きが異なる。植物も接触する物によって、「触り方（回り方）」を変えた。

第二が重力である。茎を逆さにすると回旋は止まる。しばらくすると、茎の先は地面方向を避けて、また空へと伸び始める。これを「背地性」という。根の場合は逆である。根の先を空へと向けると、空の方向を避けて地面の方向にまっすぐ伸びていく。これが「屈地性」である。動物の運動はいかなる時にも重力を免れられない。重力に抗することで、あるいは従うことで動きに姿ができる。重力に相対する動物運動の性質を「姿勢」とよぶが、植物にも姿勢がある。植物の運動も重力が地上にもたらしている上下軸に貫かれている。

光は格別な影響を与える。ダーウィンはまず「暗屈性運動」あるいは「睡眠運動」と彼がよぶことになる動きを観測した。葉の回旋には昼夜の周期があるが、とくに夜には表面からの熱放散を避けて、葉は立ち上がるように上へ、あるいは沈み込むように下へ動き、そして全体は閉じる。昼夜による葉のレイアウトの変化は単にあたりが暗くなるだけでは起こらない。昼と夜に光量の差があると起こる。昼間、強い光を受けなかった場合は葉は夜になっても睡眠しない。葉の睡眠の深さは昼夜の明暗の比に依存していた。

周囲のあらゆる方向から植物にふりかかって来る光の強さのレイアウトも、回旋運動に影響する。茎、葉などには光の方向へと曲がる性質があり「屈光性」とよばれているが、それはただ部分の光の絶対的な強度にではなく、植物を包囲する光の強度のレイアウトへの運動である。つまり植物は包囲する光の構造にしたがって動いている。光の中で植物に現われる回旋運動は、植物を包囲する光の差の集合に応答している。さらに、植物ではどの部分でも光に同じように反応するわけではない。光を他よりも強く感受するところがある。この植物全身の光感受性の分布が回旋による変形を複雑にしている。光の周期、光のレイアウト、光感受器官の全身分布などが複合して、回旋に起こる変形は密度を増す。

2

ダーウィン没後七〇年を経た頃に、アメリカで一人の心理学者が、晩年のダーウィンが言い残したことを、そのまま知覚理論に仕立てた。「アフォーダンス(affordance)」という不思議な造語を残したジェームス・ジェローム・ギブソン(1904〜79)である。ギブソンの仕事(『生態学的視覚論』古崎敬＋古崎愛子＋辻敬一郎＋村瀬旻訳、サイエンス社、一九八五年)は、現在は誰もが忘れてしまっているダーウィンの真意を継承している。

　ギブソンのもっとも大きな業績は動物が利用する光の単位を変えたことにある。ギブソン以前の近代光学は光をエネルギー線として扱っていた。刺激という用語は牧童が使った「牛を追い立てる突き棒」を語源としている。眼に入力して、私たちに視覚をもたらすのも、網膜の一

41歳のジェームス・ギブソン
(Reed, E. S. (1988) *"James J. Gibson and the psychology of perception"*より)

点を突くエネルギー線としての光刺激であると、ケプラーとデカルト以降の光学者は考えてきた。

　ギブソンは動物が視覚のために利用している光は線や点のようなものではない、それ以上のことだと考えた。なぜなら光源から放射する光線はそのままの状態にとどまることはない。光線は周囲の表面に衝突し、表面を埋めて多方向に突起している微細な粒の肌理で散乱反射する。光線が通過する大気や水には塵などが浮遊している。光線はそれにも衝突して散乱を起こす。太陽からまっすぐ突き進んできた放射光線は、地球環境に入ると多重の残響を引き起こす散乱光になるのである。結果として散乱した光が大気を満たす。この状態を「照明」という。視覚を可能にしているのはこの照明とよばれる、媒質をすべての方向からの光が満たす状態である。ここで光は重要な性質を帯びている。照明下のあらゆるところは［図2］に示したように、あらゆるところから来る光で取り囲まれている。ギブソンはこの光の事実を「包囲光（アムビエント・ライト）」と名づけた。包囲光は視覚の資源である。

　包囲光の発見は、視覚理論の歴史上、最大の転換であった。第一に、包囲光には周囲の表面に由来する差の構造が投影されている。包囲光の周囲には表面がある。表面にある肌理は独自の微細なレイアウトを包囲光の構造にもたらす。一つの表面とそれに隣合う表面もレイアウトを成している。

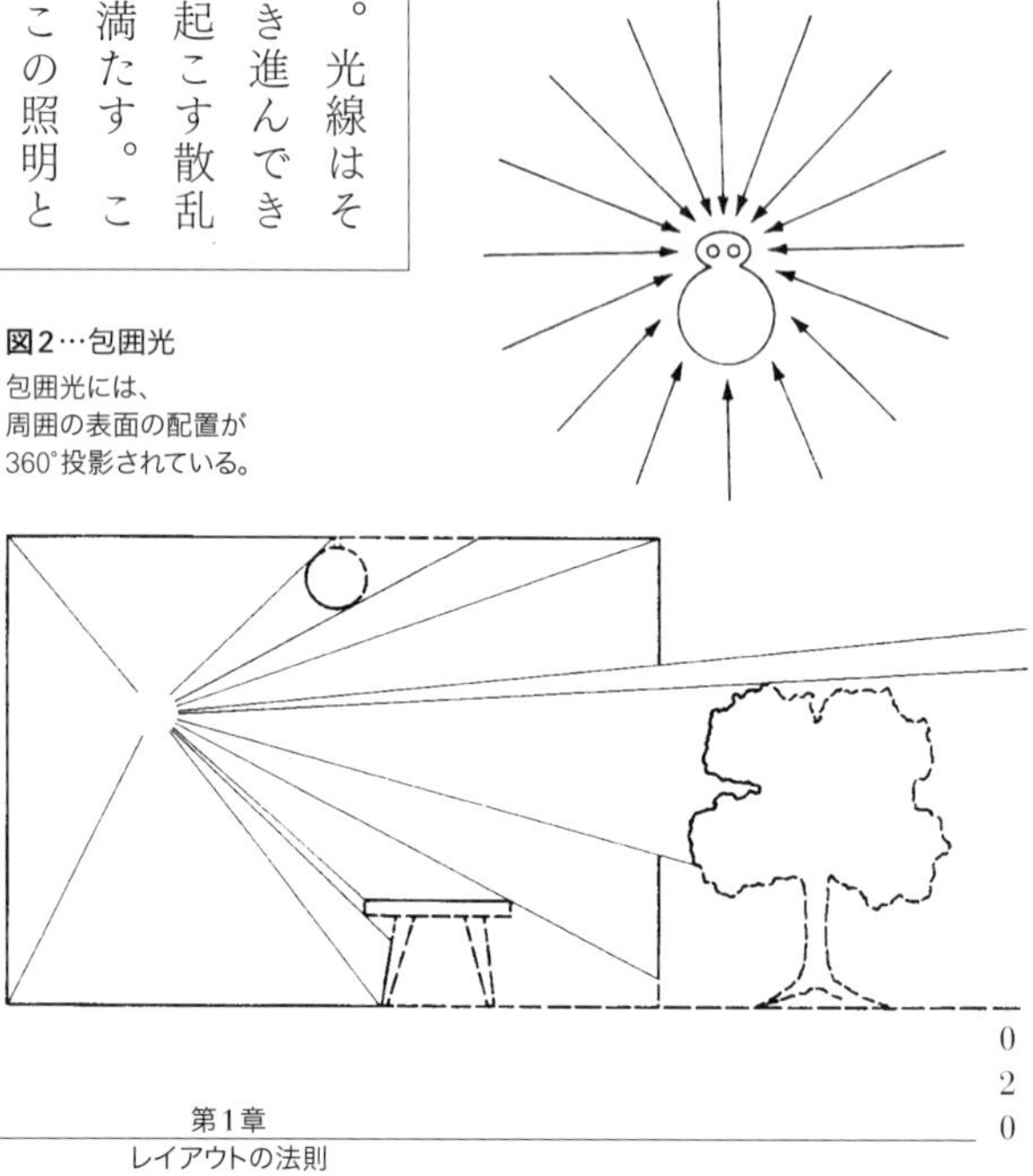

図2…包囲光
包囲光には、
周囲の表面の配置が
360°投影されている。

それも包囲光の構造に反映している。
光線を分光すると光源で何が燃焼しているのかを知ることができる。光線が運んでいるのはこの種の情報にすぎない。それを知るためには動物は特別の装置を必要とするが、それを装着しているのはカメレオンなど一部の動物だけである。しかし媒質中どこにでもできている包囲光はそこを取り囲む全方向の表面のレイアウトをぐるりと投影している。したがって地球の媒質中のどの一カ所にも、そこだけにしかできないユニークな光の構造があることになる。そのユニークな光にはユニークな光が隣合っている。だから動物が場所Aから場所Bへと移動すると、ユニークな光Aとユニークな光Bを繋いだユニークな光の移り変わりを経験する。包囲光を基礎にすれば、あらゆる所とあらゆる経路でなぜそこだけの視覚が生ずるのかという疑問に答えが得られる。視覚にとってあまりにも当たり前の事実が、包囲光の発見によって光学的根拠を得たのである。

はじめての眼が地球上に誕生する前から、光には周囲にあることの構造が投影されており、それは動物の出現を待っていたはずである。ダーウィンは光のレイアウトが植物のかたちを作ることを示した。ギブソンは光のレイアウトが動物に視覚を与えていることを発見した。光のレイアウトの履歴が植物にかたちを与えているように、包囲光は動物が何かを見ること、どこかへ移動することを可能にしている。美しい花をわたり飛ぶ蝶は、隣接する各所の光のレイアウトを繋ぐレイアウトを知覚し、植物は回旋運動で周囲をそのかたちに刻印する。動物では移動することは知覚することと同義である。ギブソンはこのことを指して「移動は光によって制御されている」と言った。

3

自然にはデザイン原理がある。ある所を照らす光とその横の所を照らす光の差、ある時に照らす光とその後を照らす光の差、そうした時と場所をまたがる光の差のレイアウトが植物と動物をデザインしている。生物のかたちや動きは光のレイアウトという自然がデザインした。

周囲にあることは光だけではない。振動があり、接触があり、重力がある。さらに化学的放散(匂い)もある。それらもそれぞれが差の集合として存在している。そして、それらのすべてが一つに複合して、植物や動物の周りにある。そこで起こることを想像することは私たちの思考を越えている。光と接触が複合したり、光と振動が複合するような周囲の性質について物理学者はまだそれを解き明す理論も道具も持っていない。自然を光学や音響学や力学や化学に分解したのは私たち人である。自然そのものはそんなことは無視して太古からそれらを一つのこととしていろいろなことを作り上げてきた。

一九世紀のダーウィンから二〇世紀のギブソンに引き継がれた、エコロジカルなデザイン原理を探求する系譜があるとして、その試みに未来があるとすれば、それはこの周囲のレイアウトを問題にしなくてはならない。

動物の周囲にあることが、種々の情報を複合したレイアウトであることを示すために、ギブソンは好んで炎を例に挙げた。炎は、物が燃焼してたてるパチパチという音、煙の臭い、放射熱、揺らいで変形し続ける色面、それらのすべてである。勿論このいずれか一つのことでも燃焼という出来事を私たちに知らせてくれるが、通常、炎は、振動、化学的放散、熱伝導、光の変形を独自に組み合わせた出来事としてある。人は炎を各情報に分解して話す術は持つが、それらの複合についてはどのように話せばよいのかを知らない。人は布に肌理と照りと重みと厚みを知覚する。しかし人はそれ以上のこと、「風合」などとよばれるレイアウトを布に知覚している。炎のように人の手を離れて起こる出来事だけではなく、人の作る人工物にも、自然のデザイン原理は使用されている。しかしそれに及ぶ言葉がない。そういうことがどうやら最近になってわかってきた。

1 固さ

私たちの周囲には長く続いてきたことがある。

一つが大気である。

大気は数種類の化学物質の混合物である。大気は極めて長いあいだ二一パーセント程度の酸素を含んできた。その結果、呼吸という行為がその中で生まれた。呼吸という行為は、毎日、動物が誕生するたびに開始して、動物が死ぬたびに終了している。大気との接合が陸上動物に生と死の区切りを与えている。

大気には均質になる傾向がある。どこでもその成分はほぼ同じである。もしどこかに不均質が生ずると、大気はそれを素早く消散して、元の均質性を取り戻そうとする。結果として濃いところも薄いところもない、類稀な均質性が広大な地球の表面全体を覆った。

均質であるので大気には境界がない。雲のない日、大草原や、大海原や、山頂で三六〇度周囲を見回すと、すべての方向に透明な大気がどこまでも続いている。境界がないので大気中ではどの方向でも見ることができる。移動すれば、どこまでも行くことができる。大気は人類が、アフリカから地球全体へと拡散することを可能にした。新大陸を発見したのはコロンブスであるが、その機会を彼に与えたのは大気の均質性である。

大気の均質性が行為に与えているこの性質を「等方向性」という。鳥にとって大気とは上下左右の周囲全方向への完全な等方向性を持つところである。飛ばない私たち陸上動物に、大気が与えているのは、上下を除く横周囲への等方向性である。

大気の一部に花や異性が微小な化学物質を放散して、魅力のある匂いの場ができると、私たちはそこまで歩いて行き、その化学的放散の雲に身を寄せようとする。花が枯れ、異性が立ち去ってしまうと、ほどなく匂いの雲は消散し、再び均質な大気がそこを占める。そこは元の魅力のない所に戻る。境界を持たない、どこでも均質である、という大気の性質が、その中の不均質への興味を私たちに与えた。この大気中の不均質への興味を知覚という。

不均質には、化学物質の放散によってできる嗅覚の場だけではなく、種々の衝突が引き起こす振動波が大気を伝播してできる聴覚の場、散乱光の構造が作る視覚の場もある。

知覚とは大気の不均質を探ることであり、知覚の楽しみは大気の不均質にある。だから知覚することは移動することでもある。眼球や頭部や体幹の向きを変えるだけの小規模な移動も、近所までの散歩も、新大陸への冒険旅行も、知覚のための移動である。大気が移動を可能にし、移動を動機づけている。

2

周囲にはもう一つ長く続いてきたことがある。

「温かさ」である。

数百万年、地上の温度は水が液体にとどまる範囲、摂氏〇度から一〇〇度の周辺にあった。温度がこの範囲を大きく下回ると、いくら暖をとっても身体組織内の水は凍結し、一〇〇度に達すると水分は沸騰する。いずれの場合も動物は生きられない。生命の持続はある幅の「温かさ」がもたらした。大気の組成が長く平衡していることも、この温度幅の持続に依存している。

温度が地上に与えたのは生命だけではない。温度は「固さ」も作り出した。食卓に、焼かれたり、蒸されたり、煮られたりして、十分に熱を加えた温かい食物が置かれると、大気はその不均質に温かい表面から熱を奪う。しばらくすると食物は冷めて、固くなる。私たちはこのようにして新しい固さの誕生にいつも立ち会っている。私たちは固さの誕生をいつも経験している。周囲にある種々の表面のどれもが、ある過程を経てこの固さになった。温度を変えれば、そこは異なる固さへと推移する。乳児の柔らかい皮膚も、やがて固くなる。焼き立ての餅がやがて固くなるようにである。

固さとは、大気の温度が表面に与えた「つかのまの相」である。どの固さも変形の中途の相である。固さとは変化に抵抗する性質である。「変わりにくさ」である。この中途の相を利用して、いろいろなことがデザインされてきた。すべてのデザインは固さのデザインである。デザイナーは、変化に抗する表面の力を知っている。

なめした皮、枕、ペンの先端、紙、靴底、床、ソファーの背、タイヤ、シャツのカラー、帽子のつば。どれも固さがデザインの中心にある。

3

固さは単独では存在しない。

例えば「書きごこち」は、ペン把握部の固さと、ペン先の金属の固さの混合のことである。しかしそれだけではない。二種の固さの混合がペンの「書きごこち」になるためには、机上に置かれた紙が必要である。「書きごこち」は、それらの固さが一挙に「混合」する紙とペン先の接触部に現われる。

固さを単独で味わうことはできない。固さは常に他の固さとの混合としてある。混合という表現が曖昧ならば、「比」と言い換えてもいい。ペン先が接触する所を紙と言うだけでは不足だろう。その下には机がある、机の脚の下には床がある、その全体が「書きごこち」だと強弁しても間違いではないだろう。固さの比はどこまでも続いている。私たちの知っている「固さ」とは要するに、膨大な「固さの比」のことである。

大気と温かさに次いで、周囲に長く続いてある第三のことが、この固さの比に秩序を与えている。「重力」である。

ニュートンが発見したように、いかなる物もその状態にかかわらず、質量に比例した力で地球の中心へと引きつけられている。地球がその名の通り丸いのも、地面に水平になろうとする性質があるのも、重力のせいである。水平とは重力に対して垂直になろうとして、それに近づいた表面の性質のことである。重力が固さの比に一つの秩序を与えている。

重力は大気中の支えのない物を落下させるだけではなく、地面に接しているすべての物を下へと沈ませている。老人になると全身の皮膚は皺になり地面に近づく。これは物を沈降させる重力がヒトの表面に及ぼした長い効果の結果である。内臓にも骨にも皺ができているはずだ。

私たちの周囲のすべては、老人の身体に起こることと同質の変形を被っている。重力軸は、下から順により重い物を配置する独特のレイアウトを周囲に作り上げた。まず固い物が沈み、海底や地面とよばれる固い表面ができた。その上に海や湖のように液体がたまり、その表面、海面や湖面や川面ができた。そしてその上に気体の層がある。

大気には等方向性があり、私たちは横へならこの地表上をどこまでも行ける。しかし上下方向は、重力という「異方向性」の力によって貫通されており、油断すると下へと落ちる。上に行くことには思いがけない努力がいる。固い物は常に下へと沈み込んで層になっている。
重力が固さの比をレイアウトにした。

水や大気に「固さ」があるというのはおかしいと言う人がいるかもしれない。大気も水も確かに固くはない。固体、液体、気体と姿を変える物の性質を英語ではサブスタンシャリティ(substantiality)と言う。この語は永劫不変な物質を意味するマター(matter)に対して、マターが変化して現われる多様な「物っぽさ」を意味する。

気体と液体と固体に共有されている「固さ」とはサブスタンシャリティのことである。気体には気体の、液体には液体の物っぽさがある。固体、液体、気体の順でサブスタンシャルである。

固さは単独では存在しない。あらゆる固さは「固さの比」に位置づいている。この勾配は偶然に隣合った物どうしにできたレイアウトではない。重力が作り続けてきた自然のレイアウトである。

4

私たち陸上動物は固さの境界で暮らしている。地面と大気の境界を移動している。多種類の固さが動物を包囲している。流れ落ちる水があり、動物はそれで身体の汚れを落とす。水辺には変形の容易な泥がある。泥を成形して乾かしたり焼いたりすると水を保存する容器ができる。泥を容器に変形することはヒトがもっとも長くやってきた仕事の一つである。私たちのしていることの大部分は固さを利用することである。

私たちがよく知っているのは身体の固さである。身体は変形する。運動し、成長し、老いる。その物っぽさは毎日変わり続けている。

身体は固さのレイアウトに位置している。「書きごこち」は、ペンの本体と、ペン先が触れた紙の表面の固さに、大気と身体の固さが混合してできた複合である。大気が薄い高山で文字を書けば、あるいは手がこわばって固いままの冬の朝に文字を書けば「書きごこち」は異なる。「書きごこち」とはそこに参入するすべての固さのレイアウトを知覚することである。

身体はいつも重力によって下へと押しつけられ沈降している。動物表面はしたがって必ず地面に触れている。進化は重力に抗するために骨を作り上げた。私たち脊椎動物は岸辺に打ち上げられたクラゲのように地面に這いつくばることはないが、地面の一部にいつも身体の一部が触れており、地面から長くは離れていられない。私たちが休息を取り、眠るのは地面の上である。

寝ている動物の下方表面は地面で変形し、上方表面は大気で変形する。二種の圧の差が「寝る」という「接触」の知覚である。接触は局所で生じているが、局所の変形は膨大な固さのレイアウトに位置している。視覚や聴覚が遠くで起きたことを知るための方法で、身体で接触することは、近い所で起きたことを知るための方法であると言われているが、それは間違いである。接触も遠くの固さと接続している。

私たちの身体も固さの勾配である。重い器官が軽い組織を圧迫し、それに耐えて筋肉が張っている。腕が動く時、指先の小さな柔らかい筋から肩の大きな固い筋までが階層を成している。一つの骨の動きは、その内側の骨の動きに関わっている。多数の骨は、枝分かれしたベクトル空間を成す。それは身体主軸に多種の角度でぶらさがった多数の骨の集合である。皮膚はこの骨のレイアウト上に張りついて、各身体に独自のレイアウトを作り上げている。骨のレイアウトと筋のレイアウトと皮膚のレイアウトが一つの身体のレイアウトを作り上げている。

この全身のレイアウトが、周囲の固さの勾配にそっと位置して起こる変形が「触る」ということである。それには極めて近い所から、ずいぶん遠い所までの変形が加わっている。「触る」ことは、周囲にある多数の固さの集合に、多数の固さが作る身体の集合がレイアウトされることである。大規模な固さの勾配に、小規模な固さの勾配を差し入れることである。それは比と比の出会いであり、レイアウトの知覚である。

1 行為

自然のレイアウトは止むことなく変形し続けている。

空では大気層のレイアウトが変形し、地上に気象の変動をもたらす。空のレイアウトの変形には、地球の回転に伴い日や年単位で反復する成分がある。したがって気象は循環する。大気の変形に伴い、地球表面の大部分を占めている水の表面は、止むことなく変形する。海面、湖面、川面は、大気の変形と周囲の地形を反映して、どこでもユニークなレイアウトになっている。

大気の変形は植物や動物の表面を揺する。大気のレイアウトが変形すると、髪や衣服が揺れ、木が揺れ、地面では塵が舞い、ヒトの瞼は閉じられる。これらの変形の持続は短い。

植物や動物の表面にはより長く続くレイアウトの変形がある。葉の微小なレイアウトは春には緑に、秋には紅く見える肌理に変形する。動物の表面も同様に季節によってそのレイアウトを変える。幼い動物の皮膚表面は、成長とともに色が濃くなり、拡大し、やがてたるんで皺になる。表面の上に分布するまばらで細い毛は、増えて濃く長くなり、やがて色を失い、抜け落ちる。

固い表面も、周囲との化学的接触によって止むことなく活性化し、変形する。山の岩盤は毎日少しずつ崩れている。新しく積まれた煉瓦やアスファルトは変色し、ヒビが入り、方々が欠け落ちる。都市の地面を埋めつくした建築の表面にもヒビが入り、やがて潰れ、また地面が露出する。

周囲のレイアウトのすべてが変形しているが、レイアウトは一様には変形しない。葉は揺れて枝が揺れないことがある。眉が動いて眼が動かないことがある。レイアウトには変化と不変の両方がある。居間では、毎日、一部の家具の位置が変更し、他の家具の位置が変化しない。豪雨で川の流れのレイアウトが変わっても、木や岩の位置は変わらずに残る。レイアウトの変形には変化と不変が同時にある。

勿論、永劫に変わらないことはない。「不変」とはいま知覚される変化に相対的な「不変」である。レイアウトのどの部分も変形の途上にあるが、そこには「不変」と見えるほど遅い変形がある。

レイアウトには種々の規模の変形が同時に起こっている。種々の規模の変形が、一つのレイアウトの変形を作っている。動物の表面には風によるレイアウトの変形と、季節によるレイアウトの変形と、加齢によるレイアウトの変形が共存している。植物の表面も同様である。あらゆる表面で、幾種もの変形が一つのレイアウトの変形を作りつつある。

この変形が複合する変形を私たちは出来事とよんでいる。私たちは出来事に意味を知覚する。出来事とは複合するレイアウトの変形のことであり、意味はたいがいは二つ以上の変形の比に知覚される。

周囲には出来事があり、それが動物を包囲している。

2

動物身体は固さのレイアウトであり、それは止むことなく変形している。

動物身体は、他のすべての表面と同様に、周囲に接触し、光に包囲され、媒質の振動で揺すられている。ただし動物は自ら動いている。動物は生きているかぎり自ら動くことを止めない。自ら動く動物の周囲には、そこにしかない固有の変形場ができる。動物固有の接触場、振動場、光の流動場、化学的放散場がその身体を包囲している。動物は周囲のレイアウトの変形と自己身体の変形を同時に知覚している。

自ら揺れている動物は、風の揺れに身をまかせて揺れる川辺の葦や水面の葉とは異なり、周囲の揺れと周期を異にして揺れている。したがって周囲のレイアウトの揺れと、動物の揺れには位相のズレがある。この位相のズレがある秩序を成した時に、動物は周囲に定位する。定位とは周囲のレイアウトの揺れに動物のレイアウトの揺れがレイアウトして生まれる秩序である。それは周囲の揺れと動物の揺れとが生む有機的な出来事である。

移動する動物の周囲は光の変形場になる。移動する動物周囲では微細な肌理全体が大規模に流動している。前方の一点から肌理が拡大する流動が生じ、後方の焦点へと収束する肌理の流動が生じている。移動する動物がこの肌理の拡大と縮小の流動を繋いでいる。

周囲の肌理の流動は動物に自らの移動を知覚させている。わずかの光しか透過せず、周囲のレイアウトなど見えない暗い海中を泳ぐ魚の眼には、この種の流動だけが与えられているだろう。彼は流動に自己の移動だけを知覚している。しかしその魚の眼を包囲する光の変形場にはこの種の流動以上のことが現われることがある。例えば周囲の流動場に明るさの勾配がある時、魚がより明るい方向に肌理の流動の拡大の焦点を合わせ続ければおそらく海面に出る。逆に暗い方に焦点を合わせれば魚は海底に突き当たる。周囲の肌理の流動に埋め込まれている明るさの勾配は、海面と海底という周囲の不変を特定する。魚は流動で自身の姿勢を制御し、明るさの勾配を利用して海面か海底というそこにある不変の場所にたどり着く。

一つの所から拡大し続ける肌理の流動に、他の肌理の流動が加わることがある。もし周囲を流動する肌理のパターンが、異なる肌理のパターンに次第に推移して、その肌理が拡大し続けるのなら、動物の移動は「隙間を越えた」のである。もしこれまで拡大していた肌理のパターンが他のパターンに推移し始めて、しかしその新たに現われた肌理のパターンの拡大が、急激に停止した場合は、越えようとした隙間が動物の胴の幅よりも狭くて、動物が隙間に挟まれ移動が急に停止したのである。その時魚は胴に痛みを感じるはずである。流動する肌理のパターンに、異なる肌理のパターンが徐々に添加することが、前方に開口部という不変を知覚させる。

もししばらく同一の肌理の流動のパターンの拡大が続き、肌理の周りだけで徐々に肌理の構造が疎になるなら、動物の移動は障害に突き当たることになる。流動の焦点から動物に向かう肌理のパターン周辺の構造の減衰は障害物との衝突を、中央での新たな構造の増加は隙間に入ることを特定する。

移動する動物の周囲には大規模な肌理の流動が起こる。それに異質な流動が加わる時に、それは周囲のレイアウトの不変を特定している。魚はこのような複数の変形を利用して、移動を制御している。

周囲の大規模で微小な肌理の変形と、周囲のレイアウトの不変を特定する変形に、さらにもう一種の変形が加わることがある。例えばそれは開口部の向こうから、こちらに向かって移動している他の動物かもしれない。海底で独自に揺れている海草の群れかもしれない。海面から海底へと落ちていく岩かもしれない。レイアウトの変形には、このように、動物の移動とは関わりなく生じているレイアウトの変形が含まれている。たいがいの場合はそれは他の動物の移動である。

動物は周囲の揺れに、他の揺れが加わることで、自身の移動と、周囲の不変を知る。さらに揺れが加わり、周囲が自律して起こしている変化を知る。

動物の揺れは周囲の複合する揺れに包囲されている。周囲と動物では揺れどうしが秩序を探っている。秩序を獲得した動物の揺れのことを私たちは定位、あるいは姿勢とよぶ。寝ている動物にも起きている動物にも姿勢があり、彼は定位している。動物が定位するのは、自ら動く動物が周囲とは異なる独自の揺れであり、その揺れが常に周囲の揺れとの折り合いを探り続けているからである。生きている場合この姿勢が崩れることはあまりない。

動物は揺れとして環境にいる。動物はレイアウト全体の揺れに囲まれながら固有に振動している。動物は周囲の揺れと自己の揺れとの差をいつも知覚している。この差を意識という。動物の揺れと周囲の揺れとが獲得した秩序を意図という。意図とは、動物の揺れと周囲の揺れとが具現することである。

3

周囲のレイアウトには局所の揺れがある。生まれて間もなく動物の肢(腕や脚)は、この周囲の局所の揺れに向かって伸びる。ヒトは誕生して約一六週で肢を局所の揺れに向けて伸ばす。動物の身体に生ずるこの変形を心理学はリーチング（到達行為）とよんでいる。リーチングとは周囲の局所の揺れに、自己身体の一部の揺れを微細に合わせてみることである。

肢の揺れの先端はさらに微細に揺れている。伸ばされた肢の先端は局所の揺れとの同調を接触の直前まで計っている。物を把握するために使われる指の数は、物の大きさと同調している。開かれた掌の何本の指が実際に物を把握するのか、決定がなされるのは物のすぐそばである。物の大きさや重さが片手や五指に余る場合には、もう一つの肢が差し出される。

身体の局所の揺れは、周囲の局所の揺れのすぐ隣でその揺れを変えているが、このように物に同調しようと調整を続けるのは身体の局所にはかぎられない。周囲との同調は全身でも探られている。

移動する時、両脚のリズミカルな交替が作る揺れの上で、体幹を構成する腰、腹、胸、肩、腕、頸、頭が揺れている。かまわずにほうっておけば揺れは上にいくほど大きくなるはずであるが、ヒトの移動では腰の揺れよりも頭部の揺れが小さい。目的地まで行こうとする両脚の揺れの意図と、移動中にも周囲を見続けるという眼球を含む頭部の揺れの意図とが同時に探られた結果、腰と頭部の揺れはそのような一つの揺れ方を獲得した。腰の揺れは頭部の揺れを吸収する揺れになっている。二つの揺れでできた一つの揺れは、歩くことと見ることを同時に満たす揺れであり、二つの意図を一つの意図として具現した揺れである。たいがいのスポーツの技はこのようにして獲得した揺れであり、フィールドの出来事に同調している意図である。

どの身体の揺れも揺れの複合である。汁椀に浮かぶ小さな豆腐に手の揺れが同調するためには、全身の揺れは、床という不変、壁という不変、テーブルという不変、椅子の背という不変……に定位しなくてはならない。肢と掌と指は汁椀とその中の水面に定位しなくてはならないが、その局所への定位は、周囲の多数の不変に定位した全身の揺れにレイアウトしている。椀の中の物への行為が開始された後でもすべての定位は探られ続ける。

汁椀への定位は床、壁、テーブル……への定位に包摂されている。揺れは揺れに包摂されている。物を身体が扱うということは全身が揺れの包み込みを作ることであり、それが周囲の揺れにさらに包摂されることである。部屋の中で汁を飲むことは、部屋の床や全体にうまく包まれることである。

私たちが行為とよぶのは、身体の多種の揺れが、周囲の多種の揺れに一挙に同調した組織である。大規模な周囲への定位に、局所の周囲への定位がレイアウトしている。そうしてできた一つの揺れが行為という出来事である。

行為と環境は出来事と出来事として対峙している。

1 表象

森を出て人の棲まうところにくる。

街で人を囲む表面のレイアウトには、森のレイアウトにはないことがある。街では家のまわりの草はほぼ同じ長さに刈り込まれている。木の高さはそろえられ、葉の群れも形が整えられている。

森では路は細く、路の土には大小の石が埋まり、大きな穴があり、そこに水が溜まり、その中で落ちた葉が腐っていた。人の棲まうところの路には穴は少なく、あっても小さい。人の棲まうところでは広くならされた路上を厚いアスファルトが覆っている。重い車が何年もその上を移動すると凹凸ができる。するとたくさんの男たちがやってきて一夜のうちに穴を塞ぎ、また新しいアスファルトを厚く敷く。人は周囲の重力に直交する表面の凹凸を監視している。

人のまわりの地面はどこもかしこも平らに近くされている。地面の傾斜はゆるやかで、そこから人が滑り落ちることはない。隣合う表面の作る段差は足で踏み越えられる程度の高さに刻まれ、階段にされている。人の棲まうところには崖とよばれるような急な傾斜は少ない。

人の棲まうところでは水は屋外と屋内に小規模に溜められている。水が溜められているところの周囲には特別の縁が設けられ、水が流出しないように、人が水の存在に気がつくようにされている。もっとも小規模な水の貯蔵所は家の一室にあり、人はそれを温めて浸かる。もう少したくさんの水が街の方々に貯蔵されており、夏になると人はそこで泳ぐ。大規模な水の貯蔵所は人の棲まうところから少し遠い谷にある。流れる水が地面を掘って作るレイアウトは人の棲まうところではあまり蛇行していない。

人の棲まうところでは、ほぼすべての人の頭髪が短かく刈られ、撫でつけられ、粘性の強い液体が髪を固めている。どの人の肌も、水で洗い流され、光り輝き、顔の毛は丁寧に剃られて肌が露出している。人の顔の表面では小さな凹凸が粉で塗り込められ、眼の縁には黒や青の輪郭が引かれることがある。爪が成形され、光をよく反射する塗料が塗られていることがある。人は身体の表面のレイアウトの一部を修正している。

人の棲まうところの食卓にのせられる野菜は切断され、口の大きさに近くされ、肉も切断され、叩かれ、焼かれている。魚は頭部と尾部を切断され、骨と内臓を取りさられ、身が断片にされ、口に入れられる。

人の棲まうところの周囲の表面は変形されて、森にはないレイアウトになっている。土木、化粧、料理は表面のレイアウトの変形である。この変形では加工されても元の表面の意味が残る。いくら化粧してもその顔はその顔であり、いかように切断されても魚は魚である。もし化粧が加工前の顔の表面の意味を変えてしまったらそれは化粧ではなく顔は仮面になる。もしコックがニンジンでトマトの味を出したら、それは料理ではなく、コックはマジシャンになる。

土木、化粧、料理は、周囲の表面に意味を探し当てることのできた人が、その意味を他の人に示したいと、表面にほどこした強調である。土木は歩ける地面、風呂は汚れを流せる水、プールは泳げる水、ダムは将来の渇きに対処して貯蔵できる水、という意味を強調する、表面のレイアウトである。

化粧は顔の起伏の意味を強調する、料理は食材の意味を強調する。どちらも表面を変形して意味を他人に差し出す。変形された表面に出会う周囲の人は探索を容易に開始することができる。

2

人は表面をレイアウトして周囲を囲っている。

表面をレイアウトして風や雨や熱や冷気に身体が直接晒されることを防いでいる。そのために木を切って、平らな板を作り、それを何枚も繋げて壁や塀や屋根にする。砂と石と水を混ぜて固めて周囲に積み上げている。土を小さく焼き、植物を乾燥させて重ねて周囲を囲っている。

人は表面をレイアウトして身体を囲っている。植物の幹から皮を剥ぎ、紡ぎ、動物の毛を刈り、皮をなめして、あるいは石油を加工し繊維状にして、身体表面を囲うレイアウトを織り上げる。

人の周囲には、頑丈なもの、剥がれるもの、尖ったもの、吸いこむもの、長くて柔らかいもの、長くて固いものが置かれている。滑らかな表面、粗い表面、柔らかい表面、堅い表面、毛のある表面、毛のない表面が人のそばにある。人が周囲に置いている物はこの数万年あまり変化していない。それは容器、棒、船、スポンジ、櫛、叩き切る物、楽器、ひも、衣服と装飾品、尖った物、縁のある物、顔料、寝床、火などである。

人は周囲の表面のレイアウトを修正している。人が関心を持ってきたことはそれほどたくさんではない。第一が表面の平坦さ。表面の湾曲の程度、凹凸具合、こぶやへこみの有無とその大きさである。第二は表面の閉じ方。表面が真の円柱か、球か、歪んでいるかということ。第三が表面の引き延ばされ方。棒の太さ、長さ。シートの薄さ、強さ。ひものしなり、頑丈さ。軽さである。そして第四が表面による媒質の囲み方。トンネルか穴か、パイプか管か。その中に横たわって寝ることができるか、隠れることができるか。

人のしていることは、周囲の表面のレイアウトを修正することである。周囲の表面で新しいレイアウトを作り出し、表面の意味を変えてしまうことが人の関心の中心にある。レイアウトを修正して元の表面にはなかった意味を作り出すことを人は創造とよぶ。ただし修正されてもその意味の一部は素材の表面と繋がっている。だから人は素材となる表面の選択に長い時間をかける。美容師は髪を選べないが、陶工は慎重に土を選ぶ。

人が詳しいのは表面の接合についてである。表面の接合するところを「縁《へり》」という。縁は人の知識の中心である。人は帽子の陥没と庇《ひさし》のかたちの識別に飽きない。見て触ってそれを吟味する。人は土で容器の縁をレイアウトし、それが火の中で短時間に変形し、大気の中で長期間に変形するすがたを何代にもわたって集合的に見続けている。人の棲まうところの居間とよばれる囲いの中には帽子があふれ、食卓の上や周囲を陶器が埋め尽くしている。人の移動はすべての建築のすべての廊下の縁を記憶している。何十年も金属の縁を研ぎ続けている人がいる。何千種もの薄さを紙に用意する工房がある。人は茹卵と乳房の湾曲にあこがれる。

縁には、「ここ」と「向こう」が同時にある。縁の知覚を人は生の糧にしている。それは人が表面を変形して新しい意味を作り、周囲をレイアウトしているからである。

3

いつも視界にあるものがある。メガネのレンズのくもりとキズ。垂れる頭髪。低くても自分の鼻の先。遠くの自分の両脚、両足。視界にいつも縮小し拡大するものが二つある。縮小すると周囲のレイアウトが見え始め、拡大するとレイアウトの大部分が隠れる。それが非対称的に拡大する時がある。するとやがて口に食物が入る。それが対称的に拡大して、最大になると眼は覆われ暗くなる。視界にあるボールは縮小して消えてしまうことがあるが、この二つのものだけは縮小しても永久に消えずにそこにある。それらはいつも視覚にぶらさがっている。この二つのもの、手は、変形し続けている。

　生まれて数日すると乳児は手を凝視する。横臥して手をかかげて見る。手にはあらゆる光の乱れが現われる。この光として変形する手には力感が伴う。そこには光と力、光の乱れと慣性、輝きと重さが共在している。この重畳の感覚を人はその後、一生試し続けることになる。手は軌道を選択し、物を掴む。投げ、食べ、飲み、運び、愛撫する。

　周囲の表面のレイアウトを変形するのは手の仕事である。手は周囲を開け、閉じる。ドア、戸棚、衣服の前、カーテンを開け、閉じる。手は周囲を覆い、覆いを取り去る。髪をかき分けて顔を露出させ、魚から皮を取り、身を食べる。手は分解し、結合する。パンをちぎり、紙を破る。粘土をこねる。蜂蜜とミルクを混合する。手は表面を破壊し、創造する。時計を分解し、組み立てる。機械の仕組みを理解しているのは手である。

　表面の変形とは変形する手を知覚することでもある。レイアウトを変えているのは手である。手の視覚と周囲の表面のレイアウトの変形は同時に発生し、同時に終了する。手はやがてレイアウトの細部と共に存在する身体の部分になる。手の繊細な動きがレイアウトと意味を共有するようになる。人は外科医の手や登山家の足に見とれる。

ある時、動く手が偶然に表面を引っかく。表面に溝ができて、一条の跡が残る。変形の途上で、このように人は自身の手の痕跡に出会う。それまではレイアウトの変形が終了すると、ただ変形したレイアウトだけが残った。だが、この跡には手の動きが消えてしまわずに残っている。この跡はレイアウトの変形と、手の動きを同時に記録した視覚である。人はこの痕跡に光の変形にあったかぎりない多様性の一部があることに驚く。いつもただ消え去っていった膨大な光の事実が、そこでは静止して残っている。それ以来、人は熱心に跡をつけ始める。手の視覚の練習に、周囲の表面の跡を使い始める。指に絵の具をつけて、周囲の表面に塗りたくる。街中の壁に手の痕跡を残したいと考える。知覚の練習を始めた人は生涯それを続ける。

人の棲まうところの表面には手の跡がある。手の跡のついた表面をディスプレイとよぶ。跡はただの手の痕跡であり、残された知覚の情報である。それは何か他のことについての情報ではない。ディスプレイは人が視覚の注意を養っている証拠である。

4

やがて突如として跡に何かが現われる時が来る[図3]。

知覚の練習に没頭していた乳児は、ある日、手の跡がただの跡以外の何かであることに驚く。この人を驚かすディスプレイを像とよぶ。

周囲には表面のレイアウトがある。人がそれを意識することが知覚である。人はディスプレイに表面だけではなく跡をつけた手を意識する。表面に像が現れた日に、人は周囲の表面そのものと、そこに跡をつけた誰かの手以外のことを表面に意識し始める。それは表面にはないことである。その表面はただの洞窟の壁であり、牛ではない。だが人は洞窟の表面に牛を意識する。それは岩の表面であり、誰かの手の動きであり、同時に牛である。像では意味が複合している。人の周囲には意味の畳み込まれた像のある表面がある。

　知覚した表面のレイアウトにあることについて、誰かに伝えるために

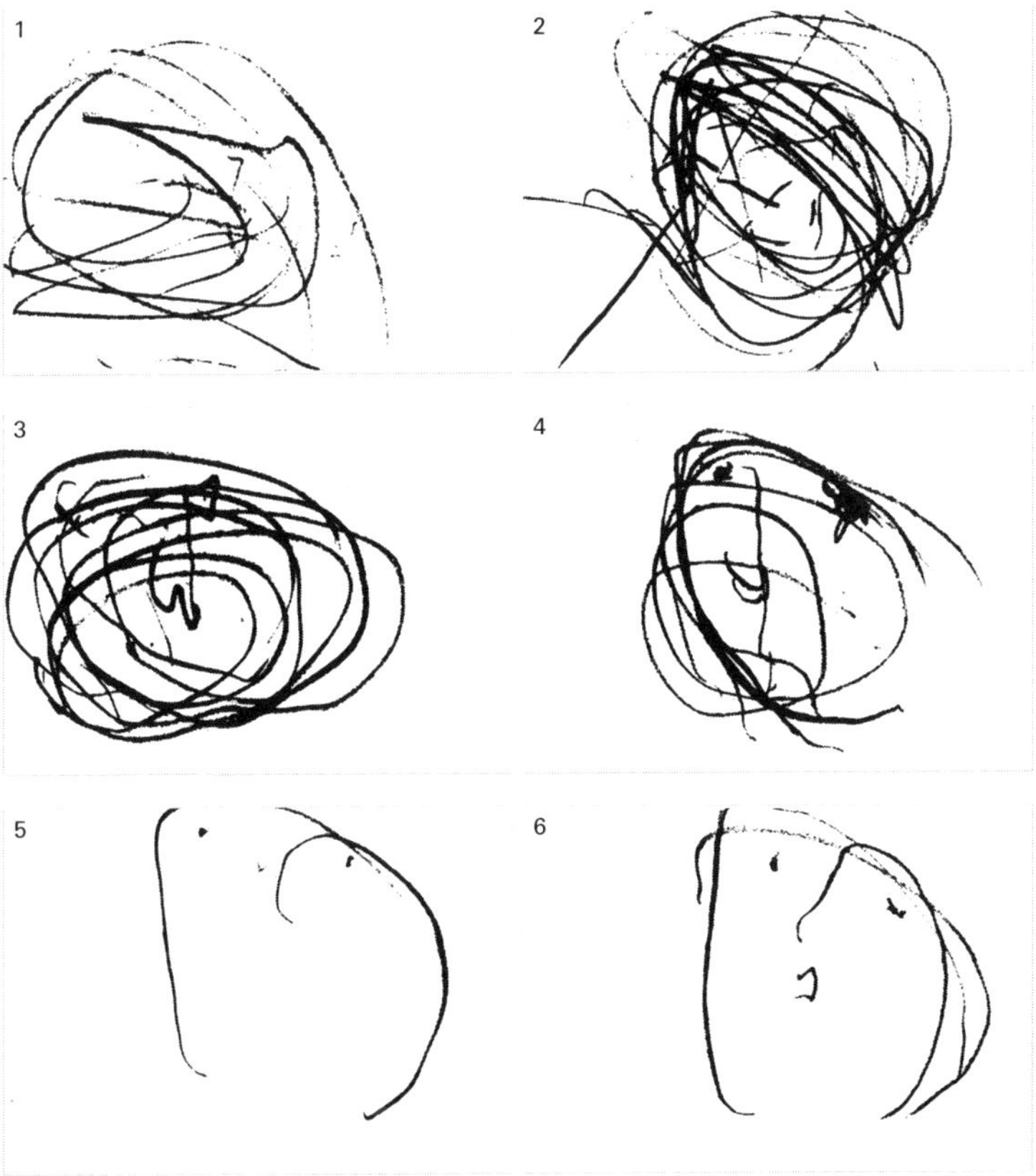

図3…像の誕生

2歳2ケ月児は1から6の順で6枚の絵を一挙に描いた。6枚目「顔」が描かれた直後、あらためて「顔を描いて」と求めたが、はじめから意図して顔を描くことはできなかった。顔の描画は「行為」の流れの中で偶然に生成されたものである。勿論この間、大人からの働きかけは一切行われていない(佐々木正人『からだ:認識の原点』東京大学出版会、一九八七年より)。

人は大気を振動させる。

発話である。発話とは周囲の知覚について誰かに伝えるために空気を振動させることである。媒質中の振動場の波の列には、周囲の表面についての情報がある。人は音源の方向を両耳で探るだけではなく、その波列に鼓膜を晒し意味に接触する。振動の波に意味を聞く。

人は手の跡に像を探す。手が残した像には、大気中の波の列にはない意味がある。一方、波の列には、像にはない意味がある。周囲について誰かが知りえたこと、誰かの意識を知るために、人は大気の振動と手の跡に注意する。

そして数千年前のある日、偶然、波の列が像になった。像になった大気の振動を文字という。人は元来大気の中にあった波を、表面に跡として残し、見るようになった。大気の振動の列にあった意味が、文字列になって並んだ。

人の棲まうところの表面のレイアウトには意味がある。表面には手が残したディスプレイがあり、像があり、それぞれに意味がある。表面には大気の振動を像にした文字のレイアウトがあり、それにも意味がある。

書物の一ページを知覚する。そこにはただの手の痕跡、像、文字がある。これらの意味のすべてが複合してある。このレイアウトの複合を表象という。

表象は構造化された光によって眼に到達する。

2 光のレイアウト

正確に言えば光は見ることはできない

絵画とジェームス・ギブソンの視覚論

絵への評価は、少なくとも二〇世紀においては画家たちに歓迎されない言葉だろう。視覚の否定、少なくとも視覚から距離をおくことが、現代の絵画芸術を成立させている動機の一つであるようだ。見られることを前提に描きながら、視覚を拒否する、これが二〇世紀の絵画が抱え込んでしまった困難の一つである。

ジェームス・ギブソン★1の絵画理論も「視覚」を否定することから開始された。彼は伝統的な視覚理論では絵画に描かれていることを理解することは困難である、と主張した。彼も同時代の画家たちがしたと同じように、「視覚」から遠ざかることで、絵に接近しようとした。出発は同じであった。しかしギブソンは「視覚」を否定する試みの果てに、視覚の肯定にたどりついた。

彼が到達した結論は「絵画は見るものだ」という当たり前の

1 再出発しなければならない

絵画は誰かに見られるために描かれる。絵画は何よりも見られるものである。画家がキャンヴァスに描くことは、見るという行為とどこかで関係しているはずである。だから、絵画について理解するためには、見ることについて理解する必要がある。絵画の理論は視覚の理論を土台にしなくてはならない。

絵画という表現行為の結果をこのように素朴に視覚に関連づけることに、現代の画家の多くは異議を唱えるだろう。二〇世紀の現代美術の多くの試みが目指したものは、表現を視覚に従属させてきたこのような伝統からの解放であったろう。「まるで見ているようだ」、「見たことによく似ている」という肯定であった。

ギブソンは視覚についての数十年におよぶ思考の果てに「絵画は視覚を基礎にしている」という主張にたどりついた。勿論一回りして、また出発点に戻ったというわけではない。ギブソンが絵画の根拠として視覚を肯定できたのは、伝統的な視覚の理論を根底から否定することができたからである。絵画と視覚との関係についての常識を肯定するためには、私たちにとって、もう一つの常識である網膜像に始まる視覚理論を全面的に否定する必要があった。

彼は、オリジナルな視覚理論を構想することで、絵画の表面をそのまま擁護した。絵画は視覚を否定して、概念や記号作用として擁護されるのではなく、まさに見られるものとして肯定されなくてはならない、というのがギブソンの結論である。

絵画は見られるものである。それは視覚から逃れることはできない。視覚と絵画を結びつける素朴さ、視覚と絵画とに同じことを見ようとするおおらかな信念は正しい。問題は「絵画は視覚の表現である」と主張する時に採用される視覚の理論にある。もう少し言えば問題は伝統的な「視覚」の理論のすべてに張りついてきた「像」にある。像が視覚と絵画とを分断してきた。像が見ることと絵画を分裂させてきた。もし視覚理論が像を捨てることができれば、絵画は見ることと邂逅できる。

「再出発しなければならない(We need to make a fresh start)」。晩年に書かれた未発表の草稿の一節[★2]をギブソンはこのように結んでいる。表現をめぐっての議論は、手に持ったクレヨンがはじめて紙上に残した痕跡を見て、あるいは母親がはじめて紙に描いてくれた線画に、乳児が示す驚きを可能にしているものが何か、という問いに答えなければならない。

私たちはどのようにして絵画との新鮮な出会いを回復できるのだろうか。

★1　ジェームス・ギブソン(James J. Gibson)は、一九〇四年にオハイオ州のマッコーネルビルで、鉄道会社に勤務していた父と、教師だった母の下に生まれた。一九二二年にプリンストン大学の哲学科に入学し、心理学を専攻した。一九四九年にはニューヨークのコーネル大学に移り、一九七九年に亡くなるまで、そこで活動を続けた。ギブソンは生涯に一〇〇を超える研究論文と三冊の書物を著している。最初の本は彼が四〇代の半ばに出版した『視覚世界の知覚(“*The perception of the visual world*”)』(1950)、二番目が『知覚システムとしての感覚(“*The senses considered as perceptual systems*”)』(1966)、そして最後が、彼がその生涯を終えた一九七九年に出版された『視知覚への生態学的アプローチ(“*The ecological approach to visual perception*”)』(邦訳、『生態学的視覚論』、古崎敬ほか訳、サイエンス社(一九八五年))である。

★2　Gibson, J. J. (1977) Notes on direct perception and indirect apprehension. “*Reasons for realism*”, Reed, E. & Jones, R. (eds.), pp. 289–293. LEA.

2 像の理論

一九七一年に『レオナルド』誌に書かれた「絵画の中の情報」[★3]と題された論文で、ギブソンははっきりと視覚と絵画の関連を認める立場を表明する。この論文は像に基礎を置く視覚論を否定し、新たな視覚論を構築しようとする二〇年に及ぶ試みの末にたどりついた、視覚と絵画との「類似」を肯定する宣言である。

「絵画の中の情報」という論文は、絵画の視覚についての伝統的理論を否定することから書き起こされる。まず否定されたのは像の理論である。

像の理論の中心にあったのは、反射という光の性質であり、反射した光線が眼球などの結像装置を通過して、光線の交差点で像を結ぶという、結像仮説である。伝統的な視覚理論ではこのように成立する像こそが視覚の基礎であるとしてきた。

像の理論の成果の一つが、「三次元」世界から投射する光線を平面に投影し、世界の見えを「忠実に」再構成する方法とされた遠近法である。一五世紀に誕生するこの方法は、描こうとする対象を底面として、眼を頂点とする視角のピラミッドをどこかで切り取った断面のことを絵画と定義した。遠近法は網膜像と絵画とが、立体を再現するために平面上に結ばれた像として、光学的には同質であると考える根拠を提供した。「絵画が（遠近法的に）完全か不完全かということに依存して、対象は完全に見えるか、不完全に見える」（ニュートン）のであり、遠近法こそが、すべての画家に視覚を忠実に再現する理想的な方法を提供するとされた。

しかし遠近法には大きな問題があった。遠近法が描く像は静止している。遠近法とは、画布の前で静止する画家の視線と、作品の前で静止する鑑賞者の視線を、同一平面上で結びつける方法である。遠近法で描かれた画面は、対象だけではなく、それを描いた者と見る者の静止した位置を正確に特定している。遠近法はこの静止軸が少しでもぶれた時に生じる事態を説明できない。遠近法は、視点が動かないようにと、極小の覗き穴ごしに対象を見続ける、画家と鑑賞者の行為に依存している。しかし、原理的にはこのような制限を持つにもかかわらず、実際に遠近法で描かれた絵はどの位置から見ても私たちに意味をもたらす。遠近法で描かれた絵は、遠近法の限界を越えている。なぜなのか。

たいがいの像の理論はこの疑念への答えを、絵画面以外に求めた。鑑賞が覗き穴からなされないかぎり、歪まざるを得ない像から、オリジナルの歪んでいない対象を「無意識に推論」し、「再構成」し、「想像」する間接的な機構、例えば鑑賞者の過去経験や概念やイメージ、絵を「読む」ための社会的慣習などが、遠近法の矛盾を埋めるために像の理論に継ぎ足された。像に基礎を置く視覚理論は、光に何かを継ぎ足す理論とならざるをえない宿命を持っていた。ギブソンはこの方法ではリアルな視覚は説明できないと考えた。

3 光線の束

ギブソンの生涯はこの疑問に答えようとした歩みである。視覚をめぐるギブソンの仕事にはわずかな迂回がある。

彼はまずそれまでの生理学や物理光学が好んで分析してきた光線という「要素刺激」からではなく、物理的な性質を持ちつつも単一の「要素」やその集合には還元できない刺激の「次元」のようなことによって知覚が可能になっているのだと考えた。視覚研究者としてのギブソンは最初から光線や像を読み換えようとしていたのだが、しばらくは像の理論を完全には捨てることができなかった。一九五〇年代に、ギブソンは光線に代えて「光線の束」という視覚の単位を提案した。絵画の視覚もこの単位で説明された。[★4][★5]

「光線の束」とは、単一の光線ではなく対象全体がもたらす光線の構造のことである。それは環境の表面にある放射要素の明るさと色相に対応する光線からできる束である。

一九五〇年に出版された最初の著作『視覚世界の知覚』[★6]でギブソンは、光線のような要素的感覚刺激に代えて、知覚者に対象の意味をそのまま直接もたらすマクロな「知覚の刺激」の候補として、「肌理の勾配」[★7]とい

肌理の勾配（a gradient of texture）
（Gibson, J. J. (1950)より）

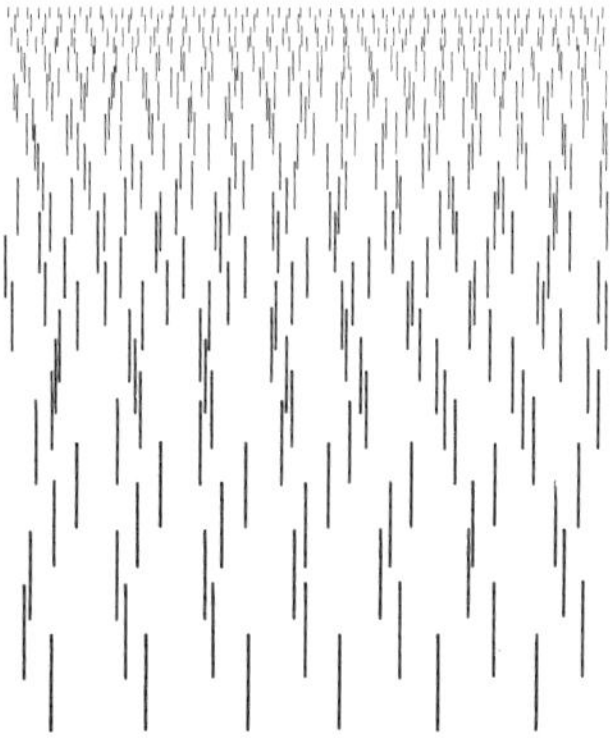

『視覚世界の知覚』
（Gibson, J. J. (1950)）の扉

★3 Gibson, J. J. (1971) The information available in pictures. Leonardo, 4, 27–35. "*Reasons for realism*", Reed, E. & Jones, R. (eds.), pp. 269–283. LEA.
★4 Gibson, J. J. (1954) The theory of pictorial perception. Audio-visual communication review, 1, 3–23. "*Reasons for realism*", Reed, E. & Jones, R. (eds.), pp. 241–257. LEA.
★5 Gibson, J. J. (1960) Pictures, perspective, and perception. Daedalus, 89, 216–227. "*Reasons for realism*", Reed, E. & Jones, R. (eds.), pp. 258–268. LEA.
★6 Gibson, J. J. (1950) "*The perception of the visual world*", Boston: Houghton Mifflin.

う単位を提案している。環境の表面にはどこでも粒が密集してあり、密な肌理を作り上げているが、その粒に光が投射すると、粒の光源側とそれ以外の方向に反射の差ができる。この差が集合することで表面から網膜に投影する光に「肌理の勾配」ができる。それは隣合う光線群の作る一つのパターンである。表面の肌理に由来する「光の束」を、光線に代えて「視覚」の根拠とすることで、遠近法にまつわる「静止の問題」が部分的に解消できる、とギブソンは考えた。なぜなら「束」は「線」よりも冗長であり、それが画家と鑑賞者の移動という、遠近法にとって妨害となる歪みを吸収すると思えたからである。この時期、彼は「環境の特定点における「光線の束」の構造を、そこ以外の特定の表面に、「光線の束」の構造が同じになるように投影した」ものが対象に「忠実な絵画」であると述べている。

この、対象そのものと、網膜面やキャンヴァス面上にできる像とを、「忠実性(fidelity)」という次元で対照できるという発想は、遠近法由来の「投影モデル」の延長線上にある。したがって、たとえ「線」が「束」に代えられたとしても、像の理論の抱えている問題は残る。絵画面に私たちが「対象」を見ることができる根拠を、対象に「忠実な投影」に求めるかぎり、絵画が対象の光学的特性を必ずしも忠実には投影していない場合でも、鑑賞者がそこに、まさに対象を知覚することがなぜ可能なのか、という疑問に再び出会うことになる。絵画にはわざと形を崩して描いた似顔絵のように、対象の像としての性質を軽視することで、むしろ多くの人に意味を伝えるものがある。

4 光のトンネル

ギブソンは、幾つもの実験を経て、光と視覚についての斬新な枠組みを構想していく。

一九五五年には重要なヒントを「光のトンネル」実験で得た。[★8]「光のトンネル」とは、わずかな明かりで間接照明された奥行五メートルの部屋に、中央に直径三〇センチの丸い穴をあけた白と黒の四角のプラスチックボードを並べて提示する装置のことである。白と黒のボードは交互に配列され、そのレイアウトが種々に変えられた。配列の密度条件は視覚に大きく影響した。例えば比較的多い一九のボードを均等にレイアウトした場合、一方の端からこのボードの配列を単眼で覗き込んだ被験者の三分の二が「ボーリングボールを転がせそうなリアルなトンネルがそこに見える」と報告した。しかしボードを減らし、七枚にして配列の密度を下げると、リアルなトンネルを見た者の数は半減した。

たとえ強い光エネルギーがあっても、霧や雲の中のような、光に非連続的な構造がない所では、眼が「もや」以外の何も捉えることがないことを視覚研究は以前から明らかにしていた。「光のトンネル」実験は、光量と視覚が単純には相関していないというこの事実を追認した。

「光のトンネル」実験は、視覚が周囲に何かを発見するために、光のレイアウトが意味を持つことも示唆していた。ボード配列の密度があるレベルを越えた時に、被験者は、隣合うボードの間に「表面」を見た。それはボーリングボールを転がせそうなくらい固い物質的な表面であった。しかしボードの配列が疎になり、そこから眼に投射してくる光が構造を失うとその「表面」は消え、ボードとボードのあいだにはもはや「もや」しか見えなかった。

この結果は多くのアイデアをギブソンに与えた。一つは視覚が、環境の表面からの光の投射がもたらすエネルギーの絶対値のようなものを利用しているのではなく、環境表面のレイアウトがもたらす光の「隣合いの構造」とよべるようなものを利用しているということである。視覚が光線ではなく「光の束」を利用しているのだとしても、「束」は点描画家が描こうとしたことのように、対象の肌理から来る光線を、網膜上に点の集合として忠実にプロットしたようなものではない。肌理のパターンというレベルが重要である。「点」や「線」の集合ではなく、それらが集合して現われてくるマクロなレベルに意味がある。そしてこのマクロな構造を光にもたらしているのは周囲の表面のレイアウトなのである。

長く視覚理論は、二次元の網膜像からいかにして三次元世界の視覚を再構成するのかという難題を抱えてきた。しかし、もし私たちの視覚に根拠を与えているのが周囲の表面のレイアウトに由来する光の構造だとすれば、二次元を三次元に変換するなどということは疑似問題になる。それは古典幾何学の問題であっても動物の視覚の問題ではないことになる。視覚は二次元も三次元も見ていない。視覚はただ光のレイアウトに現われる「表面性」とでもよべる性質を周囲に探り当てて

★7　環境には種々の様相で肌理（テクスチャー）がある。砂や小石はどこでも同じ大きさになる傾向があり、類似の単位が地球の全表面にわたり繰り返し現われる。それは地面に整然とした律動を作り、光学的肌理の素となって動物の視覚に構造を与えている。色は肌理と一体になって表面の性質を特定する情報となる。振動場にも種々の音源からの同心円状の波面が石の投げ込まれた水面のようになった肌理がある。それの現われる方向が動物に音源を知らせ、その時間的継起（波列）が衝突事象を特定する。それら各様相の肌理にどれほど類似があるのか、それらの共変による情報がどのようなものかについてはまだ科学的研究の俎上にのっていないが、日常生活ではそれが利用されている。繊維生地の風合い、新鮮な魚の光沢など、物の質は肌理に現われる。

★8　Gibson, J. J. Purdy, J. & Lawrence, L. (1955) A method of controlling stimulation for the study of space perception: The optical tunnel. *"Journal of Experimental Psychology"*. 50. 1–14.

いるだけである。五〇年代後期に、ギブソンは視覚の問題を「光線」と「像」から、「光の構造」と「表面性」に転換した。

5 生態光学

この発見からほぼ一〇年後、第二の著作『知覚システムとしての感覚』でギブソンは視覚のための光の包括的な理論を提案する。[★9] それはまったくオリジナルな光学である。

これまでの光学は、もっぱら放射という光の事実を扱ってきた。放射光線は確かに光源で何が燃焼しているのかというようなことについての情報を運んでいる。しかしそれを知るために動物の眼は、光線を分光する特殊な装置を備えなければならない。そして実際にその種の機構を持っているのはカメレオンなどごく一部の動物の眼にすぎない。大部分の動物にとって放射光そのものは、そのエネルギーが強い時に眼に痛みを引き起こすという程度の情報しか持たない。

周囲の媒質（光を透過する空気や水中）には、放射以外にもう一つの光の事実がある。それは光源からの放射光が、空気中に浮遊する塵や、地面や床や天井や壁や物など周囲のあらゆる表面の肌理に衝突してできる、散乱光を元とする光の状態である。光源からの放射光は、散乱し、方向を変え、媒質中を飛び交い、周囲の表面間を無限に残響して、媒質中に密度の高いネットワークを形成している。この散乱反射と残響の結果、すべての媒質中のすべての点には、すべての方向からの光が交差することになる。このようにして媒質を満たしている光を「照明」とよぶ。

照明光は、媒質中のすべての点に、すべての方向から来て、そこで交差する光の集合である。したがって照明されている媒質にいる動物は、どこにいても、すべての方向からの光によって包囲されていることになる。ギブソンはこの媒質中のあらゆる点を取り囲む光を「包囲光（ambient light）」と名づけた。

包囲光は周囲の表面のレイアウトを三六〇度投影している。周囲の表面のレイアウトは、包囲光では立体角の隣接するレイアウトとして投影されている（第1章、019〜021ページ参照）。このようにして、どの点の包囲光も、その周囲の表面のレイアウトを反映して、ユニークな光の構造を持つ。ギブソンはこの媒質中の各所で包囲光を構成している光の構造を「包囲光配列」とよんだ。

ギブソンは放射光と包囲光を対比して以下のように述べている。

「放射光は照明を作りだし包囲光は照明の結果である。放射光はエネルギーの源から生ずるが、包囲光は観察点に収斂する。……一つの点光源からの放射光はどの方向に対しても差がないが、ある一点における包囲光は方向によって異なる。放射光は構造を持たないが包囲光には構造がある。放射光は伝播されるが、包囲光は伝播されるのではなく、単にそこに存在するだけである。……包囲光は周囲に存在する表面の状況に依存している。放射光はエネルギーであるが、包囲光は情報である★10」。

放射光は刺激であるにすぎないが、包囲光には周囲の表面のレイアウトという「情報」が内在している。

「光のトンネル」実験は、エネルギーではなく、光の構造が周囲の表面の性質を特定する視覚情報となることを示した。包囲光には、周囲の表面のレイアウトに基づく不連続な構造が埋め込まれている。この情報を内在する包囲光を視覚の根拠にすれば、視覚が歪んだ像を解釈して意味を作り出す機構だなどと考える必要がなくなる。包囲光に基礎を置くことで視覚理論は「リアリズム（実在論）」へと飛躍できるのである。

★9　Gibson, J. J. (1966) *"The senses considered as perceptual systems"*, Boston: Houghton Mifflin.『知覚システムとしての感覚（仮タイトル）』（東京大学出版会から刊行予定）。

★10　Gibson, J. J. (1979) *"The ecological approach to visual perception"*, LEA.『生態学的視覚論』（古崎敬他訳）サイエンス社、一九八五年。

ギブソンはそう考えた。

ギブソンはこのオリジナルな光学を「生態光学（ecological optics）」と名づけた。この光学は遠近法的な像や、像を結ぶための投影面（網膜）を必要としない。見るべきことは包囲光が密に埋める媒質にもともとあるので、結像しなくとも、周囲の光の構造に潜在している情報を探せる器官でさえあれば十分な眼であるということになる。生態光学は、地球上でもっとも個体数が多い昆虫の眼（凸状の複眼）と、結像する脊椎動物やイカなど一部の軟体動物の眼（凹状で像を結ぶ）が、同質の働きをしていると考える根拠を提供する。解剖学的構造は異なっても、どちらの眼も光の差異の構造を利用している。

すべての動物は視覚の情報を共有している。空と地面とが作る大規模な光のレイアウトや、接近してくる動物表面の肌理の拡大などを、すべての動物がその行動を制御するために利用している。私たちが他の動物の行動をそれほど無理なく予測できる理由の一端は、この種の視覚情報を彼らと共有していることにあるだろう。

見ることは光線のエネルギーを網膜の細胞で受容し、それを脳のどこかに伝送して「結像」し、それを「解釈する」ことではない。見ることは媒質中にいて、そこにある光の構造に持続して接触し、構造の詳細に気づくことができるようになことである。視覚のために光にある情報は、脳で構成されなくとも、環境の中に在る。視覚はそれを捕獲する活動のことであるとギブソンは主張した。「私たちが見ているのは環境の事実であり、光量子や波長や放射エネルギーではない」、「正確に言えば光は決して見ることができない」のである。[★10]

例えば、絵画にとって色は重要である。伝統的な光学では、色は網膜の受容細胞の光感受性に依存する感覚であるとされてきた。しかし、ギブソンは、色は表面の微細な肌理に現われる「生態的出来事」の一つだとした。色は、表面に不断に生じている変化の一部を特定することである。色は、表面がどのように照明されているのか、厚みがあるのか薄いシートのようなものであるのか、透明度がどれくらいか、滑らかか粗いか、等質な粒の集合か異質な粒の凝集か、硬いか柔らかいかなど、表面の性質を特定する情報である。

画家が見ている色もおそらくスペクトル分解された色ではない。それは光が表面の肌理と共変した情報である。熟練した医師の眼が患者の肌に病気の兆候を探すように、画家は環境にある多様な表面の出来事を知る熟練した眼を持つ。そして絵画の鑑賞者は、画家がそれを描いた色面に、画家が発見した環境の意味を追発見するのである。

光学の読み換えは、視覚とともに絵画の理論を像から解放した。「変化する環境を、どのようにして静止した一枚の画像に表現できるのか」という遠近法由来の問題は、光学の転換によって消失した。

6 変形と不変

包囲光に潜在する情報とはどのようなものだろう。

光が動物の眼にもたらしていることは、周囲の表面のレイアウトの構造である。動物の眼を含む全身は、それを知るために常に動いている。とすれば動物が見ているのは形の変化だということになる。

一九五七年に、ギブソンは妻エレノア・ギブソンとともに「変形」の知覚を主題とする一つの実験をする。[★11] スクリーンにある表面が一五度から七〇度まで傾きを変えるところが投影された。被験者には傾きの変化を答えるように求めた。スクリーンに投影されたのは二種の肌理と二種の形を組み合わせた四種の表面であった。肌理は格子模様かアメーバ状か、形は正方形かポテト状かであった。どちらも前者が「規則的」、後者が「不規則」である。組み合わせでできた四種のどの表面でも、投影された傾きは極めてよく知覚できた。規則的な形や肌理を持つ表面の方が優るということはなかった。

伝統的に形や「奥行」知覚についての研究は、視点が変化して、形が変化するにもかかわらずなぜ「恒常的な形」が知覚できるのかと議論してきた。幾何学的規則性のようなある種の形の性質がそれに関与しているのではないかと考えられてきた。しかし変化さえ生ずれば形や肌理の性質に関わりなく、表面とその傾きがよく知覚できるという結果は、表面を特定しやすい幾何学的性質というようなものがあるわけではないことを示唆していた。

スクリーンに投影された形は常に変化していた。だからそこに同一の表面とその傾きの変化を知覚させたことを、「形」とはよぶべきではない。被験者が見たことは「変形」であって「形」ではない。

ギブソンはこの変形によって現われて、表面がどのようなものか、そしてそれがいまどのように傾いているのかを知覚させたことを「変形下の不変(invariants under transformation)」とよんだ。表面を知覚させたこの「不変」なることは「形」を持っていない。それは形の「崩壊」とともに現われる。周囲には、そのように物が動き、観察者の視点が移動することで露わになる性質がある。

★11 Gibson, J. J. & Gibson, E. J. (1957) Continuous perspective transformations and the perception of rigid motion. *"Journal of Experimental Psychology"*, 54, 129–138.

例えば動きながら長方形のテーブルを見る時の「不変」について、ギブソンは次のように書いている。

「何が動いている観察点に投影される固い表面の姿を特定しているのだろう。投影される台形の集合では、各角度と各辺の比率が変化している。しかし、集合全体を通じて四つの角度と四辺の比率間には変わらない関係がある。(変形と不変という)二つの事実がどちらも重要である。二つの事実がその長方形の(テーブル)表面をユニークに特定するのである」。

観察者と表面のどちらもが静止している時に特定される遠近法的な形と、どちらかが、あるいは両者が動いた時に現われる変形、その二つが周囲の表面のレイアウトの情報となる。「変形下の不変」が情報になるとはそういう意味である。

寝ている猫を移動しながら見る。あるいは移動する猫を座ったままで見る時に、私たちが見ているのは猫の変形である。猫の形は刻々と変化し、そしてそこにいるその「猫の不変」が見える。変わらない一匹の猫が、変形下に潜んでいる。

ギブソンは、この原理が環境と絵画の視覚を共通して説明すると考えた。絵画が表現していることはこの種の視覚の情報である。画面にあるのは線や点ではなく情報である。画家は猫の形とともに、猫の変形を描いている。つまり猫の不変、猫の情報を描いている。絵画を見ることは像を解釈することではなく、画家が発見して、表現しようとした不変情報を、鑑賞者が画面に探すことである。

遠近法についての知識をまったく持たないだろう古代人が洞窟の壁に描いた線画や、幼児が紙に残した無秩序ななぐり書きの「線」に私たちが何かを発見できるのは、そこに彼らの視覚が探し当てた無形の不変が示されているからだろう。

幾何学では線は二つの平面の交差と定義されている。この抽象的な線は環境にも画面にもない。環境に在るのは表面どうしが接合した「縁《へり》」や「隅」である。その「縁」を画面に表現した「線」には、幾何平面の交差以上のことが埋め込まれているはずである。

画面に描かれた線は、形の輪郭ではなく、一つの表面と、その背後にある他の表面を同時に表現している。つまりそれは表面のレイアウトの「縁」の表現である。線の太さ、細さ、かすれ具合、曲がり方、消え方、接合の仕方などが、そこに入れ子状に埋め込まれている表面群を表わしている。無茶な似顔絵から誰かの顔が特定できるのは、そこにその顔の情報の一端があるからである。それを描いた人はその顔の形だけではなく情報を発見している。

像の理論は「良い絵」を一義的に定義してきた。それは対象に忠実な投影であった。しかし描かれるものが形の無いことであるとすれば、「良い絵」は唯一の基準を持たなくなる。視覚が発見した情報が描かれてさえいれば絵はどれも「良い絵」でありうる。もし絵が私たちの視覚に感動を与えるとして、それをもたらしているのは、画面の中に、私たちの多くが知らない特別な情報があるからであろう。画家がそのことを発見できた奇跡に人は驚く。画家とは視覚のリアルを画面に埋め込むことができた者に贈られた称号なのである。★12

7 見るか語るか

遠近法の否定、伝統的な「視覚理論」から絵画を解き放すという同一の動機を持ちながら、通常、絵画についての議論はギブソンが到達したところとはまったく異なるところで行われている。

本稿の冒頭に、絵画と視覚を結びつける定義にはおそらく多くの現代の画家は違和感をいだくに違いないと述べた。多くの絵画論は、絵画を「視覚理論」から解放する手だてを、ギブソンとは異なるところに置いているようだ。それは「記号」、

「象徴」などというキーワードで語られることであり、キャンヴァス以外にあることである。

遠近法も含めて多くの絵は「文化的」な構築物であり、独特のスタイルが絵を成立させているのであり、それを選ばせた根拠は絵そのものにではなく「文化」と「習慣」と「歴史」に、あるいはそのような伝統を意図的に構築している画家（たち）の共同的で主観的な動機に求めなくてはならないという議論がある。絵は言語と同じように画家の観念を表現した象徴である、という主張である。

例えば美術史家の神吉敬三★13は自然を模倣することを目指したルネサンスの遠近法から、ピカソに代表される現代絵画への歴史を「画家の注目点（いわゆる視点）が外在する描写対象からしだいに画家のほうに近づいてくる」、あるいは「対象とされるものがしだいに画家の眼に引き寄せられ、ついに網膜と一致する。さらにそれらも乗り越えて画家の内部に突入する」歴史であったとする。神吉は現代絵画の誕生を、画家の主観

★12 「光のトンネル」と「変形の知覚」の実験に加えて、生態光学の成立にとって重要であった実験に「遮蔽」の実験がある（Gibson, J. J., Kaplan, G. A., Reynolds, H. N., and Wheeler, K., The change from visible to invisible: A study of optical transition. *"Perception and Psychophysics"*, 5, 113–116）。

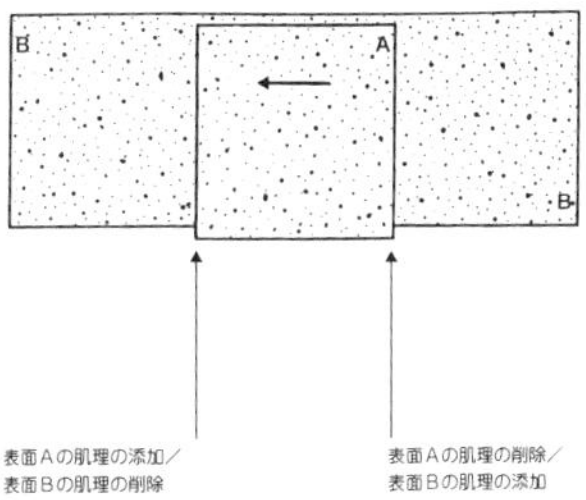

遮蔽の情報（Reed, E. S.（1996）より）

左図に示したように、静止しているとただ一枚の表面に見えるランダム・ドットの表面の、ある部分（A）の両端付近の肌理をわずかな幅で徐々に添加あるいは削除したフィルムを繋げて映写すると、表面Aの左右端に「遮蔽の縁」が現われ、AがBの上を滑るように左へと移動する映像が得られる。左端ではAがBを遮蔽し、右端ではその遮蔽が解除されていく。すなわち肌理の増減という操作のみで二つの表面の分離と遮蔽が知覚される。勿論、静止した画像には輪郭は描かれていない。

一般に、観察者が移動したり、物が動くと、周囲の表面1が表面2を徐々に遮蔽するという知覚が生ずる。包囲光配列ではこの時に、表面2を特定していた肌理が表面1の肌理に変移することが生じているが、上記の実験はこのような肌理の変移が、表面間の遮蔽の知覚をもたらす情報となりうることを実証した。ギブソンは表面間の「可逆的遮蔽（移動の方向を戻せば遮蔽された表面はまた現われるので可逆的）」によって、表面の「レイアウト全体」が知覚できる、だから知覚には記憶は不要であると主張した。すなわち知覚にとって遮蔽という事実が決定的に重要であるのだが、それは光学的配列の肌理の変移だけで特定できる。肌理のレベルでのわずかな変移はこのようにして表面の「レイアウト全体」の構造を知る情報となっている。

「表面性」や「不変」の知覚とは「レイアウトの全体」の知覚のことである。この周囲のマクロな構造の知覚は包囲光配列中に起こるわずかな肌理の変移によってもたらされている。

ギブソン（1979）はそのことを次のように述べている。「観察点は媒質中の、熟知している経路を、時には新しい経路を、前後や左右に行ったり戻ったりする。観察点の位置の変化は可逆的である。観察点にいる人が行きつ戻りつした時には勿論、わずかに姿勢を変えるような時にも観察点の位置は転換する。周囲のレイアウトにある多様な大きさの表面は、このようにして観察点の位置が変われば、それにつれて徐々に隠されていく。しかし、反対の方向に動けば今度は徐々に現われてもくる。見えなくなることは、見えてくるということの逆なのである。隠す表面と、隠される表面は交換する。今まで隠す表面だった所は隠される表面になり、隠される表面は隠す表面になる。しかしそれは一つの物が他の物に変わってしまうことではない。それは特別な推移、移り変わりによってそうなるのである」。

★13 神吉敬三「遠近法への反逆と挑戦――ピカソの目をめぐって」『遠近法の精神史――人間の眼は空間をどうとらえてきたか』平凡社、一九九二年。

的な観念の表明に見ている。

　神吉によれば現代絵画における主観の表明は種々の技法で試みられたことになる。ダ・ヴィンチに始まる空気遠近法(空気の層の厚さで遠近感を表現する方法。遠くのものはぼやける)を極限まで押し進めたクロード・モネの「睡蓮」の連作は、印象主義における「主観主義絵画の頂点」であり、三次元世界の量感を「青」という色彩や「円錐、円筒、球体」によって表現しようとしたポール・セザンヌのしたことは、遠近法のような幾何学的な原理ではない「抽象的な形態に自然形態を合わせるようなかたちで表現する」ことであり、「諸物体の量を、彼が発明した観念的な量体に置き換える」ことだったということになる。

　セザンヌは「自分の頭のなかで考えた観念的な形態に自然を合わせはじめた」のであり、「画面全体の構図を自己の意図に合わせ、自然の秩序を意図的に曲げるかたちで絵画を構成」したのだという。そしてこのセザンヌに教訓を得て、遠近法に反逆したのがパブロ・ピカソということになる。

　神吉は「二〇世紀芸術の最初の作品」とされるピカソの「アヴィニョンの娘たち」を「三次元空間の再現的な表現が完全に否定され」た作品であるという。単一の視点からは絶対に見えない部分が同時に描かれるというその絵の特徴は「対象をただ見るがままに描くのではなくより本質的に捉えようとするならば、見えない部分に対する記憶ないしは推測をも含めて捉えねばならないという態度の表れ」とされる。そしてこのことが「ピカソの視線が網膜の内側に入り決定的に主観化しつつあること」の証拠とされる。

　現代芸術の出発をつげたキュビズムは「ルネサンス以降五〇〇年にわたって、外界の現実世界を画家の内部に取り込む取水口としての機能を果たしてきた人間の目に、画家の内面的な感情や観念という、長く非現実的なものと考えられてきた世界を外部に向かって投影する排出口としての機能が存在する」ことを表明したものであり、「画家の師とされ、絵画の父と敬われてきた『自然』は、画家の主観的現実を描出するための手段、ないしは象徴的記号となりうることも、併せて実証したのがキュビズムであった」ということになる。結局、絵画は「網膜を間に挟んだ客観と主観、外在的な現実と内在的な現実の葛藤」であり、遠近法以降の絵画の歴史は内在的な現実が外在的な現実を克服するプロセスと解釈されることになる。

　特別の主張ではない。このような語り方は既に現代の絵画を論ずる際の常道の一つであるだろう。私たちは書物を解釈するようにして絵を「読む」のであり、絵を描くことは要するに画家の心で生じた一つの「物語」をなぞることになる。一枚の絵は相対の世界に漂うことになる。

8 還元的情熱

キュビズムの成立にはまったく異なる説明も可能である。高階秀爾[★14]はピカソとブラックのキュビズムが「(主観による)オブジェの消滅どころか、オブジェの確認であり、擁護であった」と言う。「キュビズムの特徴としてしばしば指摘される視点の複数化(さまざまな方向から見た対象の形を同一画面に並置すること)とか、眼に見える姿ではなく頭で理解する姿を描くという理知的傾向(見えないはずの裏側の面を描き出したりすること)も、煎じつめれば、眼に見えるかりそめの姿ではなくて、真にあるがままの対象の姿を把えたいという欲求から生まれたものであり、「これほど決定的なオブジェへの執着」はないことになる。

高階はキュビズムがギター、マンドリン、ヴァイオリンなどの楽器や、コップ、水差しなどの食器類をよくその画題として選んでいることを指摘する。彼はその理由を「これらの対象がいずれも手で触れることによってのみ本質的価値を発揮するようなものである」、「楽器とは、手で触れて音を生み出すことによってはじめて存在意義を持つものであり、コップや茶碗はいわば手の延長であり、パイプは掌の中で愛玩するものである。ここでは、空間の中のオブジェ、ないしはオブジェの存在する場としての空間という視覚的価値ではなくて、オブジェそのものの触覚的価値が求められている」からであるとしている。

高階は画家の推論の働きによってキュビズムが成立したのではなく、それは画家が物に向かい、それを解体しつくした結果であるとする。主観の登場ではなく、オブジェへの接近が現代絵画の誕生のきっかけだった、というわけである。高階がこのように述べる時には、視覚ではなく触覚が絵画の根拠とされている。

何よりも見られるものである絵画の価値を作品の内部にではなく、作品以外の物語にもとめ、その意義を「物語」に解消したことが、画家に素朴にデッサンできなくなる病としての「失画症」を招いてきたと指摘するのは宇佐美圭司[★15]である。

視覚を否定された絵画においては実在との関係を持たないまま一本の線、わずかな色の配置は過剰に意味を解釈される可能性を持ってしまう。このようなことに耐え続けることの

★14　高階秀爾『20世紀美術』ちくま学芸文庫、一九九三年。
★15　宇佐美圭司『絵画論』筑摩書房、一九八〇年。宇佐美圭司『20世紀美術』岩波新書、一九九四年。

困難が「失画症」の原因となる。

「物語」の世界では、過去の参照とオリジナルの創造が絵画の位置を決定する。画家は一本の線を描く時に、歴史のすべてを背負いかつ新しい意味（オリジナルと呼ばれること）を作り出さなくてはならなくなる。絵を描くことがこのような「語り」の営みになった時に現代絵画はおそらく「危機」に出会ったのである。

どこに回復の根拠を求めるのか。宇佐美はそれを「対象」に求めている。そのことは、ピカソを生んだ現代絵画が実在へ向かうことから開始されたことを再確認する作業を通して主張される。

例えば宇佐美によれば、印象主義を徹底し、セザンヌからピカソへと飛躍する土壌を作った「主観主義絵画の頂点」であるとも解釈されているモネの「睡蓮」の連作に描かれていることは記号ではなく、むしろ「実在」であるという。

晩年のモネはほとんど眼が見えなくなっていた。彼はかすかに光を受けとめていた。そのことが「対象から光がやってくることを意識しない」方法を可能にした。「緑の若葉がさんさんと輝くのを見る……さんさんと輝くという形容詞は、私たちの眼に光がやってくる状態の形容ではなく、対象が光を受けている状態の形容だと思っている。……点描とはまず何よりも眼のなかにあるそんな既成の視覚のあり方にかえて、対象を原色の点に分解して見るという、眼から対象へ向かう新しい方法を試みようとしたのである」。

宇佐美は眼から対象へ向かうベクトルをリ・コグニションとよび、それとは逆に対象から眼へ向かうベクトルをコグニションとよぶ。コグニションとは対象にあること、そのものを見ることである。宇佐美は印象派の絵画が目指したことをリ・コグニションをコグニションに戻したいという「還元的情熱」であったと言う。

高階が「触覚的価値」とよんだこと、宇佐美が「コグニション」とよび、モネの点描画に描かれたことは、おそらく視覚の不変である。印象派から現代絵画の誕生にいたる軌跡を、一枚の絵の構成だけに注目し、その「形」の変遷だけを問えば、それは確かに伝統的な意味では「視覚」的ではなくなる。だから主観化への変化ということになるのかもしれない。しかし、そこに構築された表面の細部に注目する時に発見できるのは、どこまでも視覚のリアルに近づこうとする画家の「還元的情熱」なのである。

9　休止した探究

絵画は長い時間をかけて制作される。ならば本来一枚の絵画全体をまるごと評価し、視覚との対比を論ずることはあまり意味がないのかもしれない。絵画表面は時間をかけて制作され、時間をかけてながめられる。とすればそこに描かれた線、色、形、背景はそれぞれ「縁」、「表面」、「不変」、「媒質」として、そして「出来事」として個別なリアルである可能性がある。

だから絵画の理解は何よりもそれを長く見続けることで可能になる。時間をかけてそこに潜在する視覚を発見し続けることが絵画の理解のすべてである。その意味では絵画を見ることはほとんど環境に意味を発見することに近い。

ただし言うまでもなく環境の知覚と絵画の知覚はまったく別のことである。環境の知覚が発見するのはアフォーダンスである。絵画の知覚が発見するのは他者が発見したアフォーダンスである。絵画を見るということは他者の探究を探究することである。表現としての絵画はアフォーダンスを「指示」しているのではない。それはアフォーダンスを「探究」した結果である。環境の知覚におけるアフォーダンスの探究と、表現された絵画を知覚することにおける「探究されたアフォーダンス」の探究は、前者が死による以外の終わりがなく、後者が任意に終了されていることにおいて決定的に異なる。その意味では絵画は「探究の休止」を描いているとも言える。

光の経験

デッサン派 vs. 色彩派

松浦寿夫×高島直之（司会）×佐々木正人

1　複数の場所、複数の時間

高島――従来からの絵画にまつわる「光」の問題設定としては、中世のキリスト教絵画に見られるような、光が神そのものから発する、あるいは神に光が降り注ぐ、そういうイコン、聖像画で著名なわけですが、ルネッサンス以降に、「光」をいわば世俗の世界に降ろしてくるというかたちで、自然光が人間に降り注ぐさまを定着していく大きな流れがはっきりしてきます。

ギリシアの芸術観からルネッサンスに繋がっていく中で、人間というのは光に向かって存在を問うていくんだという暗喩として、ネガに向かうのではなく、ポジに向かって、実在の光を絵画に定着していこうという流れができたと思います。それが一八世紀、一九世紀に、写実画、自然主義絵画として育まれてきて、その最終地点に印象派が位置づけられる。

一方、印象派は、電気の光などの、さまざまな光のあり方が出てくる二〇世紀のモダニズムないしはモダニズムの絵画観／世界観というものの出発点にもなると思います。どちらにしても、印象派がいろいろな意味で一つの起点であるということは絵画を考えるうえでの共通の意識としてあると思います。

松浦さんがテキストとして出された「同時遍在性の魔」という文章がその問題設定をかなり幅広く睨んだかたちで出てきていると思います。一九一〇年ぐらいを起点とする、いわゆる抽象画の立ち上がりに対して、先鋭的な画家たちがまさしく「光」を色彩に転化するということも含めて、さまざまな実験が行われていたわけです。その中で一つのポイントとしてモネの「積み藁」がこの文章の発端になっていますね。「積み藁」自体は現実の対象であるけれど、絵画という一つの画面で、構図を作るための対象ではなく、それが絵画そのもののイメージになっているといいましょうか。カンディンスキーには「最初それが何を描いているものであるのかわからなかった」という断定があって、そこから絵画の美の要素の展開が抽象画というかたちでさらに押し進められていきました。

松浦さんは、最初にアポリネールの《この瞬間に私はいたるところに存在する》という言葉を巻頭に置かれ、行文が進められていったわけですが、「越境シリーズ」の『身体：よみがえる』(東京大学出版会、二〇〇〇年)の巻に書き下ろされた佐々木さんのテキストのタイトルも「あらゆる場所に同時にいる」でした。奇しくも、一九一〇年以降の絵画の実験と生態光学のレヴェルとが接点を持って重なっているということに、話を進めていくためのモティベーションを感じるのですが。

佐々木――カンディンスキーがモネの「積み藁」を見て、「ものがない、対象がない」ということを言ったと松浦さんが引用されていますね。また、カンディンスキー自身がたまたま横倒しにしてあった自分の絵を見て、よく対象が見えなかったという偶然が、抽象画誕生のきっかけであると書かれている。対象が問題でなくなるということには大変興味があります。ジェームス・ギブソンにおいて視覚論の中心が対象からサーフェスのレイアウトの問題へと移行したように、画家たちが、形じゃなくて、光の問題に移行して、対象といいますか、輪郭のあるものを問題にしないということを本気で考えることがあったということを松浦さんの論文で知りました。そのあたりをまずお聞きしたい。

松浦――この論文が掲載されたのは「宗教への問い」という岩波書店の叢書の第二巻、『「光」の解読』(小林康夫編、二〇〇〇年)という巻でした。宗教的な経験としての光という文脈で、西欧絵画における光の主題を分析することがぼくに与えられた課題でした。そのために、純然たる絵画論として組織される

モネ「陽を浴びる積み藁」(1891)カンヴァス、油彩、60×100cm、チューリッヒ美術館

手前で光の問題を処理しようとしたために、残念ながら、この論文では幾つかの主題が脈絡のつかないかたちで連鎖している部分があって、とくにカンディンスキーについて触れた部分とその後の部分の繋がりが少し悪くなっていると思います。それを最初に弁解しておきます。

確かに「光」という要素が絵画にとって極めて重要な与件であるということはおそらく誰もが認めてきた問題だと思います。ところが今回改めて考えてみて驚いたのは、思ったほど「光」についての考察、あるいは「光」というものに対しての態度を理論的に表明している画家が、実は必ずしも多くはないということでした。高島さんがおっしゃいましたけれど、「光」の問題と「色彩」の問題、この二つがはたして同じものなのか、違うものなのか、あるいは、この両者はどのように交錯するのか。この点に近代美術の歴史における「光」の問題を扱う際の困難があると思いました。

いまモネの「積み藁」のケースから話が始まったのですが、カンディンスキーの逸話は自分が抽象絵画を始めたあとに事後的に書いているので、自分の作業を合理化している側面があると思います。ただその際にほかの画家でなく、モネを選んだ、あるいはモネの作品が契機になったという点は、興味深いところではあると思います。抽象的な絵画の起点にモネを発見するという徴候と言ってもよいかもしれません。

ところで、モネにとっての課題は、単に対象をいかに描くかということではなく、対象を包み込むものをいかに描くかということだったと思います。その文脈では、当然のことながら、対象は対象を包み込むもののいわば関数のもとに置かれることになります。そのために、モネの作品には対象の認知が困難な状態が出現することになります。

また、制作に際しても、赤い感覚の感受に対応して赤い筆触を置き、次に青い感覚に対応した青い筆触を置くというように、具体的に対象が何であるのかという認知の度合いにかかわらず、感覚的な対応物を組織していくことになります。このような感覚ないし印象という概念の形成とともに、対象の認知への依存が希薄化されていくとも言えます。

カンディンスキーに関して一つ付け加えておくと、あるタブローを前にして、何が描いてあるかがわからないけれどもそれを美しいと思うという経験を経て、対象が必ずしも絵画の美しさにとって必要不可欠な条件ではないという帰結を導き出します。そして、次の段階での飛躍として、対象は単に絵画の美しさにとって必要不可欠なものでないばかりか、むしろ、美しさを阻害するものですらあると見なされるようになります。これが対象を捨象した絵画、つまり非対象的な絵画の出現を合理化する論理になっています。

佐々木――「赤い感覚の感受に対応して赤い筆触を置き、次に青い感覚に対応した青い筆触を置く」とすると、ここには「持続」が入っていますね。つまり、観察点の移動が入っています。通常、視覚で対象を捉える時には、遠近法がもっとも対象に近い一つのフレームと考えられていたわけです。遠近法には持続もないし、観察点の移動もない。だから遠近法で捉えられた対象は、ある輪郭を持てた。しかし、モネが描いた包む光というのは、ある時のある場所という遠近法の単一観察点からの瞬間視ではなくて、いろんな時のいろんな場所を画面に置いていると、そう考えていいんですか？

松浦――そう思いますね。つまり、最初に高島さんが要約されたように、印象主義はその最初のプログラムにおいては写実主義的な側面を備えていたと思います。そして、この写実主義的な側面をより精緻化していく過程で、いま佐々木さんがおっしゃったように、瞬間的な変化や、時間的な移動という問題に直面せざるをえません。そして、描くべき対象は同一性を持たず、絶えず差異化されざるをえないという事態を発見します。そのために、印象主義はその制作の過程で、最初に立脚していた写実主義的なプログラムをその内面から崩壊させざるをえなかったと思います。

カンディンスキー「黒い弧のある作品」（1912）
カンヴァス、油彩、188×196cm、パリ、個人蔵

2 デッサン派と色彩派

高島――移動する「時間の壁としての絵画」という意識は写実主義の画家にはなかったわけで、「移動する時間」は対象の持っている物理的な、ポテンシャルなエネルギーにあずけて

あって、画面上では静的なものだった。

松浦――例えば、モネの連作に「ルーアンの大聖堂」を描いたものがあります(カラー頁参照)。三〇点近くあるのですが、ほとんど同じ構図で制作されています。ときに、「朝の効果」、「夕暮れ時」といった指標が題名に付与される場合もあります。とはいえ、当たり前の話なのですが、絵画はスナップショットではないので、どうしても制作の時間がかかります。すると当然、対象を見て描いているあいだに、自分が最初に感受した印象がどんどん変わっていく。それが一つの場所だとしても、その一つの場所に複数の現在、複数の瞬間が積層化する、積み重ならざるをえないことになります。

ですから、確かにいまおっしゃったように、遠近法のシステムが単に空間的な単一視点に立脚したものであるという問題だけではなくて、まさにそれが時間という要素を欠落させて成立しているシステムだという点が重要だと思います。しかもとくに、各ジャンルの自律化が語られる時期から美術作品と他の芸術作品とを区別する際に、美術作品は空間の芸術であり、そこでは瞬間的にその全体性が示されるという議論が形成されますから、どうしても時間というファクターを捨象するようなかたちで思考が展開していく。

遠近法からの逸脱は、複数の場所や複数の時間が一枚の中に積み重ねられていく絵画、さらに言えば、幾つもの画面が積層化された絵画の成立として露呈したとも言えます。

高島――「ルーアンの大聖堂」は、言われたように、同じ場所の同じファサードで、しかもパースペクティヴがほとんど感じられないようなものですね。「積み藁」よりも、もっとミーディアム(=空気感)が表現されている作品だなと思います。しかも、わずかに異なった三つの場所から描かれ、取材後にアトリエで仕上げられた「連作」であることの意味するところは大きい。そこに身体的記憶が介入する。

松浦――モネの作品の特徴として奥行きを欠いた、画面全体の前景化と言ってもいいかもしれませんが、まず、この「ルーアンの大聖堂」の場合、構図の設定として、画面の一番下辺に建物の接地面が来ているので、ほとんど奥行きがなくて、立ち上がった壁のような状態で画面ができています。

佐々木――空気が描かれているというのは……?

高島――対象を見る者として画面に向かっていると、描いている時間があるから対象の光は常に移動しています。それを画面の上で少しずつ変更していくわけですね。幾つもの色が石壁に「降って」くる。

佐々木――輪郭がぼけてるんですね。

高島――いや、カメラに例えて言うと、輪郭のピントは合っているときっていい。その点では、ハード・エッジ。

佐々木――輪郭自体がある幅を持ってぶれているというか……。

松浦――そうですね。

高島――透視法的、遠近法的な流れにこだわっていた美術の中ではほとんどが線描だったわけですね。色彩、光は、線に従属した二次的なものとして認定されていました。その二次的性質を一次的なものとして前面に出した作品の典型として「ルーアンの大聖堂」が位置づけられると思う。

松浦――確かに印象派の時代から、自然に則して絵を描くという原則が流通し始め、自然に則して描く、あるいは見えるものを見える通りに描くという原理が前面に出てきます。それ以前は記憶に即して描くという描き方が支配的でした。

ところで、見えるものを見える通りに描こうとした時に画家が直面する問題は何かと言いますと、対象を見ながら描くことはできないということです。つまり、対象を見る作業と描く作業は同時共起的にはなされえないということです。一連の動作として、画家は、対象を見て、キャンヴァスを見て、また対象を見ます。そこで印象派の画家たちが経験させざるをえなかった事態は、画布に向いた視線をもう一度対象に戻した時に、対象が同じものであるという保証がまったくないということです。

そういう意味で、一枚の「ルーアンの大聖堂」の絵には複数の「ルーアンの大聖堂」の絵が重なり合っている。複数の印象が層をなして重なり合っている。それぞれの瞬間に見たものの記憶が重なり合う。重なるところにエッジが出てきます。佐々木さんが用いられる意味での「エッジ」とは違うかもしれないけれど、そのエッジは完璧に重なるわけではなくて、微妙なずれができますから、それがいま高島さんがおっしゃったような効果を作り出す原因ではないかと思います。

佐々木――「エッジ(縁)」というのは生態光学の意義を凝縮した用語です。隠しているサーフェスと隠されているサーフェスが同時にあって、二つのサーフェスのレイアウトが見えるところです。ギブソンは輪郭線ではなくて、「縁《へり》」を視覚の根拠にしていた。

ギブソンが関わった戦争中のパイロットのヴィジュアル・トレーニングでは、遠くにある戦闘機が友軍機と違うものだ、違うシェイプだということをどう特定するかということが問題になりました。つまり急速な変化から不変のかたちを知ることです。あるいは視覚のみで移動を制御する有視界飛行の時、周囲のどこを見ても形はない、輪郭はないわけです。周囲に起こっているのは形が崩れるということでしかない。それは遠近法でやるほうが対象をきちっと捉えられるという伝統からではまったく手をつけられない「乱れ」の世界です。それをちゃんと扱いたいというのがギブソンの生態光学だと思います。

いまでも視覚理論の大部分は線で描かれた「像」というものを説明に使っています。しかし生態光学では変形にベースを置き、放射光から包囲光へという展開が必要だったのです。

絵画史でも、先ほどのモネやカンディンスキーのように「対象がむしろ邪魔になる」という発想があるようです。どのような背景が準備したんでしょうか？

高島——光をとらえようという時、線的な遠近法だけじゃなくて、空気遠近法があります。遠くのものが暗く映り、手前が明るく映る。モネに私淑したベルト・モリゾという女性画家は、遠くのものであっても、明るい色を使う。だから、画面の奥行きがなくなるというよりも、かぎりなく平坦になっていって、旧来からの対象を一つの画面に飲み込み、解体されていく。もっともこれは、モリゾのみならず印象派の大きな特徴ですが。線的な遠近法のみならず、空気遠近法をも破壊していくという意識も、最初のプラグとしてモネの中に差し挟まれていたという気はします。

松浦——これは必ずしもフランスの美術の歴史にかぎらないのですが、対象をどう描くかという課題を前にして、単純化して言うと、二つの派閥があります。一つはデッサン派とよばれ、もう一つは色彩派とよばれます。この二つの思考の様態は、しばしば単に一方はデッサンに立脚し、他方は色彩に立脚していると思われがちですが、デッサン派の画家の絵に色がないというわけではなく、両者の差異はごく端的に、世界の認識の様態の差異と考えるべきだと思います。

さらに一七世紀のフランスでは、アカデミーの原理闘争にまでなったのですから、国家の芸術の原理的選択をめぐる政治的な問題でもありますが、ボードレールが明晰に理解していたように、デッサン派は言い換えれば輪郭派です。それに対して色彩派の「色彩」は何かというとそれはごく端的にタッチのことですから、これはタッチで絵を作るということです。どちらを重視するかは単に絵画作品の作り方を超えて、世界の事物をどう認識するかという問題、認識の仕方そのものに関わる問題です。

ボードレールが一九世紀の色彩派の代表的な画家と見なしていたのはドラクロワです。そのドラクロワのとても有名な言葉に、「自然の中には輪郭線などない」という一節がありま す。輪郭線がないとすると、ある物と他の物を区別するのは何かというと、各々の個体のその内側から充実してくる力であり、それがある意味ではサーフェスとか、表面を内側から充実させていると彼は考えていたようです。

では、タッチで絵を描くことと輪郭線で絵を描くことの違いは何でしょうか。

乱雑に、ランダムに画面の中に分散するタッチが相互的な結集作用を引き起こして、まとまりを作った時に、形が出現する。あらかじめ秩序だてた輪郭が作られて、その中に色が流し込まれる――それがデッサン派の思考です――のではなく、幾つものタッチとして分散していたものがある条件のもとで結集し、それが事物の様相を作り出すという考え方だと思います。ですから、両者の差異は単に色彩が優勢であるから、輪郭が優勢的であるからという以上に、事物の把握の仕方それ自体に関わっています。

そこで、印象主義の出現とともに、色彩派の絵画においては、タッチの分散性がさらに強くなってきます。モネの作品にとりわけ顕著ですが、タッチがその結集能力以上に自らの存在を主張し始めると、画面から、明瞭な奥行きを備えたパースペクティヴに立脚した統一性が消失し、より分散性の高い画面が形成されることになります。さらにそれが押し進められると、分散する筆触が一つひとつの非連続的な感覚に対応しているかのようにちりぢりになってしまいます。そのために、表現の次元で、遠近法的な仕組みのもとで対象が描かれた場合とはまったく異なった対象の相貌を露出させることになったとさえ言えるかもしれません。

佐々木　デッサン、輪郭、遠近法対色彩、タッチ。松浦さんの先ほどの論文の言葉を借りると色彩による表現を可能にしているのは「内的必然性」だけれど、そういう配置に内在す

(左)ドラクロワ「フレデリック・ショパンの肖像」(1838)カンヴァス、油彩、45.5×38.0cm、パリ、ルーヴル美術館、と
(右)アングル「自画像」(1858)カンヴァス、油彩、64×54cm、フィレンツェ、ウフィツィ美術館。ボードレールはその美術批評で、色彩派をドラクロワによって、デッサン派をアングルによって代表させている。

る力でマクロまでいく方法に対して、デッサン、輪郭ははじめから「マクロ」ですよね。これは視覚を説明したり表現しようとする人間が常に持つ二つのモティベーションです。そのモティベーション自体は相当古くからあるけれども、二つに分裂している。片方は輪郭を選び、片方は色彩を選ぶ。その分裂はすごく面白いし、悩ましい感じがしますね。視覚というのは、造形された細部と全体性を与えるような働きの両方があってはじめて混乱がない。だから本当は同時にあることを分裂させることで歴史が作られてきた。

印象派自体は、色彩派の流れと考えていいわけですね？

松浦――そう思います。近代絵画では、主として色彩派の思考がより強く作用したと思います。あるいは、端的に色彩派が近代絵画であると言ってもいいかもしれません。すると、色彩、タッチでいかにデッサンをするか、いかに形態を出現させるか、画面をいかに構築するかという問題になります。

高島――そこから空間の厚みみたいなものが出てくるわけですね。セザンヌが言ったように、「自然は平面においてよりも深さにおいて存在」するという、絵画の平面における本質的な「政治性」です。

ところで、一七世紀にアカデミーで原理闘争があったにしても、なお遠近法的な、線描的なものの方がまさっていたわけですか？

松浦――一七世紀以後二〇世紀前半に至るまでそうですね。依然としてアカデミーではデッサン派が主流だった。絵画にとっての本質はデッサンであって、そのデッサンがしっかりしていないと何を流し込んでもだめだからということです。バルザックの『知られざる傑作』で用いられる言いまわしを借りると、勿論、この小説自体は色彩派の礼讃として読みうるのですが、デッサン派の思考では、人間の身体に例えると、骨としてのデッサンがないとだめだということになります。

高島――それは比較解剖学の伝統が強くて、諸器官が世界を形成するという理論拘束が作動していたからでしょう。一種の反映論です。

佐々木――デッサン派と色彩（タッチ）派の対立はすでに一七世紀にあったとおっしゃっていましたが、絵画表現での議論は、視覚の扱いにおいて、知覚や運動のいわゆる科学的研究よりも進んでますね。ギブソンの成果をひと言で言えば、眼はデッサンをやっているという視覚理論の世界に、それまでは触覚的なものとしてだけ認められてきた色彩（タッチ）を登場させたことです。それまでの視覚理論はデッサン派の独占だった。ギブソンは、眼はデッサンしているのではなくて、肌理のレイアウトの変形に内側から張ってくる不変の力を待つようなことをしていると言ったわけです。
運動研究も同じで、指令主義の人たちは、運動プランという「全体」が身体の部分をコントロールすることによって一つの運動が作られると言っていた。翻訳された『魂から心へ――心理学の誕生』(村田純一他訳、青土社、二〇〇〇年)という本でエドワード・リードが一九世紀を材料にして詳しく論じていますが、むしろもともと分散して在るものが運動の秩序を生み出していくという観点は西欧ではほとんど成功しなかったわけです。チャールズとエラスムスのダーウィン一族などが例外的にいただけです。運動研究の場合はそういう発想が浸透するのは複雑系が流行する、ここ数十年のことです。一七世紀の芸術の世界で政治的対立にまでなった話がサイエンスでは一九四〇年代ぐらいにやっと本格的に出てくる。

松浦――ただ、絵画の歴史的な文脈でも、モデルとしてのカメラ・オブスキュラの問題がありましたから、一点から来る光の線としての光という認識はかなり支配的だったと思います。それゆえに、包囲光の発見は印象主義を待たねばならなかったと言えるかもしれません。印象派の画家たちの驚きとは、同じものが同じに見えないことがあるという発見、あるいは、同じものがいつも違って見えるという発見、そのことへの素朴な反応でした。それが「光」というものの新しい定立の発見に繋がったのではないかと思います。

佐々木――単線的な歴史として、デッサン派が色彩派になったというのではなく、おそらくデッサン派と色彩派がそれこそどの時代にも共在していたということですね。それはいまも同じですね。

3 描くということはどこで終わるのか

佐々木――ぼくはいま人間の運動を記述するということに興味を持っていて、実物に近い記述をしたいと思っています。身体は一挙にいろんなところが動いているわけです。いろんなところが動いている身体を、例えば原因-結果のような一つの観点で閉じ込めちゃうと、記述としてこぼれるところもたくさんあるわけです。いろんな場所で同時に動いているものを探して、それらを多層として記述してみると、実はその動きどうしに、ある関係づけみたいなものが生まれてくる。内的必然性としても、動くものどうしの固有な関係を生むダイナミクス(イントリンジック・ダイナミクス、固有力学と言うんですけれども)があって、それが運動群の向かうところ、つまりインテンション(意図)と深く絡んでいるということがある。
そういう動向は運動研究にたくさんありますが、常にそういう運動群に創発する秩序が得られるという保証はない。どういうユニットを使えばいいかもわからない。「運動の色彩」のようなものはまだあまり見えていない。視覚の方では、オプティカル・フローに対する同調とか、そういうことについてはほんの少しずつわかってきているんですが。

松浦さんの絵を拝見すると、細部の群れを描いている印象を受けるんです(カラー頁参照)。この絵を描く時に、いったい何を描いたら終わったことになるのかというあたりをお聞きしたい。

ぼくも、記述のための時間を取れば取るだけ、幾つもの下位の動きのシステムの関係の成立を幾らでも描けるとは思うのだけれども、どこまで描いたら自分が満足するのかというあたりはまだよくわからないんですよね。与えられる素材が限られていて、データがあまり多くないから、一度解析して研究はいったん終了する。でも、表現の場合には、何かもう少しマクロなものとの出会いを予期されているんじゃないかという気もするんですが。

松浦——自分の作品の話になると、途端に難しくなります……。というか、何も語るべきことがないとしか言いようがなくなってしまいます。

高島——この絵はこれで終わりと、どこで止めたのか。それはモネの「ルーアンの大聖堂」にも言えることですね。

松浦——確かに絵はどうやって終わるかという問いは大問題であるとしばしば考えられがちです。ただ、僕はごく端的に、絵画は終わらないと思っています。

高島——あるいは非常に単純なことかもしれない。バルールの収まり、対比として収まっているかとか、構図がバランスを保っているかとか、言葉上はそういうことだと思う。ただ、こういう「絵作り」の次元からは答えは出てこないですね。

佐々木——デッサン派はある意味で終わったところから描き始めている。色彩(タッチ)派というのは終わりが見えないところから描き始める。

松浦——まったくおっしゃる通りだと思いますね。ボードレールという詩人、美術評論家は色彩派に明瞭に加担しただけでなく、色彩派としての近代絵画の潜勢力にきわめて鋭敏に反応した人物ですが、彼の定式を使ってこの問題を簡単に解消することができると思います。

彼は「できあがっている」と「仕上がっている」という言葉を区別しています。デッサン派の絵はその最終局面においてとことん仕上がっているように見えるかもしれないけれども、途中の段階で見ると、まったくできあがっていないことが多い。いままさに佐々木さんがおっしゃった通りで、絵画制作が開始される前に、あらかじめ、構想の次元においてたどりつくべき画面が完了しており、あとは隅から全部を埋めていくような描き方をしている。

ところが色彩派の作品というのはどの段階で見ても、仕上がってはいないかもしれないけれども、どの段階でもできあがっています。あらゆる段階で、それは一つのサーフェスとして、つまりタブローとして成立しているわけです。それゆえ、一つの絵画作品とは複数の層、複数の絵画の積層であって、その意味で、絵画はどの段階においても終わっているし、また終わっていないということになると思います。

佐々木──有機的ですね。生き物のようにどこでも生を終えられる。

松浦──勿論、制作は続けば続くほど、タブローは深化されるかもしれないけれども、あらゆる段階でそれが一つの極限であると言えるし、また、むしろ、そうあってほしいという願望のもとに制作は続行されるのではないでしょうか。

佐々木──とりあえずやめた。そういうふうに、作品はいつでも終了できる。

松浦──ええ。制作には一方でものとしての絵画を成立させるという側面と、もう一方で視覚的なというか芸術的な探究という側面がある。そうすると、対象に対する視覚的な探究、芸術的な探究は終わっていないのだけれども、作品としては物理的な次元でとりあえず停止されているという感じでしょうか。

佐々木──それは最近の運動発達の記述のモティーフと近いと思う。物に手を伸ばすリーチングという行為があります。子どもは生まれてだいたい四ケ月ぐらいではじめてのリーチングに成功する。従来の発達心理学ではリーチング軌道の成立を、物に至る最適なプランの生成で説明しようとしたのですね。その時、想定されたリーチングの軌道というのは、一つの幾何学的解ですからどの子にも共通性がある。

しかし、アメリカの研究者（エスター・テーレン）が始めた研究のここ一五年ぐらいでの結論は、リーチングという行為のごく初期様態はそれぞれの子どもによって全然違うというものでした。ある子どもが本来持っている活動性とか筋肉や筋骨格系の作りとかが実は動きのプランを決めている。本当に激しく急速に物に向かう手を持つ子どももあれば、大人のリーチングのようにゆっくりなのもある。この動きの癖を称してイントリンジック・ダイナミクスと言うんですね。

リーチングの研究の観点が、普遍的な軌道表象の成立から個々の子どもに固有なダイナミクスにこうして転換されてみると、どの一回のリーチングも、その都度なんとか、しかし確かにできあがっている有機的組織に見えるんです。リーチングを理想的な軌道で考えると失敗が問題になってきますが、未熟で失敗の多い段階から理想的な行為へと移行するというように一方向に変わるのではなくて、リーチングが個々の運動系の固有性への持続する対処の問題だとすると、どの一回の運動も自分が一貫して持っている癖にどういうふうに対応するか常に工夫していることになるわけです。そういう意味では、リーチングも始まった時からずっと一回一回できあがり続けていると言える。これは運動をコーディネーションとか自己組織化と考える観点なのですが、絵画の成立を有機的に見る観点は、このような運動発達観とすごく近いと思う。

4 違うものと同じもの、そして「違う同じ」もの

佐々木――ギブソンの言う「あらゆるところに同時にいる」というのは、要するにどんな知覚も時間がかかるということです。変化によってあらわになる不変が知覚の根拠であるとすると、どこにも固定した視点を持っていないことが知覚の根拠になるわけです。伝統的には固定された視点が知覚の根拠だと考えられてきたのに、それがないことが根拠なんだという転換ですね。

ある場所に住んでいるという経験が、その場所を知っていると言う根拠ならば、その場所全体に自分がいると言っていい。いまの観察点から方々の方向への「見え」を妨げている建物や壁などがあったとしても、その向こうに開けている景観を次々と移動しながら経験していると、そのうちに建物の下にあって見えないはずの地平線が「見え」始める。環境の知覚はそういう不変項の探究である。だから終わりがない。「いま、ここ」で知覚を考えないということなんです。

松浦――包囲エネルギーが同時性と継時性を両方併せ持っている、と佐々木さんはお書きになっています。

これは、例えば、イタリア未来派の芸術家たちにとっては大変な難題を提起する点で、その両方を併せ持つという視点をいかにして獲得するかということは彼らを困惑させました。一八世紀ぐらいから顕著になりますけれども、諸芸術を原理的に時間の芸術と空間の芸術に分けるという思考が芸術諸ジャンルの弁別論とともに支配的になってきます。「時間の芸術」は時間の軸に沿って継起的に展開する出来事を記述することにたけた芸術、あるいはそれ自体が構造的に時間の軸に沿って継起的に展開する芸術です。

ところがこの文脈では、「空間の芸術」としての絵画の場合は、同時的にその全体性が出現すると見なされます。瞬間と

いう相貌のもとにその同時的な全体性が開かれる場としての絵画というジャンルで、どうしたら継起的な出来事（例えば運動している人体）を描くことができるのだろうか。それは解消できない難題のように考えられていたと思います。この点で、イタリア未来派の画家たちは、エティエンヌ＝ジュール・マレーやエドワード・マイブリッジなどの運動の分析写真をそのままイラストレートするようなかたちで運動の表象を作り出そうとしました（カラー頁参照）。ところが、これはうまくいきません。

例えば、ベルクソンは「形而上学入門」で、運動を表象することは不可能である、運動を表象する記号はないと書いています。運動するものは運動の様態における多様性を持っているわけですが、A点からB点に移動するあいだに、一つの個体としての単一性も備えています。つまり、運動するものは単一なものでありながら、その表われにおいては多様である。単一性と多数性というこの両方を併せ持つ表象、イメージを作ることはできないと言っています。

ところが、ベルクソンのこのテクストを読んだはずのイタリア未来派の絵画作品を見ると、歩く人の手足が複数描かれていたりとか、あるいは何人かの人が並んでいるように見えますが、それは一人の人がここからここまで歩いたというこ

エティエンヌ＝ジュール・マレー
「棒高跳び」(1890–91)

マレーは
運動の軌跡を提示するのに対し、
マイブリッジは
運動の切断面を提示しているが、
イタリア未来派の画家たちが
参照したのは
マレー型の運動の提示である。

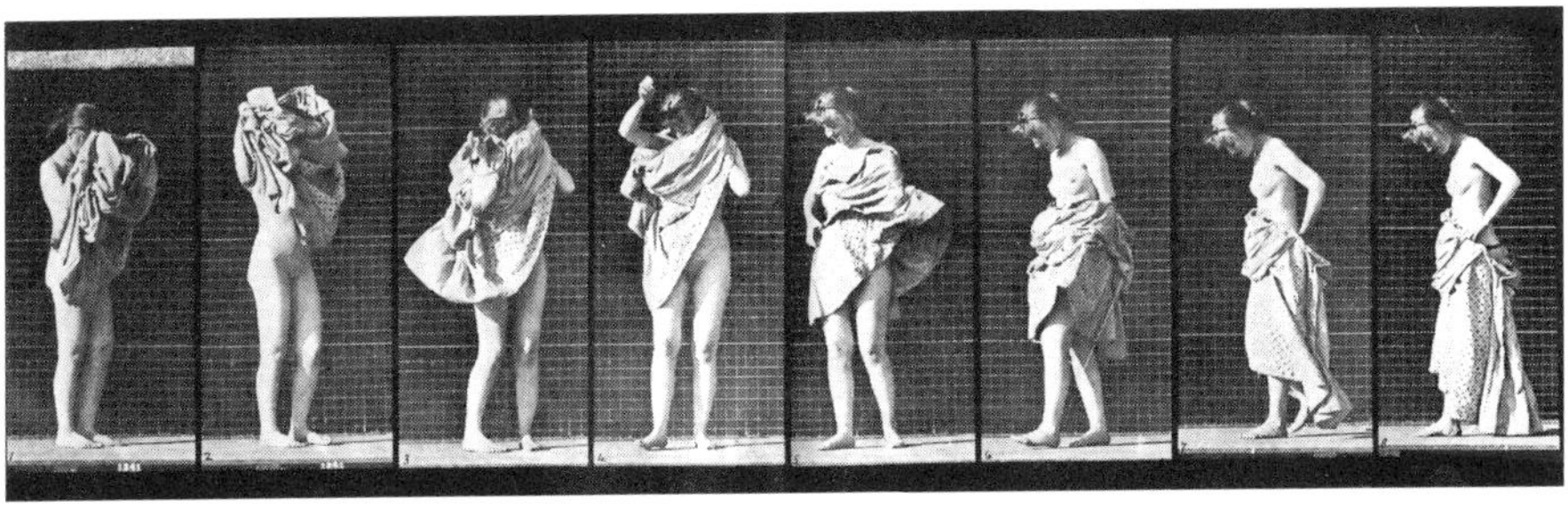

エドワード・マイブリッジ
「立ったまま頭からドレスを被る女」
(『運動する人間の姿態』第140図)

とを暗示したいらしい。分析的に動作の部分部分を同時に並列した状態で絵が描かれていますが、それは運動という現象をあまり喚起しない。むしろ何か運動の静態化したカリカチュアのような様相を呈してしまう。

包囲エネルギーにある同時性と継時性、それを画家がもし仮に捉えようとしたら、いったいどういう捉え方があるんだろうかというのは、とても難しい問題だと思います。そして、この点でも、例えばモネの作品ははるかに示唆的ではないでしょうか。

高島――ベルクソンが言っていたと思いますが、「想像力は、新しいものが現われても、以前のものを保持している。その瞬間の契機は、時間が生まれようとしては、常に流産する」と。やはりこれはモネの突き当たった問題です。それからセザンヌ。

佐々木――パリのオランジュリー美術館の地下でモネの大画面(「睡蓮」)を前にして、これは大変なものを見てしまったと思いました。画面との距離によって、それまで見えなかったものがどんどん見えてくる、それはどの絵にでもある経験だとは思うけれど、あそこの「睡蓮」はデカイからさらに表われてくる感じに迫力があったし、わずかな移動でも「見え」の変化が起こるので驚いてしまったんです。思い立って次の日にバスツアーでモネの家まで行ってみたけれど、実物の池よりも絵の方が迫力があった。

未来派のように、幾つもの静止した身体を並べることで、あたかも動いているだろうと示すのは、絵を描いている人の視覚の断片をその絵を見ている者に強いるようなものですね。それは過去の複数の瞬間の羅列にすぎない。見ている者の、同時性の感覚とは関係ないことですよね。

モネの絵のような包囲感のある画面で、見ている者が対峙しているのは、膨大な視覚的な変形の情報ですね。山の上に登って見渡しているような、大きな景色を前にして、景色の全体は安定してありながら、しかし常に新しいものが見えてくる。それを可能にしているのは、画面を構築しているサーフェスとサーフェスの隣接性です。隣接部(エッジ)に密に埋め込まれている変化です。首の移動や視線の移動などとあまり齟齬することなく、サーフェスが新しい表われを可能にする配置になっていることによって、有機的な視覚的意味の単位が次々と生じてくる。ですから、画家はある意味で仕組まないほうがいい(笑)。

松浦――おっしゃる通りです。だから、未来派が運動を描くという目的のもとに遂行した作業が、実は運動についてのイラストレーションでしかなく、包囲エネルギーの理解とはほど遠いものになってしまっています。むしろ見えるものを見えるように描くというプログラムに立脚して制作を開始したモネは、制作のさなかで、対象のみならず、絵画面をも微分化=差異化していくことになり、モネの絵画作品の方がはるかに、幾つもの層の重なり合いによって、より強く、運動や、時間の深さといった、見えない領域が見えてくるという経験を可能にしたようですね。

佐々木――見るたびに違うというのは知覚の事実です。ニコライ・ベルンシュタインという運動研究者がソビエト・ロシアにいて、一九四〇年代にハンマーで釘を打つ軌道を分析していますが、その結果、何百回打ってもその軌道は全部違うという結論に達するのです。同一のことをわずかに違うこととしてやり続けることが行為の原理だとわかった。その「違う同じ」もの、「違う同じ」ことを生成するというのは運動の原理ですが、知覚だって、見るたびに違うものを同じようなものとして見ているのだと思います。

松浦――「違う同じ」ものを生成する、それこそ絵画にとってのもっとも理想的な状態の一つだと思います。例えばセザンヌの絵でもそうですし、モネの絵でもそうですけれども、同じものが違って見えたり、違うものが同じに見えたりする、あるいは見るたびに異なって見える、そのような知覚経験、そこに絵画の、何かの秘密があると思う。

5 関係に気づくこと、関係を見ること

高島――松浦さんはかつて「ボナール論」で、「記憶に即して」か、「自然に即して」か、を近代絵画形成の相反するポイントであると記していたことがありますね。

松浦――ボナールという画家が、見知らぬ部屋の扉を開けてそこに入った時に自分が経験した感覚を表現したいと言っています(カラー頁参照)。ボナールの作品では、しばしば、画面の周縁部に人物や動物などが配置されています。しかも、ほとんど壁の色と同色で人物が描かれていることもしばしばあります。その場合、画面に向き合った観者は瞬間的に誰もいない部屋の相貌に触れたように思うのですが、しばらくすると、人物や動物の存在に気づき始めます。

エティエンヌ=ジュール・マレーおよびその門下
ジョルジュ・ドムニー「鍛冶屋」(1890頃)

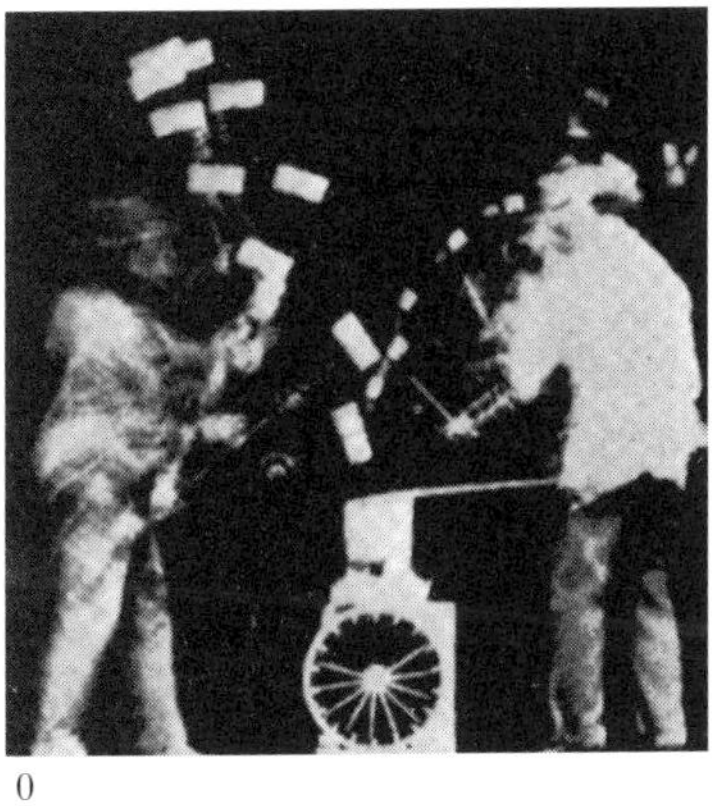

いわば、視線が画面の諸要素を統一的に把握する事態が延期されるような気がします。一種の遅延と言っても構わないかもしれません。

絵画はこれまで、一つの瞬間にその画面の全体性が対応するというフィクションのもとに置かれがちでした。けれども、知らない誰かの家の扉を開けて部屋に入った時、部屋の状態のすべてが一瞬のもとに把握されるわけではありません。この時の感覚的経験は何か閉じることなく、知的理解の手前で開かれているような気がします。ボナールの試みは室内の概念的な理解に先立ち、またそれに回収しつくされえない、ある感覚的な経験を絵画として記述することではなかったでしょうか。

そこで佐々木さんにお伺いしたいことは、概念的な理解の成立の手前に感覚的な経験の存在を措定しえるのかどうかということです。つまりボナールが依拠した思考の様態は妥当なものであるかどうかという点です。一瞬ぱっと見た時はそれが何であるかわからなかったのに、視野が徐々に判明性を帯びてきて、ある何ものかを概念的に認知すると言えるのでしょうか?

佐々木　ボナールの絵は、ぼくがギブソンの生態光学を学んで得た感じに近いです。「エンプティな空間に対象があるんじゃない」とギブソンは言う。周囲にあるのは媒質と物質の界面・サーフェスであると。どのレベルで言うかによってその粗さはずいぶん変わるんですが、基本的に周囲にあるのはサーフェスのレイアウト(配置)である。放射光が無限に散乱してできた照明の中で、観察点の周りをあらゆる方向からの光が交差してできる包囲光というものがあります(第1章、019〜021ページ参照)。その媒質中のある位置を取り囲む光にサーフェスのレイアウトが投影されている。例えば上空を飛んでいる鳥は、下に広がっている地面の肌理がダーッと流れていくのを意識していると思います(第4章、217ページ参照)。それが自分の飛行を特定する「見え」なわけです。

例えばこの部屋の中ですと、皆さんの身体のサーフェスに起こっている肌理の流動とか、背景にある壁や机のサーフェスの肌理の流動も起こっていて、ぼくはそこに「ぼく自身の動き」を特定しているわけです。

その時、サーフェスのレイアウトを成しているサーフェスどうしに何が起こっているかというと、あるサーフェスがほかのサーフェスを隠すという相互遮蔽が起こっていて、その相互遮蔽のありようがレイアウトの全体、つまりどんな姿の人であるとか、どんな表情であるかというようなことを特定しています。

ボナールの絵のように窓があって外の風景が見えているとしますと、窓のそばまで行くと、それまで壁に隠れて見えなかった外の景色が見えます。自分のいる建物がどういう周囲の中にあるのかということ、もっと大規模なエンバイロンメントがわかってくる。これはすごく重要だと思います。壁に囲まれた狭苦しい部屋にいてもそんなに圧迫を感じないのは、この部屋は大きな開かれた環境に包まれているんだという、外からその部屋まで移動してきた時の「見え」の持続の中にいると、いつもわかっているからだと思うんです。

自分の動きを特定する流動と、周囲に在るもののシェイプを特定するサーフェスの相互遮蔽と、もっと大きなエンバイロンメントを特定する変形という、いま三つを挙げましたが、実際には、この「見え」を可能にしている光学的変形は数え挙げることが困難なほどにたくさんあります。いったいどういう「見え」なのかということは、言葉で言いつくせるようなことじゃないですね。

ボナールの絵を見て感ずる包囲感、その場にいるという感じ、そしてまだまだ見ていないという予期の感じは、間違いなく多数の光学的な情報を同時にそこに埋め込むことで可能になっている。とうてい記述しえない膨大な情報に囲まれていて、一個一個それを言い始めたらいつまでも終わらない、という感じですね。

松浦――そうですね。そこで、このボナールの海辺での群像の絵なのですが(カラー頁参照)、画面の大きさと人物像の大きさの比率という点で見ると、人物はとても大きい。そのため、ここで描かれている人物はぼくたちこの絵画作品を見ている者のとても近い所にいるという感覚を与えますね。これも情報と言っていいんでしょうか?

佐々木――勿論そう思います。

松浦――この極限的な近さの印象は、何か遠近法的な空間構成の枠組みを逸脱する感覚を与えるような気がします。

佐々木――声や匂いが届きそうな感じですよね。

高島――先ほどのドアを開けた時の、というエピソードを聞いた時に思ったのですが、開けた時に、自分の眼も体も動いていますね。ドアを開けた瞬間の光の情報を瞬間的に空間として認識し、その瞬間をボナールが描こうとしたという意味では、佐々木さんの問題設定とどこか繋がってくるんだろうとは思うわけですね。ドアを開けた時に移動しながら空間を把握すること、それはボナールの問題としてかなり面白い。

佐々木――「光」というのは本来そういうテーマだろうと思います。「光」は相互に関連づけなきゃならない多くを埋め込んでいる。光だけでなく、それは接触感だってそうですね。右手の人指し指が触れているとして、指先だけに注目すれば、あたかもそれが「接触」であるように思うけれど、その時に他の全身が触れているところを全部数え挙げていけば、さまざまな場所に接触が同時に成立していますね。

　知覚では、ある種の内的な関係づけが多数の情報間に成立していないと、分裂するはずです。光と接触と振動と、それぞれ秩序が成立している。さらに光と接触というような、エネルギーのモードを越える秩序もある。幾つもの関係づけをしていくことが知覚の楽しみであり、だからこそ、面白い。ただの散歩であっても面白い。普通に見ること自体が、実はさまざまな関係づけによって成り立っている、大変なことをやっているという意味で、知覚が面白いのだろうという気がするんです。ボナールの絵を何度も見てしまうということもそこにさまざまな光の関係性を発見するからだと思うのですが……。

高島――「違う同じ」関係性ですね。つまり見ることはいろんな関係づけで成立していますが、絵を描く側のボナールもまた、現実の対象たるドアや窓の位置を移動させたりしてさまざまな関係づけを仕掛けているわけで、その幅はさらに拡がっていく。

佐々木――今日は印象派周辺の話を伺っていて、ぼくも印象派が大変好きなんですけれども、前にそう言ったら荒川修作さんに笑われたんです（笑）。「あなたはそういうものが好きなんですか」って。でも恥ずかしいことないわけですね。松浦さんご自身も「同時（遍在）性の魔」の凄みを印象派に認めていますしね。

松浦――ええ。印象主義の絵画は、もしかしたら現在作られているどんな絵画よりも、どんな現代美術よりも、むしろ世界の把握の仕方の点で、あるいはその認識論的な次元で、また概念の生産という点からしても決定的に進んでいると考えたくなりますし、はるかに面白いと思います。

　例えばヴィデオ・アートや、最新のメディア・テクノロジーに依拠した作品もあるわけですけれども、そういった新しい媒体で制作される芸術作品のほうが実は立脚している知覚理論の点ではるかに古風であったりする。だから、むしろ印象主義の経験、同じものが同じに見えなかったり、あるいは違ったものがふとある一瞬同じように見えたりするという、その差異化される同一性という経験の地平が概念の生産において極めて能産的であったことにもっと注目してもいいと思います。

　また同時に、見るたびに違うという経験はだれもが日常的に直面する経験のはずです。しばしば忘却されるとしても、それゆえ、一つの絵画作品も、絶えず違って見えるという能力をいかに取り戻すか、あるいは獲得するかということが大切だと思います。絵を描くことの希望はそこにしかない。そうでないとどうしても、なんだ、単なる絵にすぎない、といったことになってしまう。この種の素朴な言説を支えてしまうのは、見るたびに違ったものが見えるという知覚の経験を理解せず、封鎖してしまう、思考の惰性以外の何ものでもないような気がします。

佐々木――ぼくが少しわかってきた視覚の原理みたいなものが、実は表現の原理だった。だけれども、そのごく真っ当でごく当たり前の視覚の原理を、表現として静止した画面に描くということは、どんなに大変かということですね。

その誰も口にしてなかった視覚の原理を、ある時代にたくさんの人が探究しえた、そういうコミュニティができたということが、すごく驚きです。理論なんかなくても、本質的なことが起こるんだという、一つの証拠ですね。

ただ、勘違いしては困りますが、どんな絵を描いたって、「違って」は見える(笑)。視覚の原理を暴くとか、視覚の原理を転換するのが芸術だと言うと、カッコいいけれど、どのぐらい視覚の原理をわかっているのか聞いてみたい(笑)。見るってことは、そんな簡単なことじゃないですよね。

松浦――その通りだと思います。

松浦寿夫(まつうら・ひさお)
一九五四年、東京都生まれ。八八年、東京大学大学院人文科学研究科博士課程修了。東京外国語大学教授。近代芸術の歴史/理論専攻。著書に、小林康夫×松浦寿輝×松浦寿夫『モデルニテ3×3』(思潮社、一九九八年)、松浦寿夫×岡崎乾二郎『絵画の準備を!』(セゾンアートプログラム、二〇〇二年)、訳書に、ティエリー・ド・デューブ『芸術の名において』(共訳、青土社、二〇〇二年)、他がある。画家としても活動し、数多くの個展の他、「第一三回平行芸術展」(一九九四年)、「見ることのアレゴリー展」(セゾン美術館、一九九五年)、「岡崎乾二郎・松浦寿夫展」(二〇〇二年)等々、多数のグループ展に参加している。

高島直之(たかしま・なおゆき)
一九五一年、仙台市生まれ。武蔵野美術短期大学デザイン科商業デザイン専攻卒業。美術評論家。業界月刊誌の編集者を経て、一九七八年「日本読書新聞」編集部に入社(八二~八三年編集長)、八四年に退社の後、美術批評を始める。著書に『中井正一とその時代』(青弓社、二〇〇〇年)、『君はオリンピックを見たか』(共著、社会評論社、一九九八年)、『想像と創造の未来』(共著、NTT出版、二〇〇〇年)、『美術評論』第二巻(共著、ギャラリーステーション、二〇〇二年)他がある。現在、武蔵野美術大学、早稲田大学講師。

包まれる《アムビエント》

写真と視覚

畠山直哉×佐々木正人

1 視覚の原理、メディアの懐疑

佐々木――畠山さんの写真集『ライム・ワークス』(シナジー幾何学、一九九六年)を見せていただいて、とにかくショックを受けました(カラー頁参照)。これらの写真を前にして何かしゃべることに意味があるのか、これはもうただ見ていればいいんじゃないかと思いました。とはいえ、それでは対談にならないので、まず僕が考えたことを言います。

普通、眼というのはものすごく広く見ています。「広い」というのは自分の周囲全体を見ているというだけではなくて、部分も見ているという意味です。いま僕はこの部屋を見ていますが、畠山さんの顔も見ています。ほかの編集の方やカメラマンも見えています。そうしたほかのいろんなところを見ながら、畠山さんの顔を見てお話している。

このことを生態心理学では同時性と言います。同時性にはいろいろあるんですが、この場合は何かを見るという時に一つのものだけを見ているわけではなくて、二つ以上のものを見ているということです。常に部分と言われるところとその周囲を同時に見ているわけです。人の顔を見る場合も同じで、その人の顔全体の表情を見ることと同時に、眉の動きや口の動き、眼の動きなどを見ています。それぞれが独特の関係にあるわけですが、そういう関係を見ている。これをJ・J・ギブソンは集中と分散の同時性という言葉で言いました。要するに、見るということにはそういう視覚の原理のようなものがあるというのです。

畠山さんの写真は、全体があってなおかつ細部も克明に写し撮られている。写真にあるのはまさにわれわれの視覚の原理そのものだと思えます。しかし、写真はもともとそういうことがうまく表現できないものじゃないかと僕は思っていましたから、それで度肝を抜かれてしまったわけです。

畠山――佐々木さんは観察をなさる時にビデオで撮影して、後からそれを繰り返し繰り返し見る。そうすると、その場では見過ごされてしまっていたことがたくさん発見できると言っておられましたよね。ギブソンが言うように、それはまさしく外の世界に情報が実在するということをおっしゃっているのだと理解しました。情報は外界に実在する、これはひとまずよいとして、ではメディアを通したからこそ得られる情報というのはどこにあるのだろうか。実は、僕が写真を始めたきっかけはそこなんです。外界と視覚のあいだにあるメディウムとしての写真、それをもう少し詳しく見てみようという思いがあったのです。

写真を撮り始めて最初に感じたことは、意味が壊れていくような感覚でした。例えば、見慣れた人の顔が写真に撮ってみると全然別人に見えてしまう。美しいと思って撮ってみたら不気味なものに見えてしまった。現実に生活している中では感じたことがないような感覚が写真を撮ることによって現われてくる。おぞましさ、あるいは不気味さというような一種の外部性と言うほかないようなものを写真は抱えてしまっているのではないか。僕はそこから写真に入っていったので、最初からある種の病を反芻するようなものとして写真を捉えていたと思います。

僕が写真を始めた頃というのは、主体に対する懐疑がピークに達していた時期でした。七〇年代を通過した表現者であれば、誰でも経験していると思いますが、表現する主体というもの、また表現されたものを見る主体、そういう存在が極端に疑われた時代です。例えば中平卓馬という写真家は、そうした考え方を表現の中に持ち込んで、写真の理論として日本では究極の場所まで突き詰めた人でした。

現実世界を肉眼で知覚するのとは別の出来事が写真というメディウムを挿入すると起きてしまう。僕は、そのメディウムそのものを知りたいと思ったわけです。その態度というのは、実は写真におけるモダニズムとまったく重なってくるものだと思うのです。それが、ここ最近の写真表現の動きの中で知らず知らずの内に乗り越えられようとしていることはともかくとしても、外界を肉眼だけで精確に知覚するということは、少なくとも写真家にとっては最初から懐疑的なんです。

佐々木――メディアを介することで現われるおぞましさとか不気味さというのは、外部性と同じなんですか？

畠山――普段の生活では決して味わうことのできない感覚が

写真を撮る時には日常的にやってくる。それを自分の想像力を超えた場所からのメッセージと受け取ったり、またそうした外部があるということに勇気づけられたりもします。勿論その逆もあって、自分が暮らしている世界は、ひょっとしたらものすごく不可解なものじゃないだろうかという不安に駆られることもある。僕はそれらをまとめておぞましさと言ったわけです。

例えば、ビデオによる観察をされる場合に、肉眼で見ていた時にはある意味を持った手の動きが、テレビ・スクリーンで見直してみるとすごく不思議な動きに見えてしまう、あるいは手そのものまでも何かヘンなものに見えてしまう、そういう感覚に襲われるということはありませんか？

佐々木――しょっちゅうです。ただし、一回見ただけではよくわかりません。例えば、コップに入っているミルクを飲むという行為を記述しようとすると、コップをつかんでミルクを注ぎ、口に持っていき飲んだ、というように簡単に記述できてしまう。しかし、それではまったく不十分です。朝食の時の手をよく見ていれば、それではだめだとすぐにわかります。

そこで、とりあえずそういう記述をいったん全部やめて、とにかく見ることに集中する。それで何十回も見てみると、一回見ただけでは到底わからないようなレベルで、からだの幾つもの部分がのっぴきならない関連性を持っていることが見えてくるわけです。

畠山――それを全部記述するのですか？　わずかな動きをあますところなく言語化するような、かつてのヌーヴォロマンの小説のように。

佐々木――動きを表現する言葉というのはありますから、それでとにかく動きをかたっぱしから言葉にしてみました。そうすると、ただ言葉が溢れて何も記述しないのと同じようなことになってしまいます。そこで、この見てわかったレベルのことをとにかく何らかの方法で記述してみようと思い、図にしてみました。これは頚椎損傷の患者さんが靴下をどうやって履くかということを示した図です（第4章、209ページ参照）。

この患者さんのリハビリの過程をずっとビデオに撮らせてもらって何度も見ているうちに、ようやくちょっと見えてきたことがあります。最初、靴下を履くのに一五分くらいかかりました。それを動きで数えるとなんと九〇〇個くらいの動きになります。僕ら大人の靴下履きは普通十数個ぐらいの動きですから、それはすごい数です。それが半年のリハビリの過程でだんだん少なくなっていく。

さらに見えてきたことは、靴下を履くという行為は、どう立つかとか、どう座るかという姿勢を調整するレベルと、手を足先にどう近づけるかというレベルと、どんな風に靴下を広げるかというレベル、そしてどう履き込むかというレベルと、大きくこの四つの動きに分けられそうだということでした。勿論これは恣意的かもしれませんが、ともかくそういう大きな四つの動きの群が見えたわけです。

靴下を履く身体を記述するなどということをした人はあまりいないと思いますが、とりあえずやってみたら、四つの動きが群として靴下と関わり合っていることを、その時間経過として図にできた。図にするとそれぞれの群が複合しながら変化する様子をこのように見せられるのですが、言語にするとこの四つの動きの集団が相互に入れ子化しながら、「履く」という行為になっていく。あるいは、そのなり方が毎回変っていくということを示すのは難しい。

2 見ること、撮ること、記述すること

畠山――写真を眺めている時というのは、何を眺めていると思いますか? 例えば、表象された外界として見ているのか、それとも表象物として眺めているのか? 僕の採掘現場の写真を見ていただいた時にいろんなものが同時に生起しているような感覚を味わわれたとおっしゃいましたが、それは現場を眺めるのとどう違うのでしょうか?

佐々木――見ていることは、語れないでしょう。

畠山――アウトプットができなくてもいいんですが、感覚のレベルではどうでしょうか? 僕がこだわっているのは、写真というものと現実というものはまったく別のレベルにあるんじゃないかということなんです。それを故意に混同することによって写真の世界の日常というものは回っている。

雑誌『武蔵野美術』一一六号の特集「アフォーダンス入門」(二〇〇〇年)で、神林麻実さんという学生の、自分と自分の家族との関係を写真に撮るという記事が載っていました。写真を軸に家族と交渉することで家族との関係が変化する、その軌跡を写真に撮っていく。それはそれで面白いことですが、それでは写真がある行為の原因と記録の場所になってしまう。

僕が問題にしたいのは、写真というメディウムこそがそういった行為を変化させる可能性をもともと持っていたんじゃないかということなんです。確かに写真を軸にして外界と関わることで、外界が変化し他者が変化し、僕自身も変わる。それは容易に想像できることであり、経験することでもあります。

でも、写真というメディウムのどの性質がそういう関係を変えていく可能性に寄与しているのか。僕が知りたいのはそ

のことなんです。真っ暗闇で杖を使って地面の様子を知る時に、その杖の存在とは何か。人間がいて杖があって大地がある。それは一つのトータルなシステムだと思いますが、その場合の杖について考えてみたいのです。

佐々木――メディアと言ってしまうとそれはたくさんありますよね。言葉もそうですが、空気だって水だって情報の媒体ですし、接触面というのもメディアです。僕が言いたかったのは、とにかくビデオを何回も「見る」ということに独特なことがあるということです。ほかの人の論文に書いてあることや理論を使うのではなくて、自分のメディアを使う。それが僕の場合はビデオです。それはまたビデオというものが持っている、反復して見ることができるという性質を使っていると いうことです。それはやはり杖とは違うんじゃないですか?杖と写真は違うと思う。

畠山――杖は自分の身体と外の世界とのあいだに介在するものです。要は外界の信号を受け取る道具ですから、その意味で言えば両者に違いはないと思う。

佐々木――確かに、メディアとリアリティが連関するという意味では視覚メディアにかかわらず、いま言いましたように、水だって皮膚だって同じだと思います。ただ僕は、いまようやく、視覚の面白さを味わい始めているところなんですよ。視覚はそれだけですごいので、ほかのモードと必ずしも同じものとは言い切れないところがある。

畠山――ちょっと話題を変えて、僕の子どもの時のある経験についての話をさせてください。中学校の、英語の最初の授業の時のことです。英語の先生が教室に現われて、黒板に一個の円を白墨で描いたんです。最初、僕たちは何が起こるのかわからなくてドキドキしていたんですが、先生は僕らに向かってこう聞いたんです。「皆さん、いま描いたこの円は大きいですか、小さいですか?」と。僕たちは何となく感じで大きいとか小さいとか言いました。それはちょうどバレーボールほどの大きさだったんですが、先生はそのあとでその横にテニスボールほどの円を描いて、また僕たちに聞くんです。「皆さん、さっき描いた円は大きいですか、小さいですか?」と。勿論僕たちは全員大きいと答えました。すると先生は今度は、フラフープくらいの円を描いて、やはり同じ質問をしました。僕たちはみんなもう答えられなくなってしまった。先生はそんな僕たちの様子をうかがいながら、こう言ったんです。「ある円が大きいか小さいかを知るためには、もう一つの円が必要です。皆さん、これが外国語を学ぶことなんです」。僕は眼から鱗が落ちた気がしてとても感激しました。それから英語の授業がとても好きになったんです。

それと同じような経験を、大学生になって写真と出会った時にしたんです。つまり、現実という円の隣にもう一つの円を置く。そのあいだに何か場のようなものが生じて、お互いどうしを比較しながら、僕らの人生というものを何かもっと豊かにしていけるのではないかと。僕にとって写真は、英語教師が言っていたこととすごく似ていると思ったんですよ。

佐々木――それは疑問がある。畠山さん、いま僕の顔を見ているでしょう、比較していますか?

畠山――いや、していません。

佐々木――そうでしょう、それが視覚の原理だと思っているんです。突然誰かの顔を見ても、その顔はその顔として見えるじゃないですか。名前なんか知らないのに。こういうのは言語の経験にはあまりないと思う。視覚の原理は勿論差異なんだけれど、ちょっと比較するというのとは違うと思っているんです。一つを見ることで二つ以上を同時に見るということが、視覚ではいつも起こっている。「差」を見るというのは、視覚ではそういうことです。

『ライム・ワークス』を見る。写真をよく知っている人は、これは誰の作品に似ているとか言うんですが、幸い僕は写真についてよく知らないから、とにかく圧倒的だなと思うわけです。もうこれでいいんじゃないかという感じなんですよ。写真を撮る時というのはそんなもんじゃないかと思っていたんです。これは写真を批判しているんじゃないんですよ。

けれども、記述するとなるとそうはいかない。例えば運動を記述しようとすると、その運動自体の中に運動するたくさんのことを探し出さなければいけない。僕らはそれらの関係から現われることを「発達」と言っていますが、そういうものを見出さなければ記述できないんです。「発達」というのは、要するにシステムが壊れることですから、運動自体の中にそうやって壊れながら違うものになっていくものを探し出さないといけない。もっとも、運動の中といっても皮膚の内部というのではなくて、周囲の環境も含んでの内部ですが。とにかくそう考えると、いま畠山さんが言われた円の話とはちょっと違う。円だけでいいはずなのです。

畠山――例えば、この『ライム・ワークス』の採掘場の写真は、当然この場所に立ってシャッターを切っています。いまこうして印刷された僕の写真を見ている時、やはりそれを撮った時に自分が見ていた風景と比較しています。そこが、写真を見るだけの人と、それを撮影したあとから見ている人との大きな差なんです。映画でもそれは同じでしょうが、よく映画が好きですかと聞かれますが、映画を見るのが好きなのか、撮るのが好きなのか、あまり問題にしないけれど、本当はすごく違うことだと思う。写真においても、見ることと撮ることとはまったく違う世界に属していることだと僕は考えているんです。

佐々木――撮影現場に立ちますよね。採掘場の景色を前にして、カメラがあってそれを撮る眼がある。そこでファインダーを覗くとします。そこに、さっきおっしゃった大きい円と小さい円はあるのですか？

畠山――いまここでこうして自分の写真を見ているのと、ファインダーを覗いているのとでは、勿論、全然別の経験です。その意味では、「見え」は二つあります。極端な話、白黒フィルムを詰めていくかカラーフィルムを詰めていくかでも「見え」は違ってきますから、ファインダーで覗く「見え」とこうして写真になったものの「見え」とは明らかに異なります。

佐々木――白黒フィルムとカラーフィルムの場合では何が違うんですか？

畠山――白黒フィルムの場合には、色を捨ててものを見ているということはある。とにかくフォルムとか濃淡といったものので、物事をつかんでやろうという気持ちになります。

佐々木――大型カメラと小型カメラではどうですか？

畠山――それもまったく違います。歩き方も違ってきますから。大型カメラの場合だと三脚がつきますから移動に手間がかかります。その点、小型カメラは非常に素早い撮影ができます。写真の歴史の中でも小型カメラの登場は非常に大きな出来事ですね。それからカメラの設計や機構においても大きな違いがあって、大型カメラではいわゆる「あおり」というパースペクティヴをコントロールする仕組みがついています。建築写真のように垂直なものを垂直なまま撮るということは、大型カメラでは可能ですが、小型カメラでは普通撮れません。

3 シリーズ「爆発」――ファインダーを覗かないでシャッターを押す

畠山――ところで、僕はこういう作品も撮っているんです。「blast(爆発)」というシリーズで、発破の写真です(カラー頁参照)。これは、先ほどの円の話で言うと、比べるべき円を持っていない写真です。これは一方的です。危険すぎて僕はファインダーを覗いていませんし、シャッターは無線で押していますから。

佐々木――いや、すごい写真ですね。シャッターを無線で押しているということは、畠山さんはどこか別の所にいる？

畠山――ダイナマイト技師の傍らにいて、彼がダイナマイトのスイッチを入れるのを見計らって、ラジオコントロールでシャッターを切る。だから、どんなふうに写っているかはわからない。これはニコンF5という小型カメラで撮影しています。

佐々木――なぜこんなことを始めたんですか？

畠山――『ライム・ワークス』の中にもその光景がありますが、採掘現場に撮影に行くと必ず発破の作業をしているんです。発破の作業中は危ないから退去するように言われるので、遠くからそれを見ていた時期がありました。発破の瞬間そのものは、実は非常にスペクタキュラーなものです。だって、堅い大地が二〇〇〇トンくらいの量でバラバラに崩れるわけですから。しかもものすごい音響で岩が飛んでいく。それを何度か見ているうちに、これはすぐそばで撮ってみたいと思うようになったわけです。誰でもあの光景に立ち会っていれば、自然にそういう気持ちになると思います。そのくらいすごいものです。

例えば、釣り竿の先にモータードライブ付きのカメラをくくりつけて、それを振り回しながらカメラに勝手に撮影させてみる。ついそういう実験をやってみたくなるように、写真の世界では人間と外界との関係に対する興味というのは常にあるものだと思うんです。主体というものをいったん横に置いておいて、一方的に向こうからやってくるメッセージのみをキャッチする。「blast」というシリーズはそれに近い。したがって、僕にとっては英語の教師うんぬんというのとは、まったく異質な作業に類するものです。

佐々木――畠山さんは、この光景は写真ができあがってくるまでは見ていないわけですね？

畠山――当然、肉眼では見ていません。一〇〇メートルくらい離れたところからは見ていますけれど。

佐々木――撮った写真を見ながら、距離を調整したりということはやるんでしょう？

畠山――今度はこの辺に置こうとかね。でも、それはまた僕が完全にコントロールできることではないんです。例えば、太陽の光がこっちからこの角度でくるから、もっとこっちの方に置きたいと技師に言うとするでしょう。技師はもう何十年とやっているから、その日の気候とかその場所の地層の性質とか詰める火薬の量とかで、岩がどこからどこまで、どのぐらいの量飛ぶか、ほとんど予言者のように正確に言い当てるんです。だから、そこはいいけれどここはダメだとか、もう五〇センチこっちに置きなさいとか言ってくる。そうすると、僕はそれに従わざるをえないわけです。でも、そのおかげでこういう写真が撮れてしまう。カメラの二〜三メートルぐらい前方のところをガーッと岩が横切っていくけれども、カメラには当たらないわけですから。

勿論、地面を転がってきた岩で三脚が倒れてカメラが壊れたということはあります。しかし、直撃したことはまだありません。それは本当に驚くべきことです。技師は確実に自然と対話しているわけです。自然との対話能力は、僕のような「見ている」だけの人間と較べたら信じられないほどです。

佐々木――技師はダイナマイトというメディアを介して自然、環境を見ているわけだ。

畠山――僕はそこに視覚的にちょっと介入しているだけです。だから、これがはたして佐々木さんのおっしゃる「視覚的」な行為なのかどうかも僕にはよくわからない。少なくとも、外界とレスポンスしながら撮っていく行為ではありません。

4 「視覚には時間がない」

畠山――話が横道にそれてしまったので、元に戻しましょう。佐々木さんがおっしゃる変化、運動というのは、静止している状態でしか存在しない写真というものといったいどう関わってくるのか。佐々木さんとお話をするということが決まってから、実はそのことをずっと考えていたんです。

まず写真という装置の登場によって映像を定着することができるようになった。さらにそれに運動や色彩が加わっていくというように、映像は極めてリニアな歴史を持っているものと一般的には理解されてきました。しかし、僕はその議論には大いに懐疑的なんです。ひょっとすると運動を伴う表象と静止しているものとはまったく別の次元に属するものなんじゃないかと思うんです。つまり、動いているものと止まっているものは、僕らが普通考える以上に大きな距離があるんじゃないかということなんです。

佐々木――先ほど話したコップの例とちょっと似ているんですが、最近読んだ論文で面白い比喩を使ったものがあったのでそれを例に言いましょう。

いまここに火のついた蝋燭があるとします。もしもその蝋燭をつかもうと思って手を差し出す時には、つかむ直前で減速すると思います。そして、蝋がたれていると熱いかもしれないので、なるべく蝋のたれていないところを探します。それから、炎が細くなっていれば火を消さないように微調整しながら持ちます。逆に炎が大きくなれば、そこに触れないように避けて持つようにする。それこそ蝋燭の持ち方は山ほどあります。だから、燭台に立っている蝋燭を抜いて、別の燭台に差し直すという作業を考えてみると、結構難しいことをやっているわけです。

したがって、蝋燭というものはどういうものかということを記述しようとすると、いま言ったように蝋燭に関わる一切の行為、蝋燭に関わるからだの動きのバラエティを全部拾い上げる必要があると思うんです。それどころか、実現しなかった動きもたくさんあるわけですから、それも可能性としてみんな拾い上げるとすると、ものすごくたくさんになる。見えない行為がそこに関わっていることがわかります。僕は蝋燭に対する意識というものは、実はそういうもの一切を言うんだと思うのです。そして、視覚を可能にしているのは、そういうことに関わる光の変化のことなんですよ。

接近したら「見え」が拡大するとか遠ざかると縮小するとか、いわゆるオプティカル・フローとしてその事態をマクロに情報化したことは既にロボットも使っています。しかし、もっぱら蝋燭に関わるオプティクスというのはまだないんです。ないんだけれども、間違いなくそこには膨大な光の事実が関わっている。だとすれば、どの視覚の意識というのも(ヴィジュアル・アウェアネスと言いますが)、そこに不変な性質があるはずなんです。僕たちが蝋燭に不変な性質を見逃すとその行為は失敗する。光の中に蝋燭の不変項(インバリアント)というものが、おそらくあるんです。それは蝋のたれ方かもしれない、炎の強さを特定するような炎のサーフェスの変形かもしれない。また蝋の固さのようなことかもしれない。いずれにせよ、蝋燭の不変項というようなものがあって、それを僕たち人間は共有して知っているはずで、それは言い換えれば、蝋燭の意識であり、それが視覚なんだと思うんです。

これまで視覚は、カメラのモデルで説明されてきました。外界からの光がレンズを通して網膜に像を結ぶというものです。網膜に投影された絵、一種の写真のような静止像を元にして視覚を捉えてきたわけですが、いま言ったように、それは視覚というものの一面しか捉えていない。

ところが、そういうことがわかってくると、今度は途端に不安になってくるんです。例えば、写真が眼の前にある。そこに蝋燭の炎が映し出されていたとする。どう見てもそれは炎です。しかし、それをどんなに見ても、僕は本物の蝋燭を眼の前にした時のように写真に手をかざしてみようとは思わないはずです。ちゃんと本物の蝋燭ではないとわかっている。そう考えると不安になってくる。なぜそれが蝋燭とわかるのかと。どうして本物の炎と写真の炎が同じでありかつ違うと僕はわかるのだろうか？　リアルな視覚ではないのに蝋燭であるかのごとく見えるのはどうしてなのか？

そう思っていたところに、ギブソンが言っていることに出会った。心配するなと、それはどちらも同じアウェアネスだ、ただ、意識の違う現われなんだと。ギブソンはそう言ったわけですよ。

畠山――佐々木さんのおっしゃっていることは、何だかとてもアーティスティックな感じがして、僕の方が普通の科学者みたいな気がしてきました。

佐々木――畠山さんの写真を見ると、本当に見えるわけです。おそらく採掘場に僕も行ってみるとこう見えるに違いない。いったいその「見え」と写真はどう違うのか？　それで改めてギブソンを読んでみると、ちゃんと書いてあるんです。普通の視覚の根拠は包囲光であって、重要なのはタイムレスだと。要するに無時間のアウェアネスだというわけです。どういうことかというと、固定した視点などないということなんです。それに対して、写真はそうではなくてフローズン・タイムだという。つまり、単一の固定した視点で時間が凍結している、そういう視覚だと、ギブソンは言う。

いま、こうして畠山さんの写真を見るとわかるけれど、ここには時間があるんですよ。それは本来の視覚ではないのに、実際こうしてここに見えている。視覚にはない時間が見えている。だから、写真から視覚について話を始めると、ここにある時間を取り込んでしまって僕たちはいろいろ困ったことを抱えてしまうわけです。表現の話を環境の視覚論に持ち込んではいけないというのが、ギブソンの一貫した主張だった。だから、先ほどのようにまず蝋燭の話から始めて、光の話を徹底的に複雑にしてリアルな光そのものを視覚に持ち込んだあとで、最後に表現の話を始めようとギブソンは言ったわけです。

畠山――写真は止まっているから時間がある、という言い方をするんですね。普通は、静止しているから時間がないというのに、まったく逆に捉えている。

佐々木――視覚には時間がない。これはとても重要な指摘です。でもそうじゃないですか？　僕が畠山さんに見ている持続と、窓越しに見える外の景色の持続とは違うのですが、どっちも僕は一挙に見ています。それはすべて繋がっていて、途切れていません。常に同時に見えている。このレポート用紙を見るのも、テーブルのコップを見るのも、壁のガラスを見るのも、編集者の方を見るのも、一挙にやっています。いろんな規模の出来事を僕は見ているわけで、裏を返せば時間などないということです。現実の視覚には、時間なんてものは存在しない。タイムレスなんです。ところが、写真にはちゃんと時間が写っているじゃないですか。時間が凍結されてその中に留まっている。

これは人間が作り出したものです。しかし、それだけ違う視覚なのに、写真に映し出されている対象と、いまこうして眼で見ている対象とには同じ「見え」がある。違うけれど同じように見えているのも事実です。それはなぜなんだろうか。ギブソンは、そこには光のロー・オブ・オーガニゼーション（組織化の法則）があって、それを探し出せと言う。ギブソンはそこまでしか書いていなくて、そこから先はいわば宿題としてわれわれに投げ出しているんです。

先ほど靴下の履き方を記述しようとしていることを話しましたが、それは身体におけるロー・オブ・オーガニゼーションのことです。蝋燭のアウェアネスの動きによる記述というのも同じだと思いますし、僕は写真についても同様にロー・オブ・オーガニゼーションというのがあって、それを探し出すことが必要なんじゃないかと思ったわけです。ただし光の組織を記述する方法はまだ発見されていない。

畠山――いままで少なくとも写真の世界ではそういう議論はなかったですね。

5 カメラの中に住む

佐々木――視覚に時間がないというのは、例えば、僕がこれから「さようなら」と言って家に帰る時に、僕の住んでいる街に至る経路のすべてに僕はいるということです。つまり、ここにもいるしあそこにもいるし、その意味ではいささか奇妙な言い方になるけれども、僕は同時にあらゆるところに遍在しているんです。タイムレスというのは、そういうことですよ。もしも時間があるとしたら、どこかで固まっているということになる。ギブソンの『生態学的視覚論』が、視覚の話をしていながら、それが運動の持続の話になっているというのはまさにそのことを言いたいからなんでしょう。

しかも、そういうことを写真や絵画といった表現の話に関連づけていこうというわけです。その時にキーワードとして出てくるのが、不変項という概念なんです。先ほどの蝋燭の例で言えば、蝋燭の不変項＝蝋燭性というようなもの。それを探索しようと言う。だから、僕は写真についてはまったくわからないけれども、今日は写真の不変項＝写真性といったことについて話を伺えばいいんだと思ったわけです。

畠山――写真というのは、ご存知のように社会性とか政治とか審美性とか人間関係とか、唖然とするくらいさまざまな要素を含んで存在するものです。これだけ多くのものを引き受けているメディウムであるということ自体が、僕には信じられないところがある。しかも写真家も写真を見る側も、そうやって引き受けているということを自然なものとしてまるで疑っていないわけです。

いまおっしゃったように、写真にもしもそういう不変項のようなものが探索できるのであれば、これまでとはまったく違うアプローチができるような気がします。

ただ、どうなんでしょうか。例えば僕だって自分の写真をこう見せたらいいんじゃないかとか、一見、「視覚」とは関係のない面で写真を選択しているところもありますよ。とくに、最近はフェミニズムなどの政治、権力の問題がありますし、そうしたもろもろの言説を欠いて純粋に「視覚」にまつわる表現だけをすくい出していくということは、ほとんど困難になっている。

佐々木――勿論それら込みでもいいとは思うけれども、それらの要素は写真に固有の視覚意識については語っていない。

畠山――いや、写真の場合にかぎって言えば、いろいろなことを抱え込んでしまっているために、それらを切り離して考えることが難しいと思うのです。

佐々木――『ライム・ワークス』のお仕事と「blast」のシリーズとは違いますよね。僕はどちらかというと爆発系ですね。爆発そのものをとにかく撮ればいい。実在と視覚のことだけに僕は興味があるのかもしれません。

畠山――物をじっと見るということに対して、僕はとても興味がある。普通の人だったら一秒か二秒しか見ないようなものをほとんど無限に近いくらい引き伸ばしてみる。丹念にその中に自己を投入していくことに、僕は興味があるんです。それも「モダン」な態度と言えると思いますが、そんなことには無頓着に身体的にバッと反応して写真を撮ってしまうタイプの人々もいます。まるで「情報は外界に実在する」ということを字義通りに実践しているかのように。カワイイと思ったものをカワイイと思って撮る。そして、上がってきた写真を見てやはりカワイイと思う。そういう疑問のまったく生じない循環のシステムがメディアの中でできている。僕は冒頭で申し上げたように、カワイイと思ったものが、不気味なものに見えてしまうというところから写真に入っていますから、そういう態度にはどうしても同調できないんです。

佐々木――それは僕もそう思いますよ。蝋燭があってそれを観

察してこいといった時に、蝋燭をパシャッと撮ってきて「ハイ、蝋燭の情報です」というわけにはいきません。蝋燭のアフォーダンスのようなものを運動として示すとしたら、畠山さんが言うようなレベルまでいって、その結果、不気味なものになっていくということは、十分考えられることですし、そういうものだと思うんです。それは僕から見れば、写真というメディウムを介さなくても同じだと思うんですけどね。

畠山――蝋燭の記述のようなことを、実は僕もやっているんです。これはカメラ・オブスキュラの中に入って描いたドローイングです。

佐々木――ああ、いいですね、こういうの好きです。

畠山――このカメラ・オブスキュラはアメリカで少し仕事をしていた時に作ったものなんですが、僕はこの中に入るわけです。ちょうど天井にレンズがあって、背後から入ってきた光が上の鏡に反射してテーブルの上に落ちてくる。それが像を作る。その像を丹念に鉛筆でなぞっていく、濃淡をつけて。レンズを使っていますから端の方がボケていたりするんですが、そのボケもきまじめにボケとして描いていっちゃう。そうやって描いたドローイングを張り合わせて大きな一枚の絵にしたわけです。

畠山直哉　カメラオブスキュラ・ドローイング「いしやま」(1997)

まあ、ボケをなぞるというのもヘンな行為です。普通の絵を描く行為とはちょっと違う。まるで自分が印画紙にでもなった感じです。カメラの中に入って暮らしているという感じですね。この作業をやってから、写真を撮る時に、それまでとは少し違う感じを持つようになりました。シャッターを切る時に、光がスッと入ってくるような感じがするようになったんです。まるでアラジンの魔法のランプじゃないけれど、光が真空掃除機で吸い込まれるようにスッと入っていく感じ。勿論イリュージョンにすぎませんが。

佐々木——明るくなるという感じですか？

畠山——いや、カメラの中に光が飛び込んできて、フィルムをヒットしている感じかな。とにかくフィルムとレンズの中間部に長いこと住んでいたという経験が、そういう感覚を僕の中に植えつけたんでしょう。

あと面白かったのは、一枚一枚を繋げようとするとうまく繋がらないんです。厳密に繋げようとしてもレンズを中心にした球体の内部にいる状態ですから、二次元、つまり平面にならないんです。本当は三次元になっちゃうんでしょうね。

佐々木——これが包囲光という感じですよ。例えば、電車に乗ってぼうっと周囲を見ていると、周り中のものがみんな見えますよね。その感じ。そういうアムビエント(包まれる)な感じがここにもあります。電車で前に座っている女性を見る時には、彼女にだけ焦点が合っていると言うけれど、それは嘘です。視覚というのは、すべての部分がクリアに見えていますよ。視覚というものはそういうものです。はじめに言いましたが、『ライム・ワークス』にもその包囲されているという感じがありますよね。

6 視覚と現像——「見えないものが見えている」という生の原理

畠山——見えないものを見るということに関して言えば、写真の歴史の中には面白い素材がいっぱりあります。例えば英語で「現像」を指す「develop」ですが、これは「envelope」が「封筒」を指すことからもおわかりのように、もともと「包みをほどく」という意味です。フランス語ではほかに「révéler」という言葉も使っていて、これも「ベールを剥ぐ」という意味ですね。この言葉は多く「暴露」や「啓示」という意味で使われています。つまり「現像」というのは普段は覆われて見えないものの覆いを取ってやるという意味になります。

実は「現像」の発明以前は、感光物質に像が現われるまでずっと光を当て続けなければならないものだと信じられていました。ところが光の刺激によって、眼には見えないけれど

「潜在的な像」が形成されていることがわかった。像は光の刺激を中断しても成長を続け、やがて覆いが剥がれるようにして姿を現わします。このプロセスを化学的に加速させるのが、僕らの知っている「現像」の処理なわけです。この発見があったからこそいまのような写真の撮影は可能になっているわけで、見えないものを見えるようにすることが写真の宿命であるのは、考えようによっては当然のことかもしれません。

佐々木──見えていないのに見えている、これは実に視覚そのものだと思うんです。僕はだいぶ前にある馬の夢を見たんですが、それがまったくその馬なんですよ(笑)。僕は、勿論その馬をよく見たこともない。なのにそこにいるものがちゃんとその馬だと思っているわけです。こういうことが夢だとよくあるでしょう? 例えば、ある人間が出てくる。その人が誰だかわからないんだけれど、夢の中ではさも昔から顔なじみの者のように出てくる。あとで眼が覚めてから、あれいったい誰だっけとなるんだけれど、とにかく夢の中では受け入れている。

視覚というのは、そういうところがあるんです。全然知らない人でも、とりあえず受け入れてしまう。これは視覚にかぎらないもので、聴覚でも触覚でも同じかもしれない。視覚は、カテゴリーなんてことは前提としなくても受け入れてしまうでしょう。知らなくてもとりあえず引き受けてしまう。そこが視覚の最も面白いところでしょうね。

畠山──ものすごくプライマルな感覚ですね。見えないものを見るようにするのは写真だけれど、もしかするとそこまで原初的なものではないかもしれない。ギブソンの言う「視覚」と写真とのあいだには、案外何も関係がないかもしれないともちょっと思えてきました。

佐々木──見るとはそういうことだと思うんです。例えば名古屋とかに行くでしょう。タクシーに乗って外を見ていると、家並がバーッと見える。とにかく全部見えちゃう。それはやはり僕には驚きなんですよ。ああ、視覚だなって(笑)。名古屋に一〇年以上住んでいる人が街を反復して歩くことで見えてきたことと、それは勿論違います。違っていることは承知のうえで、とりあえず発端としては見えてしまう。そういうところが視覚にはあるんです。そういうのは、視覚以外のメディアではすぐには考えられない。だからこそ僕は視覚にこだわっているわけです。

畠山──そこまで切実なものだとはちょっと思いませんでした。瀬戸際みたいな感覚で「視覚」を見ていたんですね。メディアとか写真といったものにこだわっているのとは随分アプローチが違う。結構驚いています。

佐々木――いや、だからこそ畠山さんの写真を見て驚いたわけです。だって、見たことのない世界を見せられてしまったんですから。そのすごさは、僕のいま言ったこと、つまり視覚を含めた知覚のすごさと関連していると思う。

僕は一時期、失明した人の歩行訓練に立ち会ったことがありますが、何がすごいかというと、彼らは何もわからないうちからとにかく歩き始めてしまうんです。糖尿病が原因で失明した人とご一緒したんですが、いったん歩き始めると、少しずつですがどんどん歩いてしまう。おそらく赤ちゃんも、ロクにわからないうちから歩き出しちゃうんだろうと思います。歩くということに伴うことをきちっと理解してから歩き始めようなどと思っていたら、それこそ一生歩けないかもしれない。

いい加減でもいいから、グイグイと世界の中に入り込んでいく、そういう圧倒的なものが知覚にはあるんでしょうね。僕はとにかく今日ここでそれが言いたかったんです。それが畠山さんに伝えられたらそれでいいんです(笑)。知覚というのは、要するにこの世界の中で生きているということなんですから、ごく単純に言えばね。

畠山――カメラマンという言葉があるでしょう。写真家の中には、そうよばれることを好まない人もいて、僕はカメラマンじゃありません、フォトグラファーですとか言っちゃって。それは、カメラマンが個人に与えられた名称ではなくて、システムのことを指しているからでしょうね。つまり、カメラ・マン・システム。だから先ほど言ったように杖と同じで、一つのシステムを指し示しているんです。決して一個の存在を指してよんでいるんじゃなくて、そのシステム自体をそうよんでいる。

そう考えると、視覚というのはわかりきったようなことになってしまいますけれども、まさしく生きていること、あるいは身体全体と深く関連し合っていることなのかもしれませんね。どうやらそんな気がしてきた。

畠山直哉(はたけやま・なおや)
一九五八年、岩手県生まれ。筑波大学大学院芸術研究科修士課程修了。写真家。第二二回木村伊兵衛写真賞(一九九七年)。第一六回東川賞国内作家賞(二〇〇〇年)。第四二回毎日芸術賞(二〇〇一年)。写真協会賞年度賞(二〇〇三年)。国内外で展覧会を多数開催。写真集に、『Underground』(メディアファクトリー、二〇〇〇年)、『ライム・ワークス』(シナジー幾何学、一九九六年)、他がある。

松浦寿夫×高島直之(司会)×佐々木正人

光の経験

デッサン派 vs. 色彩派

(060〜079ページ)

モネ
「ルーアンの大聖堂、
扉口、青のハーモニー」(1893)
カンヴァス、油彩、91×63cm、
パリ、オルセー美術館

ピエール・ボナール
「開かれた窓」(1921)
カンヴァス、油彩、118×96cm、ワシントン、フィリップス・コレクション

ピエール・ボナール
「アルカションでのおしゃべり」(1926)
カンヴァス、油彩、56×48cm、パリ、プティ・パレ美術館

松浦寿夫
「冬のオリーヴ」(2000)
カンヴァス、アクリル、162×130.3cm、
東京、なびす画廊(撮影・福岡栄)

ウンベルト・ボッチョーニ
「槍騎兵の襲撃」(1915)
テンペラとコラージュ、32×50㎝、
ミラノ、個人蔵(Pinacoteca di Brera, deposito Jucker.)

畠山直哉×佐々木正人

包まれる《アムビエント》

写真と視覚

（080〜096ページ）

畠山直哉　シリーズ「ライム・ワークス」より(1994)

畠山直哉　シリーズ「ライム・ヒルズ」より(1988)

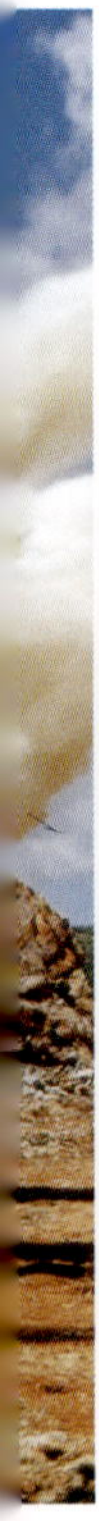

畠山直哉　シリーズ「ブラスト」より(1998)

塚本由晴×佐々木正人

小屋の力、街の愉しみ

（114〜155ページ）

アニ・ハウス(設計 塚本由晴+貝島桃代/アトリエ・ワン)。
前面道路から見た南側全景。敷地全体のかたちが浮き上がる。©新建築写真部

ミニ・ハウス(設計 東京工業大学塚本研究室+貝島桃代/アトリエ・ワン)。
前面道路から見る。中央部分がメインヴォリュームで、
右手前のシルバーの出っ張りや、左の玄関部分の出っ張りなど、
メインヴォリュームから飛び出した部分をサブヴォリュームとしている。
また両者の間には意図しない主従関係が現われないように、面が連続していくなど
ヴォリュームとしての分節を曖昧にするようなデザインが試みられている。©新建築写真部

ハウス・アサマ(設計 アトリエ・ワン+東京工業大学塚本研究室)。
南側外観。背後に見えるのは浅間山。
外壁は横羽目板張キシラデコール塗。
©新建築写真部

ハウス・アサマの「屋根の窓・壁面の窓・垂れ壁」のセット、
そして壁面を45cm間隔で縦走する柱。
左から順番に、「寝室から書斎方向を見る」、
「書斎から居間方向を見る」、
「居間から洗面所方向を見る」。
©新建築写真部

肌理《キメ》と粒《ツブ》

（234〜237ページ）

3 余白のレイアウト

小屋の力、街の愉しみ

塚本由晴×佐々木正人

1 アフォーダンスとデザイン

塚本――単刀直入にお聞きします。アフォーダンスはデザインに使えるのでしょうか? 以前、青木淳さんとアフォーダンスについて意見を交換したことがあったのですが、青木さんは、アフォーダンスは物を解釈する論理であって作る論理ではないと言われていました。でも読む先にある作る論理というのもあるのではないかと僕は考えています。何の確信もありませんが……。佐々木さんはアフォーダンスとデザイン、両者はどのような関係にあるとお考えですか?

佐々木――アフォーダンスがデザインに使えるかどうかということですが、おそらくデザイナーなど物作りの人達が問題にしていること、あるいは見ているとか、気になっていることを言葉にすると、アフォーダンスという言葉が近いのではないかとは思います。デザインとアフォーダンスについては、『誰のためのデザイン――認知科学者のデザイン原論』(野島久雄訳、新曜社、一九九〇年)を書いたドナルド・A・ノーマンのよく普及した理解があります。人工物の使いやすさ、つまり「使い方をとくに考えなくてもパッとわかるような物の性質」がアフォーダンスであり、それをデザインに持ち込むという理解ですが、これは大変狭い。実際に人が物を使うところを観察してみると、アフォーダンスは「使いやすさ」というようなところにとどまるわけではなく、はるかに多様に物に潜んでいることはすぐにわかります。

アフォーダンスとは行為だけが知っていて、それがあるおかげで行為というある種のまとまりが動きに生ずるそういう周囲のことです。動きが何かを実現するということ、つまり行為をするということは、動きにある組織が生じて、それが変化し、だんだん発達して物に接近する組織になっていくことです。物を作る人は物に潜在して行為に及んでいるそうした計り知れない性質を知らないわけがない。

この周囲の性質をたまたまアメリカの知覚心理学者のJ・J・ギブソンが一九六〇年頃にアフォーダンスと名づけた。物について、行為をからめたある見方のレベルで、ひょっとしたら物を作っている人たちと物を使う人たちは意味を共有できるかもしれない。物を作る人のセンスはあまりにも特別で神秘的だと思われています。時間をかけて培ってきたいわく言いがたいことですよね。だから言葉にできないと思われてきたんですが、アフォーダンスはそのレベルのことを公共化できる可能性を示す用語なわけですね。

例えば寿司屋さんで職人さんは、徐々に寿司になりつつある膨大な量の物の集合に行為を制御されて、一個の寿司を握っている。それが僕らの口の中と接触してとんでもなく複雑な知覚が生ずる。どうしてこんなことが可能なのかと聞くと、職人さんはきっと語るわけです。米や水について、炊き方、火、炊きあがった米の艶、ネタの作り方、その表面の肌理の処理、米の温かさとネタの冷たさとの比、米とネタの結合のさせ方、米つぶと米つぶのあいだに紛れ込む空気のこと、などなど。私は寿司に詳しくありませんのでここで挙げたことは想像で言っているだけですが、仮にこれらの多くのことが寿司に潜在しているアフォーダンスだとします。そういうことが顕在化して語られ始めると、寿司そのものと我々はアフォーダンスで繋がるかもしれない。勿論、寿司のアフォーダンスと我々は、それが口に入った時にしっかりと繋がっているわけで語る必要はないのかもしれないのですが……(笑)。

アフォーダンスはそういう物を中心にして公共性を導く言葉です。だからアフォーダンスという用語はきっと不必要な言葉です。なぜなら我々の身体は既に、アフォーダンスという言葉がなくともそのレベルの物のことをずっと意識してきたからです。

ただしこのレベルで物自体について語るということがそれほど一般的なわけではない。寿司の話も、たいがいは「腹で握る」とか、職人の身体の側で語るわけです。どこでも俗流の主観の「現象学」ばやりなのです。物の凄さが職人の身体の凄さにすり替えられてしまう。それはまったく間違いではない。けれども、アフォーダンスというのは物の側、行為の外にある周囲を意識することで異質なコミュニケーションをドライブする可能性を示しているのです。一人の作り手が現役で働ける時間は短いから、その人が長い時間をかけて培ってきたことは伝承した方がよい。もしその凄さが一人の職人の「眼」とか「腹」とか、その人とともに消えてしまうことだけで話題になると、それは他人と共有できません。

もし、ある建築家の作った建物の表面の肌理やレイアウトなどに限定して、そのディテールに及ぶ性質に世の中の関心が集中し、デザイナーはいったん抜け落ちていって、そこにある意味がどんどん「非人間的」になって物だけが残り、それが例えば「塚本の壁」とか「塚本の傾斜」のような一冊の本になったりすれば、それはかなりアフォーダンス的な展開だと思います。それが良いか悪いかは別として、そういう語り方が行われている領域とそうでない領域があるかもしれない。例えば二〇世紀の心理学は物が欠落している領域だったわけです。ギブソンはそのまっただ中で環境を中心に据える心理学を始めた。だから、具体的な世界なしにアフォーダンスはないという点で、ギブソン理論を使うことは他の理論を使うこととはどうも違う。

2 サーフェスのレイアウトと「建築家なしの建築」

塚本——物を通して実はヒトがやっていることを見るようなところがあるわけですね。バーナード・ルドフスキーに『建築家なしの建築』という本がありますね。彼はそこで洞窟だとか崖だとかを建築に見立てた例をあげていますが、ヒトがそこに住むこと自体、崖や洞窟にアフォードされたということでしょうか?

佐々木——そうだと思います。おそらく崖や洞窟にはまずいろいろなことから身を遮蔽してくれる情報がある。すみかというものは誰かが計画するからあるのではなくて、もともと「建築家なしの建築」として周囲にあるのではないでしょうか。それは、あとでまた詳しく伺いたいと思っているのですが、塚本さんがおっしゃる「敷地」の問題に関係してくると思うのです。どの敷地も、それは建築を成立させる情報を既に持っているわけです。

ギブソンは『生態学的視覚論』の第三章で「生態幾何学」あるいは「応用幾何学」とでもよべる領域の可能性について述べています。ユークリッド幾何学のような抽象幾何学は点と線と平面でできている。平面には裏と表の両面があり、線には幅がない、点は場所を持たない、座標系を前提にした理論上の位置です。環境はそういうものではできていない。だからそこを記述するには異質な幾何学が必要であり、それを「生態幾何学」あるいは「応用幾何学」と言ってもよい。

環境の幾何学の基本の単位は「サーフェス(表面)」です。

サーフェスというのは、固くて動物がその中を移動できない「サブスタンス(物質)」と、そこは移動できる「ミーディアム(媒質)」、つまり大気や水との界面にあることです。サーフェスの端っこは多様な丸みや鋭さを持ち、こちらと向こうがそこには同時に在る。それが「エッジ(縁)」です。縁《へり》は幅のない線ではない。動物を取り囲んでいる環境は輪郭のくっきりある単体の物からできているのではなくて、サーフェスのレイアウトなわけです。そこを動物が移動すると、いままで見えていたサーフェスに隠れていたサーフェスが現われてくる。いま見えるサーフェスと隠れていたサーフェスが隣接するところが縁です。だから移動すればどこまでも、おそらく地上のはてまでも次から次と新しい縁が現われ、次のサーフェスが見えてくる。人の顔だって、森だって、路だって、建築だって独自の縁の隣接する集合として視覚には発見される。周囲にあるものを名前で語る習慣がありますが、本当はそんなまとまりや境界なんかない。実はあるのはサーフェスのレイアウトだけです。動物の周囲の環境についてこのサーフェスのレベルで考えてみようというのがギブソンの提案の一つです。

　人類はサーフェスについて三つのことをしてきたとギブソンは言っています。

　まず第一にサーフェスのレイアウトに、利用できる意味を貪欲に探してきたんですね。比較的平らで固い所に「歩く」とか、うまく姿を隠してくれるレイアウトに「休む」とか、堅くて尖った金属の縁に「削る」とか、サーフェスに空いた矩形の隙間に、こちらの身は隠しつつ外を「覗く」とか。最後のは窓ですね。たくさんの行為の意味がサーフェスのレイアウトそのものにある。ヒトは自然のレイアウトにそのような意味を発見し、それを強調するということをしてきた。それを仕事にしている人がいる。美容師などはそうですね。

　二番目がサーフェスの修正です。陶器作りとか板金とかは、サーフェスのレイアウトを変形して新しい意味を作り出す。この種の職業は膨大にある。

　そして三番目が、もともとサーフェスになかったものをサーフェスに刻む修正です。これがリプリゼンテーション(表現)です。画家がキャンヴァスに絵を描くことは、キャンヴァスというサーフェスの性質を利用しつつ、そのサーフェスにはない、例えば山というサーフェスの視覚情報の一部をそこに重ねることです。

　人間なんて偉そうにしていますが、三種の修正をサーフェスに続けているだけです。文字を書く、書物を作るなんて高等だとされていることも、サーフェスの三番目の変形ですね。サーフェスに意味を発見するか、レイアウトに工夫を加えてもともとあった意味を変えるか、全然なかった意味をサーフェスに上書きするか。とにかくサーフェスに延々と関わってきた。

サーフェスにはそこを意味にしている生態学的法則がある。肌理やレイアウトや光の反射や影などが複合してサーフェスに意味を与えているわけです。つまり我々が何もしなくても自然のサーフェスが動物の行為に与える意味が周囲には既にある。おそらく「建築家なしの建築」とはそのことだろうと思います。「建築」は実はどこにでも在るわけです。それを建築のアフォーダンスと言ってもいい。それが建築とアフォーダンスとを結びつけるもっともわかりやすい観点じゃないかと思っています。

塚本――なるほど、少しわかったような気がする。僕はその三番目のことをできるだけしないようにしているわけだ。確かにそれを避けようとすると、デザインの作業はサーフェスに関しての一番目と二番目の作業になっていきますね。

佐々木――表現じゃなくて発見と変形ですね。

3 小屋とペット建築

佐々木――ところで、塚本さんの『ペット・アーキテクチャー・ガイドブック』(東京工業大学建築学科塚本研究室＋アトリエ・ワン著、ワールドフォトプレス、二〇〇一年)と『小屋の力』(仙波喜代子＋今井今朝春構成、ワールドフォトプレス、二〇〇一年)を読んだのですが、なぜかとても趣味が合う。面白くて何度も眺めましたけれど、変なことを熱心にやっていますね(笑)。

塚本――光栄です(笑)。建築を学び始めた時から、ずっと建築とそれが置かれる環境、あるいは都市というものに関心があったので、自分たちが住んでいる東京というものをどうやって理解したら良いかと考えてきました。また、日本における建築の議論の多くが、海外からの情報をどのように受け止めて、変形するかということに割かれてきたように思えたので、何とか日本発の建築・都市論を起こせないかと考えていました。とくにパリで一年勉強して帰って来て、つくづく東京は変なところだと感じたのです。例えば、スーパーマーケットの広い屋上が自動車教習所として使われているとか、高速道路の下がデパートになっているとか、墓の下にトンネルが通っているとか、生コンのプラントとミキサー車の運転手の社宅が一体化している、なんていうことが起こっている。建物の取り扱いがどうも違うぞと。

東京の都市空間をもっと面白く、魅力的にしていくには、こういう変な建物をなくしていくのがいいのか、それともこういう建物の魅力を引き出していくのがいいのか？　勿論我々は後者の立場です。そのことをクリアにするために、まずは交通インフラと建築が複合したり、全然脈絡のない用途どうしが即物的に複合したような、ハイブリッドな建物を写真に撮り始めました。それが「メイド・イン・トーキョー」というリサーチです。そこでは都市における物事の隣接性が、建築の内的な組織からは理解できないような要素の接合を引き起こしている例を多く見ることが出来ます。隣接する要素が、幾つかのサーフェスに分解されて、それぞれに利用法を見出されている、と言えるかもしれません。だから建築とか土木構築物という違いも関係ないし、用途の脈絡もないということになる。それらは単にサーフェスを提供しているだけだと考えてみるのです。

　問題は、内的な組織がおもに機能による引力に支えられているのに対して、このサーフェスの利用は、結果としてまとまりをなすだけなのか、それとも機能とは別種の引力を持つのかということです。もし何かしらの引力があるとするならば、それはどこかでアフォーダンス理論と接続しうるのではないかと考えています。

　このリサーチのために東京中を走り回ったのですが、その過程で可笑しいほど小さな建物が実にさまざまな形で、さまざまな場所に見出されることに気づきました。それらは安普

「駅のホーム：アパートメントステーション」
（貝島桃代＋黒田潤三＋塚本由晴『メイド・イン・トーキョー』
鹿島出版会、2001年より）
松戸市幸谷に建つ、駅と集合住宅とが一体となっている建物。©Team Made inTokyo

請の、質素な建物ではあるのですが、実に直截に、それが置かれている敷地の事情や、そこを利用する人の都合を形に反映させている。いわゆる体裁というものを気にしていないという意味では、動物の巣に近いところがあります。

使い手が必要に応じて建物をカスタマイズするなんてことは幾らでもあることですが、建物が非常に小さい場合は、こうしたカスタマイズが建物全体の現われ方に相当な影響を与えることになります。その分、建築を作ることが、身体的な営為に近づくのではないか、しかもそのような側面を許容するところに、東京の都市空間は成り立っているのではないか、という直感から集めてみることにしたのです。それらを「小屋」とよんでもよかったのですが、それだと「粗末な」とか「貧乏くさい」といった社会関係を連想する形容詞が被せられてしまうので、別の名前を考える必要がありました。我々の意図は、社会関係を越えて、それら小さな建物に定着されている都市の生態を観察することだったからです。

そこで、小さくても、変わっていても、正々堂々と存在が受け止められるように、「ペット建築」と名づけることにしました。普通の建物が二つの足で立つ人間だとすると、これら小さな建物はそれに混じって四つ足で立っているペットのような存在だと思えたのです。いま思えば、この命名は、これらが建築の一ジャンルであるというフィクションを立てることだったと言えます。ペット建築も、「メイド・イン・トーキョー」と同じように、そのへんにあるものをかなり勝手に組み合わせて、独自の環境を形成しています。その勝手気ままな感じがいいなあと。施主に奉仕し、建築界からの批評にさらされざるを得ない立場にいると、つい忘れてしまいそうな自由さというか、適当さがそこにはあります。

佐々木――街でひたすら新しいレイアウトの発見を目指しているわけですね。

ギブソンは最後の本『生態学的視覚論』で人間を「小屋を建てる」動物だと定義しています。周囲のサーフェスのレイアウトを変形して隠れ家に仕立てるというのは、言語とか火の使用と同じように、ヒトという種に固有の行為として見逃せない。

以前、早稲田大学に勤めていた時に、同僚の研究室を訪ね回って写真に撮らせてもらったことがあります。どの研究室もまさに「小屋」でした。仕事のスケジュールをどのようにレイアウトするのか。仕事の種類ごとに資料を山積みにしている人がいた。会議などの案内の用紙を部屋中の壁に貼ったり、それ用の黒板があったり、コンピュータの画面の周囲に小さな紙をたくさんべたべたと貼りつけている人は多かった。畳一枚くらいの大きなスケジュール板を机の横にバリケードみたいに立てて、一日が二〇センチぐらいのスライド式のパネルになっているのですが、そうやって毎日消したり書いたりしている特別な人もいた。

とにかく部屋全体や机上の物のレイアウトは工夫に満ちていた。どこも十分に「小屋」とよべる感じがある。仕事場だから、誰もが気にしているのは過去から未来への流れが見えるように周囲をレイアウトするということのようでした。いまがどのあたりなのかがそこにいれば何だかわかる。

私の住んでいるそばに、いま取り壊されつつあるのですが都営住宅があって、横を歩くのですが、とにかくベランダはどの家も「工夫」に満ちていて、ここにも小屋の力が見える。クーラーの室外機、植木鉢、使い終わった道具の数々、スダレやカーテンの歪みや汚れ方、どの窓もベランダもすごいレイアウトです。人の家なのであまり長く見ていてはいけないのですが、つい釘づけになる。

そんなふうに周囲に「小屋」を探して散歩していて、ふと見ると、前から杖をついたおばあさんがやってくる。そこでは運動が実にユニークに崩れている。崩れ方が「小屋」に見えてくる。年寄りの皮膚の染みや皺が「小屋」に見えてくる。小屋って、内側の張りでやっと支えられているレイアウトですよね。おばあさんにはそういうたたずまいがある。柔く崩れつつあるという変形です。犬の移動もサーフェスのレイアウトに見えてくる。

ある全盲の人が、もし見えるようになったらざわざわ風にそよぐ大きな木を見たいと言ったそうです。繁った葉の重なりというのは独特です。小さなサーフェスがいっぱい密集して重なっているレイアウトの全体は視覚以外では知ることができない。手では一挙に木の全体に触ることができない。だからそれを見たいと言うのだそうです。このサーフェスのレイアウトというのはおそらく視覚レベルの楽しみなのです。小屋にもそういう楽しみがある。

塚本　——　僕はサーフェスのレイアウトまで解体したところで建築を考える時があります。建築というのは、それを学ぶ場ではまず確立した技術の体系としてあります。でもサーフェスのレイアウトというのは必ずしも技術的に説明できるものではなく、自分で発見する類のものであるところが面白いわけです。材料や工法の違いがサーフェスの違いを作り出すのは勿論ですが、それだけでは十分ではなくて、それがある関係性の中で用いられると、やっといま話している表現の問題としての「サーフェス」になるという意識があります。

例えばその材料が、環境の中からどんな情報を拾い出して我々に見せてくれるのか、あるいはそのサーフェスを介して我々が何と結びつけられるのかが重要です。光を泡立たせてみせるのか、空気中の浮遊物を顕在化させるのか、あるいは振る舞いの足がかりになるのか、対象はさまざまですが、そういうのは、物質を介した世界の観察と定着と言えるのではないかと考えています。

佐々木さんがおっしゃるように、それはほとんどが視覚の楽しみのレベルなのですが、振る舞いとの関係にまで至ると、必ずしもそうとは言えないかもしれません。ある包囲された空間の中で、「体を預ける」とか、「後ろに背負う」とか、「重心を測る」といった役割を担うサーフェスと、その配置があるように思います。

いずれにせよ、こういうサーフェスのレイアウトがデザインの対象になれば、建物の外形線は絶対的なものではありません。例えば小さな住宅では非常に有効なのですが、生活する中で意識される範囲・領域を建物の外形線を越えたところまで拡張することができると思います。体験としての住宅は、隣の家の庭とか壁、あるいは空まで広がってかまわないと思うのです。

ところで、「サーフェスのレイアウト」という言い方は、あとから佐々木さんの文章で知りました。それは僕が「環境ユニット」というコンセプトの中で、何となく無意識に頼りにしていたものでした。

「環境ユニット」というのは、「メイド・イン・トーキョー」において、都市環境における建築、土木、構築物といった環境の混合の中にあるまとまりを、何とよんだら良いのかということで出てきた言葉です。それは、隣接する環境と相互依存的な建築の空間を目指すと同時に、ともすると建物だけで完結してしまう建築作品という表現形式についての批評でもあります。ただ、何をもって「まとまり」の根拠とするのかが非常に難しい。表現としては、写真を撮り構成図を描くことでまとまりを示すことはできるのですが、建物と隣接する環境と言ったところで、どこまでの範囲を隣接と言うのか、絶対的な基準があるわけではない。

そこで、あくまでも相対的なのですが、「メイド・イン・トーキョー」では異なる履歴（建築、土木、広告、造園など、それが作られた枠組み）を持った複数のサーフェスの隣接が独特の一体感を持ったり、あるいはある領域を包囲していたり、逆にもともと同じ一つの構造体の一部だった複数のサーフェスが、異なる意図のもとに利用されているといった場合を取り上げています。

面白いのは、先に述べた世界を観察し定着する「サーフェス」の次元で見れば、それがどういう枠組みで作られたのかという履歴や、建築一般に通用するような良い、悪いという価値観は必要がなくなるところです。時間を経て汚れてしまった壁面は、一般には悪いと見なされていますが、見方を変えれば時間を超えて風雪を定着してきた味わい深い物とも言えます。

佐々木――サーフェスのレイアウトだけだと形容詞はいらない。

塚本――良いとか悪いというのが決まっていない分、デザインの材料は増えるはずです。鉄とか木といった材料だけでなく、隣の建物の側面とか、接地しにくい斜面なども、デザインの材料になります。そういう具体的な相手とのやり取りの中で建物のあり方が決まっていくこともあります。板前が寿司を握る体の動きが、シャリとネタとの対応関係で出てくるのと同じです。まあ、その時の寿司というのは、板前の体の動きを含めた全体を指してしまうわけですが。それと同じように、建物とそれが隣接する環境の全体が建築の問題だということです。

小屋とかペット・アーキテクチャーは、美的にも技術的にも取るに足らないどころか、建築と思われてすらいないかもしれませんが、欲しいものをその辺から見つけてきてサーフェスとしてレイアウトするという、建築することの、非常に楽しい部分を実はやっていると思うのです。小屋とかペット・アーキテクチャーに私が惹かれるのはそういう理由です。

佐々木――塚本さんのやっていることとちょっと似たことを東大の福間祥乃さんが修士論文でやりました。彼女は現役のデザイナーでもあるのですが、渋谷を移動する人がこの街の何を見てナヴィゲーションの情報に使っているかをテーマにした。

まず渋谷の一〇〇くらいの交差点の写真を撮った。そこでの見え三六〇度全部をコンピュータで検索できる「包囲写真」というのを材料として作って被験者に自由に検索できるようにした。そして「そこがどこか?」「それをなぜわかったのか?」を聞いた。そうすると、意外な見え方がけっこう使われていた。例えば一つの建物の形とか、建物の表面の肌理、地面のレイアウトや肌理などというのはまだわかりやすいほうですね。新しくできた井の頭線の渋谷駅ビルのマークシティを遠くから見た時の小さな窓の配列などは特徴のある肌理です。パルコとハンズのあいだの坂道の階段の曲がりくねったレイアウトなども情報になっている。

それ以外に福間さんが「漠然とした包囲感」とよんだような見えがあった。渋谷駅前の大きな交差点に立った時の、周囲の建物全体と道路のレイアウトによって包囲された感じや、センター街の袋小路にいる時の何とも言えない圧迫感などです。そこでの囲まれる感じはその場所にしかないから、そこだとわかる。

それから「何もない」という見えも使える。例えば東武ホテルの脇からのぞめる代々木の方向のエンプティな感じや、複数のビルがあって、そのあいだにぽっかりと開けた「空のかたち」などもあちこちにあるけれど、そこには何もないけどそこだ、という意味がある。これらは偶然できたランドマークです。渋谷で建物を作った人は、勿論それを自覚していたわけじゃないし、既成の地図にはそういう「サイン」はまったく取り込まれていません。だけど実はそういう視覚の単位こそが渋谷での移動の役に立っているようなのです。

塚本——なるほど。その「漠然とした包囲感」とか「何もない」というのはいいですね。言い換えれば「包み」と「抜け」ですね。とても空間的であると同時に身体的です。先ほどの「体を預ける」、「後ろに背負う」などもそうですが、建築の設計過程でも良く問題にされていることです。これらはみな、身体を置いてみたところから広げていった空間の捉え方なので、逆に複雑な言い方ができないのですが、だからこそ知識としてよりは体験としての空間に奥行きを与える次元になっているのではないでしょうか。

4 建築経験とスキーマ

塚本——僕は、アフォーダンス理論が知覚と行為を分離しないことに共感するのです。デザインの考え方には形態は機能にしたがうという立場の機能主義や、あるいはその場所での建築の取り扱い方にしたがうコンテクスチュアリズム（文脈主義）といった流れがあります。両者は歴史的には対立するものとして現われましたが、「こうだから、ああなる」式の原因と結果の図式を持っているという意味では似ています。しかし建築を設計していると、原因だって結果次第ではないかと思えることが結構多い。ここで言う原因は環境や条件の読み取り、つまり知覚に対応し、結果は形や構成を決めること、つまり行為に対応します。知覚と行為を分離しないということは、環境や条件の読み取りと、形や構成を決めることを分離しないということです。

例えば、安藤忠雄さんはコンクリートで敷地を囲んで空だけが見えるような住宅をたくさん設計しましたが、「こうだから、ああなる」式の理解では、それは周囲の環境が悪いからそうしたと理解されるでしょう。しかし、逆に囲まれた外部空間を作るという方法が、環境をそのように融和し難いものと読ませてしまうとも言えます。したがって、どのように環境を読み取るかは作り方に負うところも大きいのです。安藤さんの場合には方法が環境の読み取りに対してアプリオリにありますが、僕はそのどちらもが他に対して先行しない状態があり得るのではないかと思っています。だから環境に対する読みと、作り方のどちらもがアプリオリではないと感じられる状態になるまで、そのあいだのフィードバックを何度も繰り返し、修正するのです。

この考えは建築における床や壁や窓や家具の配置が、設計者が周囲の環境を読む図式を含んでいるということに基づいていますが、ここで重要なのは、そういう図式は建築の実体に定着

渋谷の106箇所の交差点での視野、
上下150度、左右360度分を収めた
「包囲写真」（部分（上）と全体（下））。
左右10度ずつ、上下75度ずつのスリット状の
画像を360度1周分、36枚撮影し、
それを上下2周、計72枚で合成した。

被験者提示時は画像両端をパノラマ状に合成。大きさは横184cm×縦92cm（1スリットの幅は4.8cm）。これを横35cm×縦25cmのディスプレイ上で被験者自らがスクロールしながら覗くように見る。被験者は同時に実験者の質問に答える。質問内容は「その撮影場所がどこであるか?」、また「わかったとしたら何を手がかりにそれがわかったか?」というもの。実験中の様子はDVで記録し、実験後、発話内容を文章として書き起こして分析した。

掲載写真の場合、発話は次の通り。「一瞬ねえ俺これ東武ホテルだとわからんかった。近すぎたんかも。これはねえ、まず、これ? **この感じ（東武ホテルの建物の脇）が俺には代々木が近いと思わせてしまう。なんつーんだろ遠くのね遠くのほうの空が広そうというか。なんつーんだろ、ここは空が狭いのに、こういうものがあってね。むこうがーんと開けるというか、なんもなさそうに感じるというか**、であとは完全に場所を特定させる、のは、やっぱこいつだろうねえ。東武。」

太字で示した部分が「何もない」ところについての発話。何かのレイアウトがあるところだけでなく、空、交差点、駐車場などの広い空間や、レイアウトの隙間そのものなどの、「何もない」というレイアウトも場所特定のために使われている。「何もない」ところの情報は建物や地面などと同様、「不変」の情報である。

「包囲写真」にはこのような「不変」の情報と、そこを通過する人や車による、その場所の多様な「変化」ある情報が10度ずつのスリットにわかれ、共におさまっている（福間祥乃・東京大学大学院学際情報学府平成13年度修士論文「街のレイアウトとナビゲーション」より）。

されれば、設計者を離れてその建物を体験する人にも再現されるということです。しかも環境の読みと方法のあいだから作者の個性や恣意性が消えれば消えるほど、鮮やかに再現されるということです。この図式というのは、ギブソンの影響を受けたアーリック・ナイサーの言う「スキーマ」に近い。だから、建築は作られた時の環境の捉え方を、できあがってからもそこに身を置く人に伝えるという意味で、スキーマ・レジスターと言えるのではないかと思います。

佐々木　進化が動物の身体に創造したことも同じですね。地上の光の構造はどこでも似ている。地面のサーフェスの肌理は密で、空ではサーフェスには肌理がないか、あっても粗いわけです。だから周囲にはいつも重力の方向にいくにしたがって肌理が濃くなるという肌理の勾配がある。サーフェスの肌理の、地面と空の対比はどこでもだいたい同じですよね。

にもかかわらず、そこで進化した視覚のシステムはすごく多様です。獲物を追いかける肉食動物は顔の前面に眼がついています。追われる草食動物はだいたい横です。魚は両眼で三六〇度近くの広い周囲を見ることができます。全動物の身体にはいろんな眼の配置ができた。この配置が、塚本さんの言葉を借りると「視覚のスキーマ」なのだと思います。どの身体も同じようなアース・スカイ・コントラストの中で周囲に定位しているのですが、眼球の配置はその動物が進化の過程でどのように周囲を知ることを組織してきたかということとも関係している。だから多様化した。

問題は視覚だけではない。この視覚のスキーマは他の感覚も取り込んでより複雑なスキーマになる。僕らは地面に定位するために、視覚だけではなく足裏からの接触感覚も風の流動も意識している。視覚と地面や風との接触感覚にもレイアウトがある。その場合には両眼と両足と広い体表面が「スキーマ」を作っている。多重な知覚が「スキーマ」になる。

建築の経験もダイナミックですよね。居住者が建物内外をどのように移動するかを制約することで、視覚や他の感覚の経験やそれらの複合をいかようにでも埋め込める。塚本さんの家に住んで「外を見る」ということは、他にはあり得ないかたちで外の視覚経験を配列することになる。南面に開けた家というのは、南側は明るく北側は暗いという、それだけです。それに対して塚本さんの家はあちこちの窓からいろいろな光が入っている。景色の時間的な重ね合わせを制約している。そこにしかない包囲感を得る。そういうものを味わう。魚眼的家ですよね(笑)。幾つかの知覚が調整しあう動きが、移動のために使われる周りの見え、ビスタ(景色)の経験と関連している。知覚の組織(コーディネーション)というか、共変(コーヴァリエーション)というか……。

塚本――コーディネーションとコーヴァリエーションはどう違うのですか?

佐々木――二つの用語は出どころが違っていて、コーディネーションはロシアの運動学者のニコライ・ベルンシュタインという人が一九四〇年代に言い始めたんです。最近、彼の代表作の一つ『デクステリティ――巧みさとその発達』(工藤孝展訳、佐々木正人監訳、金子書房、二〇〇三年)を翻訳しました。

コーディネーションは協応とか協調と訳されますが、動物身体が持っている大きな自由度が縮減して現われてくるリアルな運動の単位のことです。脊椎動物というのは、重力で身体がペシャンコになることを防いでいる骨格系のまわりに運動のエンジンである筋肉を張りつけるという構造を持つ運動体です。内骨格の脊椎動物は、昆虫のように筋肉を外骨格の中に配置した運動体とは異なる問題を解決しなければならなかった。それが自由度の問題です。例えば三輪車は二輪車よりも倒れにくいですね。それは自由度が小さいからです。三輪車はカブトムシ的に倒れにくいし、運動のために決定することも少ない。

いつも動揺している脊椎動物の身体はそういう意味では極めて不利な系なわけです。けれども、脊椎動物はむしろその困難を制御の原理にしてしまった。つまり彼らはバランスを知覚を使って調整し続ける必要があったのだけれど、この「知覚つきの不安定な運動」という単位を、そのまま運動の基本単位にしてしまった。つまり彼らでは動くことが周囲の変化を知ることと一体になった。この知覚が埋め込まれた運動がコーディネーションです。運動が周囲と関係を持って、それによって制約された時に生ずる組織です。それは周囲の意味を包含した運動の組織です。

ベルンシュタインは三種の協応(第4章、209~211ページ参照)が進化の中で創造され、

コーディネーションのモデル
男は棒の先の頭部大の球の位置を
3本のゴム紐でコントロールしている。
ちょうど頭が揺れないように
立っているのと似た状況である。
視覚、接触覚と全身の筋が動員されている。
何かをなしとげるために感覚と運動が
同時に働き続けている単位が
「協調(コーディネーション)」である。
(Bernstein, N. A. (1996)
*"Dexterity and its development"*より)

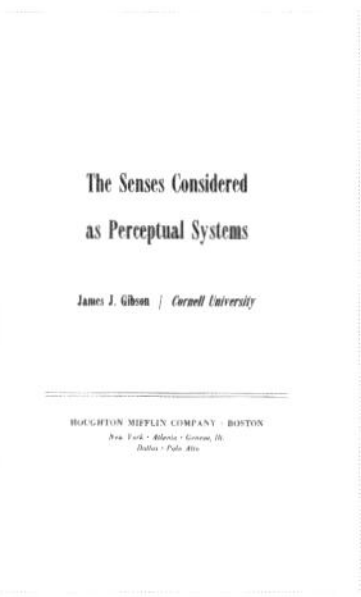

The Senses Considered
as Perceptual Systems

James J. Gibson | Cornell University

HOUGHTON MIFFLIN COMPANY · BOSTON

『知覚システムとしての感覚』
(Gibson, J. J. (1966))の扉

それが複合して人のデクステリティ(巧みさ)とよばれているような極めて精緻な動きが構築されているのだとしています。

もう一つの、コーヴァリエーションというのは、ギブソンが一九六六年に書いた『知覚システムとしての感覚』で知覚系を構成する五つのシステム——基礎定位系、触覚系、味覚‐嗅覚系、視覚系、聴覚系——の関係を指して名づけたものです。例えば、先ほども述べましたが周囲の光の流動と足の裏の接触感覚の関係が定位の情報になります。人の顔を特定するために、おそらく光の変形と、声とよばれる空気振動が関係して「表情」という情報を作る。口の中では化学的飛沫と、食物表面との接触が関係して味の情報になる。複数の知覚系が関係を保ちつつ同時に変化して、それが一つの意味のありかを特定する情報になる。この知覚系間の関係をコーヴァリエーションと言います。

これはギブソンがよく挙げた例ですが、例えば炎は、パチパチという音、つまり空気の振動と、皮膚に伝導する熱と、微小化学物質の飛散である匂いと、ゆらゆらとする光の変形などが共変した一つの情報です。炎のリアリティは、複数のエネルギー流動の複合する組織によって特定される。

心理学では最近、一つの知覚系だけを問題にしていてはだめだということになってきつつあるのだけれども、建築も同じなのですね。美しいけど、静止した建築写真だけでは建築のスキーマは表現しにくい。その家に住んでいる人が移動で味わっていることをこそ建築の知覚問題として登場させると面白い。アメリカの生態心理学者のトーマス・ストッフレーゲンが、知覚系が共変し複合して現われる情報のことを「グローバル・アレー」と言っています。グローバルというのは一つの配列を越えた次元にあるという意味です。グローバルという語には複合性・重層性を指す意味があるようです。

そこで話が小屋に戻るのですが、このあいだ考えていて小屋というのは「スモール・アンド・グローバル・ユニット」なのだと思いました。小さいけれども、小屋での移動はいつも小屋の周囲の全体を知覚させている。小屋では内と外が共変している。

塚本——小屋というのは自分の体が大きくなったようなもの、言い換えると小屋には自分の輪郭が広がる感覚があると思います。自分が真ん中にいるという感覚を、小屋は味わわせてくれる。それは「周囲の意味を包含した運動」の痕跡といいますか、確かにそれを作った人の感覚に近づくことでもある。変な話ですが、設計という行為はデスクワークで、実際に建物が建つ現場で行われてすらいないのですが、様々な案を練る段階というのは、意識としてはまさに「周囲の意味を包含した運動」を何度も何度も試行している感じなんです。

スキーマが本当に再現性を持つならば、そういう運動かその痕跡ぐらいはできあがった建築で追体験できるはずですね。小屋は単純にできていて、作者の個性とかが消えている分、その再現力が高いのかもしれません。「環境ユニット」が小屋に学ぶ点はそこです。常にそういうものを頭の片隅に入れて、どんなスケールの建築も考える。大きな建築が一つのユニットになるのではなく、それぞれの場所で小屋と変わらないぐらいの経験が持てるような無数の環境ユニットがさまざまなかたちで重なり、連鎖して、大きな建築として成立すると面白い。例えばすごく長い建物があったとすると、端と端の関係よりは、端とその隣にあるものの関係を考えて設計した方が現実に即しているかもしれない。そして環境ユニットがまとまっていく時に、そのズレを制御する次元に新しい論理があるかもしれない。

少し急ぎすぎたかもしれません。環境ユニットの話に戻れば、隣接する物が織りなす環境ユニットを周囲のレイアウトの中に探る時に心がけているのは、建物を「ちょっと引いて見る」こと、つまり「ズーム・バック」です。

それはたまたま見た、養殖の牡蠣が痩せているというテレビのドキュメンタリーに出てきた言葉でした。牡蠣が痩せていく直接の原因は、牡蠣の食料となる植物性プランクトンの減少なんだけれども、今度はなぜプランクトンが減るのかがわからない。養殖筏をプランクトンの豊富な場所に移動するとかの対応も次第にきかなくなってきて、困り果てたある養殖家が海から見える山と川に原因があるのではないかというので山に登ってみた。すると、山に雑木林はなく、金になる建築用の木ばかりが植林されていることがわかった。植物性プランクトンは雑木林に蓄えられた水が川となって海に注ぐところに発生する。そこで養殖家は樹種を増やすように林野庁にかけ合ったのだけれども相手にされず、自分たちで山に植樹を始めた。つまり牡蠣の養殖は海だけではだめで、海と山のよい関係がなければ成立しないことがわかった。少し引いて周囲を含めたところから対象を眺めること、つまりズーム・バックが、養殖にとっての環境の単位をこれまでの「筏と海」から「筏と海と川と山」へと拡大させたわけです。

設計をやっている時に行き詰まると、「ズーム・バック」して自分が何をやっているのかを眺める。そうすると、それまで眼中になかった項目がデザインの材料として見えてくることがあります。

佐々木――ギブソンはレイアウトのレイアウトには「入れ子構造」があると言っていますね。自然には種々のレベルにレイアウトがあるわけですが、そのあいだに明確な区切りがない。顔を見ているつもりが知らないあいだに口唇を見ている、山が木に推移する。「全体」と「部分」を同時に見るような単位が知覚にはある。全体というのはここではただ大規模なレイアウトという意味ですけどね。

アフォーダンスという用語は、これまで例えば使いやすいドアノブはどのような形かなんていう風に物単体で言われることが多かったんです。それも確かにアフォーダンスなんだけれども、ドアノブがどんなドアのどこについているのか、ドアの横にはどのような壁のレイアウトがあるか、その建物はどんな地面に立っているのかということこそがドアノブのアフォーダンスだと思うんです。ドアノブのサーフェスのレイアウトは周囲のサーフェスと配列していて、その配列が行為に意味を与えているわけです。

バーの入り口を設計するとして、壁の配列や肌理、そこに配列するドアの形や素材……そういう全体のコーディネーションがあってはじめて行為に与える意味がある。学生にどこのドアでもいいから、人がどうやってドアを開けるのかをよく見るようにという実習をやらせると、ドアごとに実に多様な開閉の仕方が成立していることを発見します。なぜと問うてもよくわからないけれど、人の流量とか周囲の見えとかガラスの透明度とか、いろいろなことが渾然《こんぜん》として効いていると考えられる。決してドアノブの形だけが「押す」や「引く」を決定しているわけではない。そういう高次のレイアウトのレベルのアフォーダンスもある。オブジェクトに、周囲のレイアウトが抱摂してはじめて意味になるのです。

塚本さんがなぜローカル(局所)に成立した小屋のようなことを面白がるのかと考えると、それはそこにグローバルも一緒にあるからではないでしょうか。知覚の原理そのものがそういうことを面白がるようにできているのではないかと思うんです。

5 塚本建築を見る——「敷地」・「窓」・「屋根」

佐々木―― 私は塚本さんがどのようにして「建築」という単位を発見しているのかに興味があって今日は伺いました。そのことを塚本さんご自身のこれまでの建築物に即しながら具体的に伺いたいと思うんですが。

塚本―― 「建築」という単位ですか? 難しいですね(笑)。うまく答えられるかわかりませんが、「アニ・ハウス」、「ミニ・ハウス」、「ハウス・アサマ」といった建物を例にとって話をしてみようと思います。

先ほど牡蠣の養殖を例に述べたことと似たことが、住宅とそれを取り巻く環境のあいだにもあります。アフォーダンスの言葉で言えば住宅と環境の入れ子関係ということですけれども、その入れ子関係の中にあって、住宅の設計を最も強く制約しているのが「敷地」という条件です。建築は敷地をはみ出して建てられることはないから、というのがその意味ですけれども、この制約があるからこそ、建築は単に建物の問題だけでなく、敷地や風景に対しても物が言える力を持っているのだと思います。それは、敷地という条件をどう取り扱うかで建物のあり方も敷地の現われ方も変わるということです。

例えば斜面に建物を建てる場合、通常は斜面を切り崩して雛壇に造成してから、建物を建てるという手順になります。それは斜面という特徴の否定でもあります。でも斜面にある他のもの、例えば茶畑なら、造成なしにそのまま植えることができるので、同じ斜面の勾配を見事にトレースした、柔らかな布地のようなランドスケープを作り出すことが出来ます。建物と茶畑はまったく違うものですが、どちらも斜面の取り扱いに関わっていると言えるわけで、その上で両者を比較すると、斜面の魅力を引き出して風景に貢献しているのが茶畑であるのは明らかです。それは茶畑の斜面の取り扱いの方が、斜面の持っている性質を良く理解しているからです。

これが建築には真似しようもないことなのかと言うとそうでもなくて、斜面とかいびつな敷地とか、不動産的には魅力のない敷地であっても、その性質を良く理解し、折り合いをつけることによって名建築となった例は幾らでもあります。建築と敷地の関係の持ち方次第で、その敷地の特徴をうまく抽出する、言い換えればロケーションの魅力を最大限に引き出す建物を作ることができるのです。

問題になっているのは敷地の使い方、つまり建築による敷地の評価です。その意味では建物を作るということは同時に、「敷地」を作ることなのです。敷地の取り扱いは建築の設計にとっては不変の項目ですが、その内容は必ずしも所与のものではないということです。

「アニ・ハウス」が建っているのは、実は僕が子供の頃よく遊んでいたところです。幼なじみの家の南側の土地で、その前にはススキの原がありましたが、いまはそこに住宅が建ち並んでいます。しかも、どの家も敷地一杯に建てられているので、僕の記憶の中にあった場所が持つ開放感は、すっかりなくなっていました。三方を隣家に囲まれて、南側で道路に接する一〇×一一メートルのほぼ矩形の敷地は、これといった特徴があるわけではなく、むしろ典型的過ぎて個性がない。でもだからこそ、敷地の取り扱いというものを、問題意識として立てやすかったのかもしれません。

戸建て住宅の形式に、南面配置というのがあります。敷地の南側に庭をとって北側に住宅を寄せるもので、日光を取り入れることを重視する日本では最も一般的な形式です。これでいくと家屋内部はほとんど必然的に、南側を居間にして、北側に水回りや小さな部屋を持ってくるレイアウトになります。敷地が広い場合はそれでもいいのですが、狭くなってくると隣地とのあいだは単なる隙間になって、窓を取る位置も限定され、庭も結局は猫の額のようになってしまいます。それでも南面配置がいいのだろうかというのが、僕の疑問でした。そんなふうに不自由になるのは、南を重要だと考える敷地の読み取りがおかしいからじゃないか？　南面配置という「建ち方」がまずいのではないか？

そう思ったので、「アニ・ハウス」では南面配置を止めて、四角い敷地の中央に、敷地境界から二～三メートルの「引き」を取って残された一辺六メートルの正方形平面のヴォリュームを置く「建ち方」としました(カラー頁参照)。四角の中に四角がある「同心方」構造です。建物自体は半階分地下に沈み込んでいて、地下一階、地上二階に各一室、プラス屋上という構成になっています。洗面所・浴室は別のヴォリュームとして家屋の北側の庭のレベルに置かれていますが、浴室部分はメインヴォリュームの東側に飛び出して陽の光を取り入れています。周囲から「引き」を取ったおかげで、建物のどの面にも開口(窓)を取ることができるようになり、内部から東西南北、四方向に隣の家の壁や、庭や、空を見ることができます。

「引き」によってできた隣の家や道路とのあいだのスペースは庭になり、そこに植えられたオリーブの木は、「アニ・ハウス」の、というよりは「アニ・ハウス」周辺の環境に提供された街路樹です。この庭や木は、生ごみを堆肥に変え、雨水を溜め、夏は陽射しを遮り、冬は風を弱める働

(左)アニ・ハウス平面図。右側下部にスライドしているのが風呂スペースの屋根。
(右)アニ・ハウス南北断面図を東側から見る。©アトリエ・ワン(以下、*と略記)

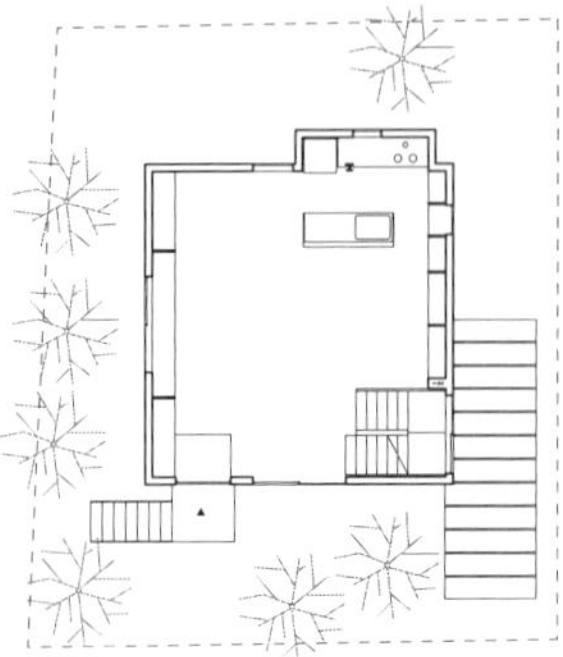

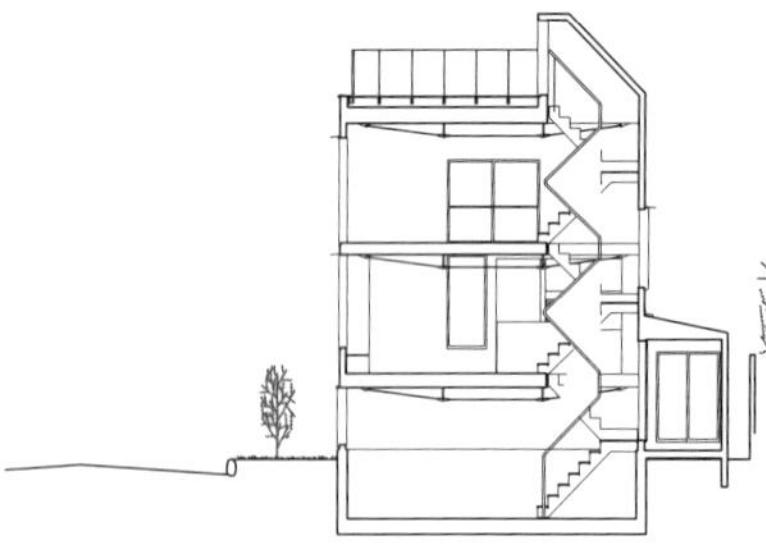

きをしてくれる、家屋の柔軟な「皮膚」となる想定です。
「アニ・ハウス」の同心方構造というのは比喩的に言うと、敷地の中に置かれた建築的な「プリズム」のようなものなんです。プリズムって、白い光から七色の光を析出しますよね。

敷地（白い光）から、住宅内部のプランニング以前にそこに潜んでいるさまざまな環境の性

地下の窓からすぐ近くに芝生が見える（アニハウス）。＊

二階窓より。隣の屋根の連なりが見える（同）。＊

道路側の窓より。ベンチ、オリーブ（まだ小さい）、通り、遊ぶ子供、引き込み道路が見える（同）。＊

格(七色の光)を取り出すのです。

佐々木——先ほど「建築家なしの建築」について伺いましたが、塚本さんの場合、建築というのはその環境である敷地に既に潜在している種々のことを利用することなんですね。光の循環、道路の配置などの広い街のレイアウト、家屋周辺の隣家や木々のたち方など、家を包囲するたくさんのことによって、敷地には既に抗いがたい建築的な分節化が起こっていて、建築以前に「建築」が出来上がっているとも言える。そこに部屋や窓の配列をすっくりと置いていく、というような感じでしょうか。「ミニ・ハウス」ではどうですか?

塚本——「ミニ・ハウス」は住宅密集地の中にあって、「アニ・ハウス」よりも更に狭い敷地でした。それで、総二階とか中庭とかいろいろな可能性を検討した結果、やはり先ほどの同心方構造の「建ち方」としました。家屋内部もやはり、地下一階、地上二階に各一室、プラス屋上という構成になっています。

「アニ・ハウス」では北面の所で浴室部分が東に飛び出るという話をしましたが、「ミニ・ハウス」ではメインヴォリュームの四面すべての一階部分から敷地境界ぎりぎりまで真っ直ぐにサブヴォリュームが突き出ていて、上から見ると長方形の各一辺が延長された四枚羽根の風車のような形になっています。こうすることで内部のニッチができると同時に、外部・外壁側にもいろいろなニッチができるわけです(カラー頁参照)。

例えば突き出したサブヴォリュームの内側はキッチンや浴室、玄関、本棚ですが、外部では、例えば浴室のサブヴォリュームの下の部分が駐車スペースになったり、上部が洗濯用バルコニーになったりしています。サブヴォリュームの大きさは、住宅と家具の中間に当たるキャビンとか物置ぐらいの感じです。

「アニ・ハウス」もそうでしたが、塀がないので敷地内のメインヴォリュームの足元まで隣地の領域、道路の領域がなだれ込んでいます。しかしその上空にはサブヴォリュームが張り出していますから、「引き」でできた空間はちょうど、握手をする二人の人間のあいだに広がるスペースのような感じで、そこに自分の手を差し入れていくこともできるけれども、やはり相手の空間でもあるというような、公とも私ともとれる領域になっています。

佐々木——窓が大きいですね。

塚本——各階ともワンルームなので原則的には四方八方に窓が開けられるのですが、密集地では開けられる場所もかなり限定されます。幸い「ミニ・ハウス」では元の家の南側の庭に柿の木があり、その前には隣の家の窓のない壁があったので、この柿の木に対してだけは各層で大きな窓を開けています。その柿の木は子どもの頃からずっとある木だから切らないで欲しいと言われていました。その窓のない隣の家の壁を背景にした柿の木、施主行きつけのスナックを模したキッチン・カウンター、そして中学校の音楽教師である奥様が使っているミニ・グランド・ピアノの三つが、この住宅のアイテムとし

キッチン脇のベンチより。空、柿の木などが見える(ミニハウス)。＊

窓から差し込む木漏れ日。窓台がベンチになっている(同)。＊

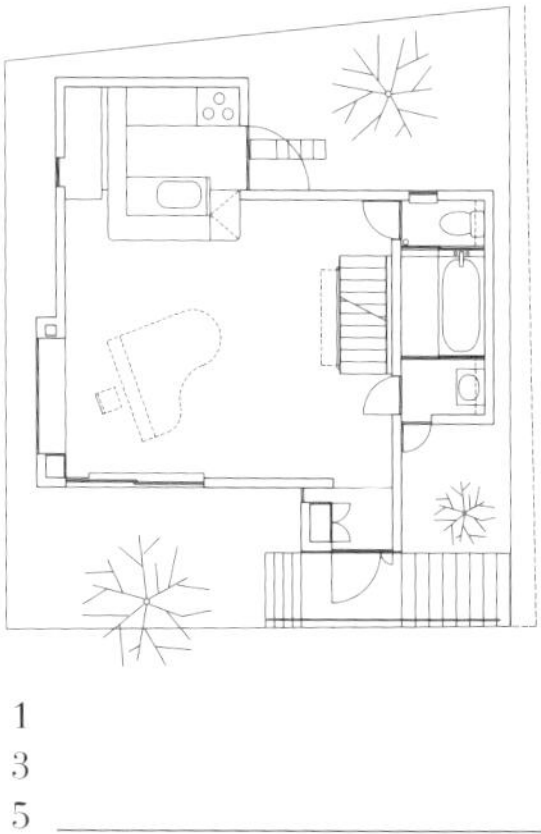

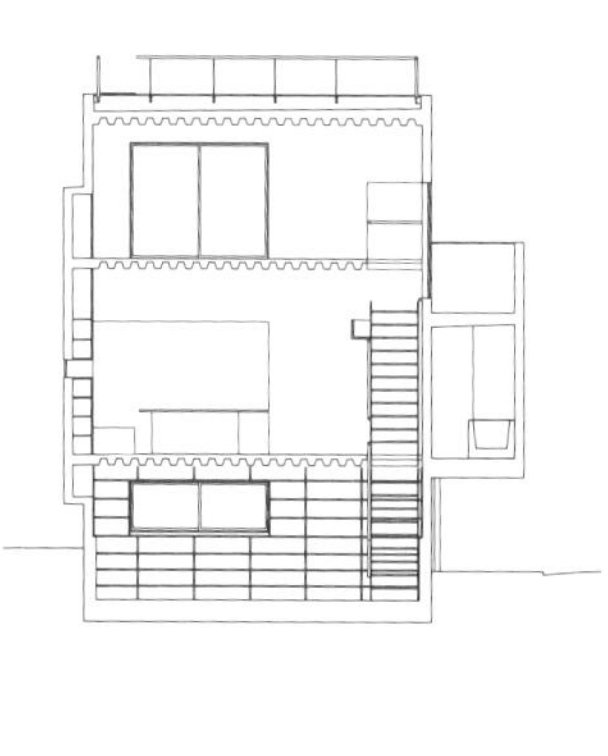

(左)ミニ・ハウス平面図。
敷地中央に置いた
ヴォリュームから
敷地境界めがけて
四つのサブヴォリュームが
突き出し、
風車状の平面となる。
(右)ミニ・ハウス東西断面図を
南側から見る。＊

ては重要だと思ったので、敷地の中で一直線に並ぶように窓とともに配置しています。これも「環境ユニット」と言えるものです。

この南側の窓からは柿の木漏れ日が入ってきます。その木漏れ日の中に坐る感じになるようにと、そこの窓枠だけ幅を広げてベンチ状にしています。また木漏れ日の影と、真っ黒く光沢のあるピアノの背景になるようにと、西側の壁は緑色に塗ってあります。そうすると木漏れ日が入ってくる中、緑を背景に黒光りするものが置かれるかたちになるわけです。

また浴室のサブヴォリュームの上にあるバルコニーに出る窓は、一階と二階を繋ぐ階段の途中にあって、上下両方の階に同時に光を届けています。この窓の前には、階段の手すりを使ってベンチが設えてあって、子どもが日だまりでマンガや本を読むことができます。その姿が、キッチンに立って炊事をしているお母さんからも見えるようになっています。キッチンからは、子どもの背中越しに青空が見え、勝手口からは道が見え、南側の窓からは、隣家のスペイン瓦の黄土色を背景に柿の木が見え、さらには玄関も見えます。二階にある子供の勉強机からは建物と建物の隙間の方に視線が抜けます。つまり一つのところから三つ、四つ、五つの違う物が同時に確認できるという作りになっているんです。

佐々木――「アニ・ハウス」と「ミニ・ハウス」は、敷地の真ん中にメインヴォリュームを置く同心方構造という点では同じだけれど、周囲にある物と家の内部にある物どうしを繋ぐことや、家の内部から周囲へと貫通する視覚を作り出すということで違いができてきた。それぞれが二つの敷地への適応の姿であると思いますが、その適応を探る過程で、窓というものの意味、開け方の技術が塚本さんにおいて分化し、発達していったという感じでしょうか。「ハウス・アサマ」はその後に建てたのですね？

塚本――「ハウス・アサマ」は軽井沢に建てた別荘で、周辺環境からの外圧が強いわけではなかった。でもその分、「アニ・ハウス」・「ミニ・ハウス」で掴んだ敷地の捉え方や窓の作り方が、方法として明確化したと言えるかもしれません。

「ハウス・アサマ」の設計では、予算が非常にかぎられていたので、とにかく外形をコンパクトにまとめることを条件にしました（カラー頁参照）。そこで平面を正方形とし、その各辺に立てた壁の頂部から屋根が平面の中央に向けて登っていく方形屋根（ピラミッド型の屋根のこと）を架け、天井が高くなりすぎないよう頂部を水平にカットし、これで外形の大枠をまず決めました。

内部では自由に使えるワンルームが望まれていたのですが、

屋根の窓越しに梢が見える(ハウス・アサマ)。*

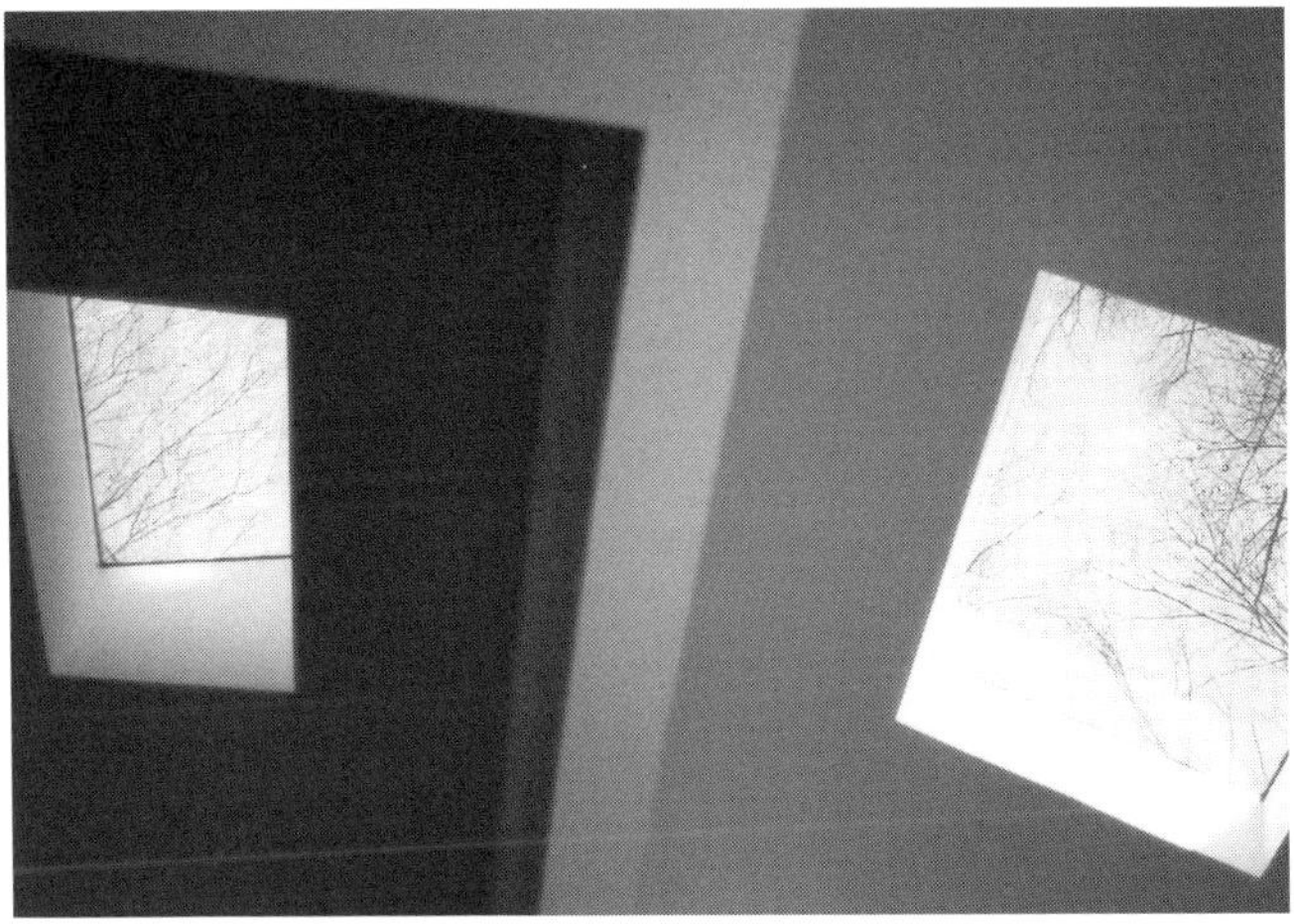

木立ちの中のような陰影が室内に生じる(同)。*

正方形の一辺は八・一メートルあって、通常の木造ならば部屋の中に柱が必要になる。柱を落とさずに屋根を支える仕組みを考える中で、天井を幾つかの垂れ壁(床から立ち上がるのではなく、天井から垂れ下がってくる壁)によって分節化すれば、この垂れ壁が大きな梁として機能し、柱をなくせるだろうと考えました。そこで屋根の頂部をカットすることによってできた四角形の各辺を通るように垂れ壁を降ろし、巴型に組み合わせま

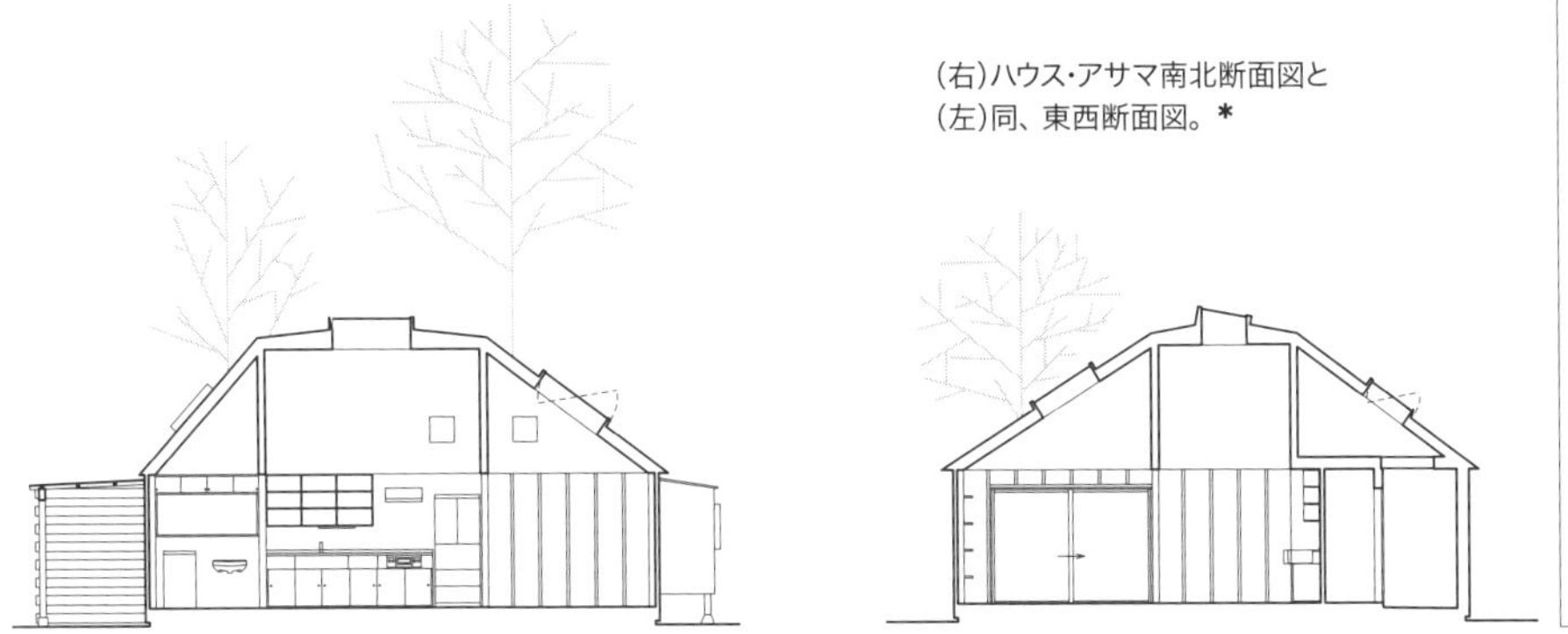

(右)ハウス・アサマ南北断面図と
(左)同、東西断面図。*

した。騎馬戦の時の手の組み方と同じです。間仕切りがない内部でも、この垂れ壁状の梁があると上部から緩い分節が与えられて、その下に何となく異なる場ができる。

実はここが「ハウス・アサマ」のポイントですが、その緩い分節によってできあがる場・空間には、サイズというかプロポーションの違いがあります。垂れ壁を床面に投影することによって分節された各領域は、みな長方形ですが、幅や長さが違っています。この違いが机を置いて書斎として使うのか、ごろんと床に寝そべるのか、立って顔を洗うのかといった行為の違いに対応しています。

しかも、屋根の軒（端の低くなっているところ）と棟（中央の高くなっているところ）の高さを一定に保っているので、外壁からの幅の違いは、屋根の勾配の違いに現われることになります。これは直角三角形の高さを一定にして、底辺の長さを変えると斜辺の勾配が変化するのと同じです。底辺が床の幅、高さが垂れ壁、斜辺が屋根に対応しています。床に寝そべるところの屋根の勾配は、水回りの屋根の勾配よりも緩くするなど、屋根の勾配は、その下に広がるダイニングキッチン、リビング、書斎、寝室、水回り等々の各スペースにあった角度に調節されています。壁で仕切ることによって室を作るのではなく、勾配屋根と垂れ壁の大きな両手が家屋内部の空気を抱きかかえるようにして緩く分節された室を生み出しているのです。

佐々木――ここでは窓はどんなふうに開いたのですか？

塚本――この家には壁の四面と屋根の五面、つまり九つの面があって、それぞれに違う方向を向いています。そこでそれぞれに一つずつ穴を開けることにしました。こうすれば、違う方向からの風景や光を取り入れることができます。「ハウス・アサマ」はかなり背の高い雑木林の中にありますが、軽井沢の外れなので別荘と普通の住宅や農家が混ざり始めていて、水平方向には結構余計なものも目に入ってしまうという意味では開口方向はかなり限定されていたのですが、上の方は青空を背景にクヌギや唐松の梢が重なっていてとても綺麗でした。

佐々木――屋根にあるどの窓も、見上げると木々が見えるわけですね。見上げるというのは家の内部では電球を取り替える時以外あまりしないことですよね。普通天井に開いた窓というのは光を入れるためですよね。せいぜい寝ながら星を見るというような時に窓を見上げることが、意識されるわけですけれど、ここでは木の下に立ってそれを見上げるように窓を見上げることがいつも意識されているわけですね。

塚本――ええ。冬もいいけれども夏はもっと効果があります。それが葉が繁ると外の地面に木漏れ日のパターンができる。それがもう一回、天窓を通して家の中に照り込んで出てくる。そうすると、窓の外に見えている地面のパターンと同じパターンがまた内部の床に出てくることになって、家の中にいるんだけれども、とても外との連続感があるんです。

佐々木―木の視覚が家の内と外を接続している。横壁にある窓の効果的な大きさというのは通常はどれくらいなんですか?

塚本―窓の前に立った時に、大人が両手を広げて一抱えにできる大きさよりも、もう少し大きいぐらいが僕は好きです。この窓は、下は膝頭ぐらい、上はおでこぐらいのサイズです。壁の上から下までを開口にするよりも、窓枠の上の部分の壁と下の部分の壁を同じ寸法で残した方が、上下の感覚が窓から消えて窓がぽかんと浮いている感じになります。その時残すのを三五~四〇センチぐらいにすると、窓台(窓の下枠)がちょうど腰をかけたくなる高さになる。これは「アニ・ハウス」でも「ミニ・ハウス」でもやっていることです。

佐々木―それは塚本さん風なんですか?

塚本―こういう窓が多いのは確かですね。遮蔽と開放を同時に満たす寸法でしょうか。いわゆる窓としては大きい方な

浅い窓(左)と深い窓(右)の体験(ハウス・アサマ)。*

寝室では窓が変形して寝台に(同)。*

ので、その前に立つと外に押し出されるぐらいの感覚があるのですが、それは窓をまたいで住宅の空間のまとまりが感じられるようにしたいからです。でも少し引くと、そこそこ隠れられる感覚も満たしている。体が出し入れできる大きさ、という意味では動物が巣に納まっている感じとか、岩場の隙間にカニが隠れている感じに近いかも知れませんね。

佐々木――隠れて覗く感じ。

塚本――窓の数が多くなると問題になるのがその配列なんですけれども、「ハウス・アサマ」ではその配列から恣意性が消えるように、四面ある壁の場合は内部から見て左端に窓を開け、屋根の場合は各面のだいたい中央に窓を開けるというルールを敷いています。

そうすると、いま例えば佐々木さんが「ハウス・アサマ」の中にいてある壁に向き合っているとして下さい。向かって右側の壁の先端に窓があり、見上げると左に傾いた屋根面に天窓があり、その屋根の窓に向き合うように一枚の垂れ壁が降りているはずです(カラー頁参照)。このセットは、どの壁に向き合った時にも繰り返し現われることになります。緩やかに分節された床面上の各スペースは、屋根と天窓、垂れ壁、水平方向の窓というセットで統一されつつ、各々の幅や奥行き、眺めによって少しずつ違っている。この同一性と差異性を持つ「屋根の窓・壁面の窓・垂れ壁」というセットによって得られる、外にある木や差し込んでくる木漏れ日とダイニングテーブルや書斎の組み合わせが、ここでの環境ユニットになっているのです。

ちなみに垂れ壁の一部を銀色に塗ったのは、そこに向き合う天窓から入ってきた光をレフ版のように反射させるためです。空が青い時はその面が何となく青く滲んだり、夏になって緑が茂ってくると緑色に滲んだり、夕陽が差してくるとオレンジ色に、影になっている時はグレーに見えたりして、季節や時間の推移がとても敏感に観察されます。

このセットで同一性を作っておいた上で、例えばテラスの所は床面から開口するけれども寝台横の窓は小さくするとかいった具合に、周辺環境や使い方に合わせて少しずつユニットを変形させていく。僕らはそこでできあがってくる同一性と差異性のネットワークのあり方が非常に好ましいと思っています。

佐々木――空や木などの周囲の見えを観察している各ユニットが、家を跨ぎ越して、周囲の環境と関わる「関節」のようになっているんですね。「ハウス・アサマ」にいる人には幾つかの景色の共変、コーヴァリエーション、あるいはコーディネーションが発見される。

塚本――「ハウス・アサマ」の屋根勾配は、部屋の中での住人の行為、そして雨や雪などの環境条件、家屋の構造や大きさ、図形、等々の複数の尺度が交錯する「変数（パラメータ）」になっていて、どの尺度が動いてもそれが必ず他の尺度をも同時に動かすような関数が成立しているわけです。「ハウス・アサマ」の屋根勾配を決定するというのはこうした関数を見つけ出し、その具体的な解を求めることだったと言えるかもしれません。

重要なのは、屋根なら屋根を架けた途端に発生してしまう勾配というものを単なる形としてとどめておくのではなくて、何かを測ったり制限したりするパラメータとして利用する、ということです。それは形を持った状態を、何かを観察し、定着する尺度に用いることと言い換えられると思います。あるいは窓ならば、光、風、眺めを得るという本来的な役割に、さらに別の意図を絡めていく。例えば周辺環境を観察し、定着することによって差異化されていくそれぞれの窓の性格を、各室の性格形成にも貢献させていく。それは、住宅の内部での行為や振る舞いに、それに相応しい舞台としての場所の分節を与えるということです。

6 「反復」・「隣接」・「向き」・「不変」――建築のデザイン原理としての

塚本――アフォーダンス理論の言葉で言えば、設計というのはコーディネーションやコーヴァリエーションの組み立てです。例えばハウス・アサマでは、屋根をかけるのは雨や雪をしのぐためというところから出てくるわけですが、ある傾いた面を作るということは同時に、そのサーフェスが向き合う周辺環境をフォーカスするわけで、それに対して窓を開けてやればそこにある視線として設定された内と外の関係が生まれる。そうすると、雨をしのぐことと、青空を背景に梢を見るという全然関係のない二つの問題が一つの実体を介して結びつけられていく。さらに屋根の傾きはその下のスペースのプロポーションに関係し、スペースのプロポーションはそこで行われることを条件づけている。つまり雨をしのぐということと、外の環境の断片を取り込むということ、さらには行為のヴァリエーションとが、一つの屋根の中で構造化されていく。そこまでくれば屋根の勾配をコントロールするだけで他のことまでもコントロールできてしまう。

設計のプロセスというのは、まさにそういうことを仕組んでいくことなんです。そのように作られたものはそのように現象する、訪れた人にもそういう感覚が再現されるだろうと信じているところがあります。建築はスキーマ・レジスターなのだと言ったのは、そういう意味なんです。

環境ユニットという概念はかなり適用範囲が広すぎて、自分としてももう少し絞り込みたいと思っています。ただ、環境ユニットという考え方が可能にする、雑駁に転がっているさまざまな要素を組み合わせて場のまとまりを形成していくやり方は、これまでの建築プロパーのセオリーでは説明しきれないものまで作り出せると思っています。だから、環境ユニット的な捉え方から建築を再度読み直し、編み直した方がいいのではないかと思っているのです。

佐々木——「反復」というのはユニットの一つですね。同じだけれど、しかし少しずつ違うユニットを何度も経験する。つまり違う場所を隣接させるというよりは、似ているけれど少しだけ違うことで全体が出来ているという感じですよね。経験するのは移動です。

塚本——おっしゃるように、「ミニ・ハウス」にも「ハウス・アサマ」にも反復されるユニットがあります。反復されるユニットというのは、設計の材料のようなものです。「ハウス・アサマ」の場合、窓と垂れ壁のセットの他に、家屋の外周に四五センチピッチで柱が反復されています(カラー頁参照)。それが実は観察と定着の母胎、あるいは素地を作るわけです。

その柱の反復がどんなことを捕まえることができるかというと、例えば勝手口の横では靴の棚の支持体になり、机の脇で本棚の支持体になり、引く窓台の所ではベンチの支持体になる、といった具合です。非常にたわいもないことですが、それは隣接性によって引き起こされる、各場所にユニークなことなのです。その柱は物質的には同じものとして家屋の外周を流れつつ、隣接するものとの関係を吸収してあり方を変えていくわけです。この柱の反復は、内装を省くためという理由もあったのですが、むしろ平滑な面で仕上げてしまうと得られない観察を期待してのことでした。

床、壁、窓、家具といった具合に言葉で切り分けられた、冷めて固くなった要素をただ組み合わせていってもあまり楽しくはありません。逆に、言葉の切り分けを前提にしないで物を繋げてみたい。似た物の反復の中には、比較可能になった関係性というものが現われますが、この関係性の違いによって場所場所の違いに対応していくと、言葉で切り分けられた物のあいだにも実はそれほど本質的な違いはないと見えてくる時があります。同じ物のプロポーションの違い、あるいは関係性の違いといった、共通性の中の度合いの差なのだというふうに見えてくると、一気に物事が流動化して柔らかい世界に入っていく感じがするんです。本棚、靴箱、柱の列というふうに言うと、人間が動き回って靴を脱いだり本を置いたりするといった行為群が、そもそも最初から切り離されたものとして見えてしまう。

しかし、別荘での生活などはとくにそうですが、人間の行為というのはだらだらと連続しているわけですよね。いわば湧き出すような感じで、どうしようもなく何かをやってしまうのが人間です。そういう行為の連続的な流れに物のあり方が接続して見えてきたり、逆に物を通してその連続性が見えてくるのが面白い。物との関係性という捉え方によって、言葉による切り分けでは本質的な違いがあると思えたものの背後に潜在する共通性が見え始めるわけです。そうなると、今度はこの関係の組み変えが想像力の対象になって、物を作る自由度が格段に増してくる。

こんな具合に、さまざまな物の流動的な関係の中に降りていくことがデザインにとっての楽しさであり、可能性でもある。そこまで行けば、デザインが相手にしていることの本質に近づけるような気がしています。

佐々木――つまり、人の顔を見て、例えばああ塚本さんだなとか佐々木だなとか言っているうちは、窓とか壁とか床、という分節された輪郭の世界ですよね。でも目の幅と鼻の高さの関係はどうなっているんだろうとか、白眼と黒眼の大きさのプロポーションはどうだろうとか、皺の勾配はどうだろうなんて思ったら、顔は誰の顔というものとはまったく違うものになりますよね。おそらくメークアップ・アーティストが知っている顔は、そういうものですよね。レイアウトは修正可能になる。住んでいる人は家にそういう感じがわかってくる。反復ということと並んで、お話を伺っていてわかってきたもう一つのことは、「隣接」ということの意味です。

塚本――隣接性というのは家族的類似性の隣接性ですか？　それとも、それぞれが何に隣接しているかという意味での隣接性、つまり違いを作り出す原因となる隣接性ですか？　僕が言っている隣接性は後者なんですが。

佐々木――家族的類似性というのは、最初から家族はみな似ているというように、全体の性質を先に決めて言っていることですよね。それは境界の内部のことです。僕が言いたいのは、塚本さんと同じで、差異を作り出す方の隣接性です。似ているけれど違うことが作る配列のことです。意味になるずれとしての隣接性。

塚本――最初から決めてしまわない、という意味では、輪郭を描かずにいかにしてユニットを作るかということに関心があります。輪郭を描くことによってユニットを作るのは容易い。その時には自分が作った輪郭がユニットそのものになるわけですが、輪郭を描かずにユニットを見つけ出すのは、実はいろんなものの性質や関係を理解しないとできない。そういうユニットというのは、そこにある幾つかの物どうしが持っている性格の重なり合いが作るものだと思っています。一点だけではできないけれども、少なくとも複数の点のあいだに線を引くという最小の手間によって、その線からの距離とか、時間の関係がその横にある物とのあいだに生まれれば、そこにはもう、何らかのユニットが生じていると言える。

そういう線を引く根拠は結構、図形的な秩序にもなります。でも人間も一つの図形的な存在ですよね。だから人間は、いま述べた線の起点にもなります。「幾つかの物」の中には、人間も入っているわけです。というのも人間には向きがあるわけで、図形的秩序とそこでシンクロするのです。壁を背にして、腹・顔の前に窓がある配列は、人間と同型性を持ち、人間の図形に似ている。だからそこに入っていくと、人間そのものが持っているまとまり感がふっと拡大するような感覚が生じる。

佐々木――「向き方」というユニット。

塚本――自分の身体のまとまり感が拡大する感覚に気がついたのはグランドキャニオンに行った時です。グランドキャニオンの崖の縁《へり》に立った時に、いままで感じたことがないような重みを感じるぐらいの空間の量を胸の前に感じて、これは独特だなと驚いたんです。それは風景を眺めるというのとは違ったタイプの経験でした。スイスに行った時にも似たような感覚がありました。平地の面積で言えばスイスの街は東京よりも狭いですが、一人一人が感じている空間量は圧倒的に大きいのではないでしょうか。それは、山の向こう側に見えるマッターホルンとか、そういうものと自分のあいだに引かれた線が、莫大な気積を伴っているという感じです。

佐々木――僕は一九歳の時に大学入学のために東京に出て来たんですが、しばらくして、寝る時に毎日、奇妙な感覚にとりつかれたんですね。東京中の人がどういう方向で眠っているのかが気になって、そのことをしばらく考えて、少し落ち着いて寝るという(笑)。私の住んでいた池袋の学生アパートだけで二〇人くらい住んでいたのですが、俺はこの方向で寝ている、俺の下の部屋のやつはどう、その横のやつはどう、といったようにアパートの各部屋に横たわる人のイメージが浮かぶ(笑)。いま言われてわかったんですが、そういう感じできっと東京が少し見えたというか、意識できたというか、馴染んだのだろうと思うんです。大きなものを意識する時に、そういう隣合いで繋げる仕方があるということですよね。

建築において輪郭を引かないということの意味がわかってきたような気がします。何か面白いと思った時に、何が面白いと思ったかをそこだけで完結させたらだめなんですね。一つの壁はそれだけではだめで、そこを他とどう繋げるかをいろいろと探してみる。そうすれば単なるローカルなものではない、ある種の「不変」なことが少し、わかるかもしれません。

塚本――「不変」というのは、デザインをやる時に何を抑えなければいけないか、というところと関わる重要な概念です。発見的なデザインというのは、いままで誰も気づかなかった「不変」を見出すことなんですね。

佐々木――ユニットは難しいですね。コーディネーションと言い出したベルンシュタインは本当に天才ですが、彼の出したコーディネーションの例はどれも進化レベルの長期不変で、単一の設計や一回の行為が絡む持続でそういうユニットを探そうと思うと、とても難しい。そこは行為を記述する時に悩むことです。

7 「街に住む感覚」と「都市をウォッチする建築」

佐々木――いろいろと本当に面白かった。僕にとってとても印象的だったのは窓の話です。僕は窓というのは銃眼のような隠れ覗き穴だと思っていたんですね。どちらかと言うと性格が暗い方ですので(笑)。でも塚本さんの話を伺って、窓が外と繋がるというか、窓が周囲を参照し隣接する、その参照の仕方が窓だということが腑に落ちた。これまで伺ってきた塚本さんの建物は一戸建てのいわゆる戸建て住宅ですが、塚本さんが設計される家屋が幾つも並んだ集合的な住宅街を考えると、とても不思議なことになると思うんです。つまり各家が周囲を参照しつつ存在していて、そういう参照の小屋が並ぶ、ということになる。それはすごくバイオロジカルな感じですよね。魚が群れているとか、多種の動物が水場に集っているというような。他の人の家に行ってみようという根拠ができます。別の家から周囲がどういうふうに見えているのかがすごく気になるわけですから。ここからの見えとあそこからの見えとがいつも交差している感覚ですね。

「アニ・ハウス」・「ミニ・ハウス」などに住んでいてどんな感じがするか話を聞かれたことはありますか?

塚本――いろんなところに意識がいくのが良いと言われますね。意識がいくといっても、気になるのではないようです。「アニ・ハウス」の二階の窓から、東側に隣接する家屋の屋根がすーっと繋がっていくところとか、正面の窓からの視線が南側の街区の引き込み道路の奥行きに向かって伸びていくことか、メインヴォリュームの北側から東側に出て来る浴室の窓が、八メートルぐらい距離をおいて表通りに面していることとか、外と内部のあいだを繋ぐ線がさまざまに引かれています。「アニ・ハウス」正面の窓は、住宅地ではちょっと恥ずかしいくらいの正々堂々とした窓ですが、これもその前に引き込み道路の奥行きが確保されていることを前提に考えたことです。

先ほど敷地の評価と同心方構造についてお話ししましたが、こういう設計の中に埋め込まれた環境ユニットが、家屋の外形線を跨いで実現するということを示そうとしたのが、この「アニ・ハウス」の隙間の写真です(左ページ参照)。実はこの写真を撮ってもらうのにとても苦労しました。建築写真家はやはり、建物を撮ろうとしますから。でも、僕達が作りたいのは環境から孤立した建物ではなく、隣とのあいだにできるこういった間合いだから、まさにこの写真が捉えているように、家屋と家屋のあいだから見える空やその下の庭にフォーカスした写真が表現として重要だったのです。

佐々木――今日ずっと伺ってきた話と「メイド・イン・トーキョー」・「ペット・アーキテクチャー」の試みがやっと繋がりました。周囲が汚いから壁で隠そうというのではなくて、その中のちょっとだけでもいいところを見つけてそこを観察するような窓をつけてしまう。そしてそういう窓を一つだけではなく二つ、三つと増やしていくと、窓が関数になってさらに良くなるということなんですね。とてもポジティヴですよね。どこでも楽しい(笑)。

塚本――そうです。非常に楽観的なんです(笑)。

佐々木――塚本建築は都市を知覚する装置なんですね。街に住むというのがどういうことなのか少しわかりました。自然にあふれる森に住むというのと同じことですよね。隠れることじゃないんですね。周囲の知覚を楽しむ装置なんだ。

塚本――ええ。僕が「家に住むより街に住むという感覚を」と書いたりしているのはそういうことなんです。家と街がお互いに定義し合うような感じ。

「アニ・ハウス」や「ミニ・ハウス」はどちらもキュービックなヴォリュームで、またシンメトリーな立面、風車平面等々の性格を持っているために、この二つの住宅は一見、環境から「自律」したものに見えるかもしれません。それは何かと言うと、今日、ずっとお話をしてきたように建築の形態決定と環境評価のあいだの因果関係をいったん断ち切ることで、これまでのようなべたな「建ち方」が解体されていることからくる印象だと思います。

「アニ・ハウス」も「ミニ・ハウス」も、全体の輪郭を斜線制限などの消極的な理由で決めないようにしています。でも、地盤や敷地境界線、近隣の道路から受ける影響や、逆に周辺環境に与える影響を検討することで、住宅地の環境とそこに建つ住宅が相互定義的な関係になればいいと思っているんです。サブヴォリュームの突き出しで言えば、この突き出しはここで道路境界にぶつかるからここまでとか、木があるところはよけてといった具合に環境に制約されて、同じルールを持ちながらも少しずつ変形されてその場所の違いを記述していく。しかもこの少しずつの変形が内部の違いもうまく描き出していて、この幾つかの条件がぴったりかみあってくることが大元の構成の仕方であるサブヴォリュームの突き出しをオーソライズしているんです。その意味で、この二つの住宅は自律的で、かつ同時に他律的な建ち方になっているわけです。

そういうモデルで建築を考えていたので、佐々木さんが『知性はどこに生まれるか――ダーウィンとアフォーダンス』

アニ・ハウスと隣家との間にできる庭。敷地境界は後から作られたように見える。
©新建築写真部

（講談社現代新書、一九九七年）で紹介されていたダーウィンの「旋回植物」の話（第1章、016〜019ページ参照）には、膝を打ちました。

佐々木――「建ち方」というのが面白いですね。

塚本――住宅というのは「都市計画」という大きなスケールからの規定がある一方、実際には敷地や建築物の小さなスケールから規定していくしかないという現実もあるわけです。でも大きなスケールから見ているだけでは住宅はすべてが一律で個性がなくなってしまい、小さなスケールから見ているだけではすべてが個別で横の繋がりもなくなってしまって、結局住宅地の「空間」の次元を問題にできなくなってしまう。どちらも住宅について考えるのに相応しいものさしではなくて、この大きすぎたり小さすぎたりするものさしだけで住宅を考えることから生じる「ねじれ」がそのまま空間化してしまっているのが現実の住宅の「建ち方」だなと、ある時気づいたんです。実際、戸建て住宅という形式は、都市計画的には小さなヴィッラ（周囲から十分な距離をもって庭の中に建つ家屋の形式）として扱われていますが、東京の現実の環境においては町屋（壁を共有して連なる都市型の家屋の形式）並の密度の中に投入されています。つまり想定されている建ち方と現実の条件が求める建ち方がずれているのです。だから、住宅地の空間を射程に収めながら、個々の住宅のあり方を考えたいのならば「建ち方」のところから考えないと埒が明かないのです。

建ち方というのは、ヴォリュームの形状と隣地までの距離の相関とか、道路や塀や庭と建物の関係のようなものを指す、何気ない言葉なんですけれども、個別的でありながら、同時に横に繋がっていける共通性を扱うことができる次元です。そうしたものの取り扱いを通して、その場所や集団が内面化しているある種の規範に触れることができる。これが、風景や都市空間の社会性を構成するわけです。だから建ち方を蝶番として「都市」と「建築」の両者が相互に定義し合うものになる、つまり、両者を架橋するような論理が組み立てられるはずです。そうなれば、都市空間をコントロールする、言い換えればデザイン、レイアウトするようなかたちで個々の住宅設計を考え、行うことができるようになるのではないかと思うんです。

この建ち方の重大さに気づかずに、建築の方だけから見た間に合わせのやり方でこれまでやってきてしまった結果が、現在の住宅地なのではないか。そのような住宅地が抱える矛盾を認識すればするほど、これまでの建築の中で慣習的に使われてきた塀とか庭、壁、窓、階段といった要素や、あるいは「階」というような何の特別な意味も持っていないような概念でさえも、建ち方との関係で再定義される必要があるなと思えてきたんです。建ち方というのが都市空間や風景に対する批評言語であるとともに都市計画と建築計画の境界面にある計画の水準として成立するなら、住宅はもっとはっきりと都市的な存在になります。建築とその周辺環境とを一緒に考えるということは、実はそういうことなんです。

8 定着と観察

塚本――アフォーダンスの想像力を借りて更に言えば、建築設計の中にもアフォーダンスで言う知覚と行為に置き換えられるものがあるんです。今日、幾度か口にした言葉ですが、「観察」と「定着」というのがそれで、僕はその両者のあいだに無限のフィードバックがあると考えています。ただアフォーダンスだと、やっぱり動いている行為と世界の知覚の問題になっていてもっとダイナミックですよね。そんな時、建築が動かないことがくやしいと思うのです(笑)。そして自分が建築を擬人化しすぎていないかと不安になります。

アフォーダンスの研究は、毎日の生活行為の中に研究の資源がいっぱい転がっているというのが面白いですよね。僕たちもごく当たり前の生活の仕方や風景の中に、デザインを発

環八建設予定地(当時)からのミニ・ハウス(写真中央)の遠景。
とりとめのない周辺環境の中にあって、そのとりとめのなさを、場所の正当なキャラクターとして受け止める「建ち方」。*

展させる資源が転がっていると思っています。デザインを考える上での材料は、行為かもしれないし、隣の建物かもしれない、あるいは敷地とか斜面とか風景かもしれない。何でも材料になる。デザインする行為そのものでさえも。重要なのは材料の発見で、それと揉み合っているうちに相手との関係が適度になり、同時に自分、つまり建築が何者か見えてくる。それが面白いと思っています。

いままでの建築論は、建築とは何であるかという問題の立て方をするんです。でも僕はできるだけそこから逃げようとしていて、建築はどのように世の中的に使えるかとか、建築という概念をどのように用いることができるかとか、つまり他の材料との衝突を通して浮び上がってくる建築らしきものを見ていけばいいのかなと思っています。

佐々木――実は、一つ、切実な問題があるんです。いま、二人の乳児のお宅にお願いして〇歳児からの発達の観察をやっているんです。お母さんに頼んで子供の様子を撮影してもらっているんです。毎週一時間ずつくらいのビデオが、もう一年分たまっていて、院生と見ているんですが、そのビデオの内容を、どうやって記述しようかと考えているんです。

というのは、例えば発達心理学だと「リーチング」という物に手を伸ばす動きであるとか、「模倣」であるとか「言語の発達」とか、だいたいそういう決まったテーマがある。見ることが最初から決まっていて、それに沿って見るんです。だから問題は現象を説明する理論の妥当性を事実で吟味するということになる。先ほど塚本さんも、いままでの建築論は建築とは何であるかという主題的な問題の立て方をしてきたとおっしゃいましたけれども、心理学でもまさに、知能とかイメージとか学習とか発達とか、専門用語になっていることが何ぞやという主題で見ちゃうんですね。

ただ、乳児の発達で面白いのはそういうことではないなということがビデオを見ていて迫ってくる。例えばある子どもはお母さんに離乳食を食べさせて貰っている時に、机の上でピアノを弾くようにやたらと両手の指をグニュグニュ動かすわけです。机の表面や縁をマッサージするようにです。それが面白いんで、みな、それが可愛いと言うわけです。母親が子どもを愛おしく思うって、そのへんですよね、きっと。

面白いことはまだたくさんあります。例えばリーチングし始める随分前に、手は物の縁をいつも探しているようです。毛布の縁とかベビー服の縁を握ったりまさぐったりしている。その縁に弱く沿って動く手指の動きもまた微妙で面白い。移動し始めると、動いてから止まってということを何度もやるのだけれど、止まるところにきっと一つ一つ意味がある。廊下の繋ぎ目なんかに止まる。二つを同時に見られるところです。階段の下というのもだいたい止まる。上と下を同時に見る。それから寝返りできるようになった日には、姿勢が転換するとしばらくジーと床を見た。仰向けの時の注視とは注意の迫力が違う。下向きになった途端に俄然注意が成熟する感じがした。ああ、そう言えば我々の大体の仕事は下向きだなんて議論する。そんな瑣末なことばかりです。

そういう事柄を心理学の研究としてどのように膨らませていけるかはまだ不明です。ただ、ロボットやインタフェースを作っている人たちと共同のプロジェクトに属しているので、彼ら工学者に発達のコアな事実を伝えたい、それも理論を介さずに直接、という気持ちがあります。かなり面白いけれど、なぜ面白いか自分でもうまく言えないことを蒐集している。下手《げて》の事実なのですが、ただ普通の家庭で父母が面白がっていることがこういうことなんだろうという感覚はある。どれも日常に散在していることです。

塚本さんの「ペット・アーキテクチャー」の試みに勇気づけられるのは、子どものそういう動きを一個だけ拾って面白いと言えばきっと馬鹿かと言われるけれど(笑)、もし一〇〇個ぐらい拾えばいいのかな、それなりの迫力になるのかなと思ったりしたからなんです。例えば塚本さんの窓なんかはそういう感じがするんです。かっちりした建築的な主題ではないですよね。そういうユニットをどう発見して、どう定着させるのか。

心理学では普通、事実は主題のもとに定着させる。だから、こういう単位を面白がるという習慣がない。

塚本――なるほど。心理学は物によって定着させるのではないわけですね。

佐々木――そう。物じゃないんです。映画監督、優れたドキュメンタリー作家だったら、きっと塚本さん風に物や出来事で定着させると思う。塚本さんは『ペット・アーキテクチャー・ガイドブック』とか「メイド・イン・トーキョー」プロジェクトの中で、すごくローカルにここはいいなというところを数多く発見していくわけでしょう。そしてそのあとの塚本建築には、そのセンスがしっかり生かされているわけですよね。

塚本――そうですね。先ほど僕は「観察」と「定着」という言い方をしましたが、正確には順番を逆にして「定着」と「観察」と言った方がいいかもしれません。というのは、観察と定着と言うとあたかも僕が観察して、それを何かに定着・表現しているかのように聞こえてしまいますが、そうではないからです。自分がいま、どうしても扱わないといけない物が眼の前にあって、その物自体が何を見ることができるのか、何を捕まえることができるのかが問われているんです。今日、僕が定着とか観察とか言っていたのは、すべてそういう意味において、です。

佐々木――塚本さんではなく、窓が何を見ているのか、屋根が何を見ているのか、つまりその物が他の物をどう見ているか、住んでいる人をどう見ているか、という感じでその物を見る、ということですね。物と物、二つ以上で見てみる。

塚本――ええ。そういうふうに思ってみるというのが、一つのやり方として僕の中にはあります。物の眼で見るというのは非常に重要で、というのは物はそれ自身のネイチャーとして定着の性能を持っているわけですから、物を通して見えてくるものは、物によって変わってしまうのです。例えば平滑な面が捕まえられる光と荒れた面が捕まえられる光も違うし、平滑な面が捕まえる空気中の汚れと荒れた面が捕まえる空気中の汚れも全然違うわけで、物のあり方の違いでその物が何を見ているか、つまり物自身が何を観察・定着しているかが変わっていくというのが面白いところだと思うんです。

佐々木――光や空気、あるいは人間の行為等々が係留し、引っかかるような物の性質というのがいろいろあると思うんですが、その係留が定着なんですね。デザインという時の、人の位置が違いますね。定着の持続というか、滞留時間がいろいろあって、それが見えないと、窓は壊れるまで窓でしかない窓だけれども、見えてくれば、木漏れ日や太陽、雲、あるいは隣のうちの汚い壁とか、そういうさまざまな定着を多重に内包した窓になってくる。そしてそういう窓でありうるような開口の場所を、塚本さんがうまく選ぶわけですね。

塚本――おそらく、まったく閉じた部屋の中で、各場所での行為を観察し、定着するいろんな設えというのはできると思うんですが、それが窓のそばにきた途端に外側のパラメータと急に重なるというか、結びつくわけです。窓の面白さはそこにある。そしてその結びつきが、行為の系でできている家屋内部の世界の差異をもう一回、定義し直すようなものにもなっているんです。部屋の内部のこととあそこの違いは、実は屋外のあそこに接しているか接していないかの違いにもなるというふうに、人間の行為と環境、あるいは時間とがうまく構造化される瞬間がある。僕は建築が一番得意なのが、その構造化だと思っています。建築以上にそれができる媒体はないのではないかとすら考えているのです。

佐々木――料理などでもそれをかなりやっていますよね。料理と建築は素材がたくさんあるところが似ていると思うんです。新鮮な素材も古い素材もあるし、固さの多様性もあって、それらの混合の妙が問われるわけですから。

前に子どもの食事の仕方を月に一回、一歳から数年間観察する機会があったんです。観察した家庭は、毎食が定食風で、おかず二品とご飯と味噌汁というような食事だったんです。この子の食べ方が数年かけて変わっていったのですが、最終的にはご飯を媒介にして、いろいろなおかずを巡るというようになった。おかずA、ご飯、おかずB、ご飯、味噌汁、ご飯……というような系列です。

それを見ていて、食をドライヴすることにはきっといろいろなことがあるけれど、基本的には食べることは味の混合だとわかった。カレーライスはあらかじめ混合したもので、それはそれで美味しいものだけれども、そればかりだと混合のセンスは育たない。味を予期しながら次をどう選んで食べようかというのは、いろいろな混合の種にいつも触れていなければ育たない。赤ちゃんは相当の時間をかけてこの混合技術を獲得するようです。

単体じゃなくて、配置、混合というのは「物のあいだを見る」ことですね。それはなかなか難しい。脳卒中などで失行症になることがあるんですが、そういう人を見ていると物と物との混合、関係づけがうまくいかない。繋がるところが見えにくいようです。例えばお茶を入れて下さいと言うと、湯呑みに茶葉を入れてそれで終わってしまうようなことがある。急須やお湯の入っているやかんがそこにあるのに行為には「見えない」。多数の物に行為がネットを張れない。

塚本――それは物に定着されたあるひとまとまりの行為の手順があって、それが読めなくなるということですか?

佐々木――単体の物をどのように使うかというのは残っていて、執拗に単体の物でできることをやろうとする。やかんを注ぐ行為そのものはできる。しかし一個の物を越えるところが難しい。物をたくさん使ってできてくる周囲を予期できない。だからゴールまでの環境の修正を進められない。こういう状態を臨床では観念失行とよぶのです。

ただし、この状態の人はそのままとどまるわけではない。卒中から時間がたって回復してくると何とか急須にお茶の葉を入れ、何とかお湯をそこに注ぎ始める。その時には行為がむしろとてもぎこちなくなる。わずかな物の配置換えや、「行為の吃り」のようなマイクロ・スリップが何倍にも増える。それでそこに何かが見えてきたのだなとわかる。レイアウトの修正、選択が始まり、マイクロ・スリップが増加するというのは物と物のあいだに意識がいっているということを示しているわけです。それまでは単体しか意識していなかった行為が物どうしを並列同時に注意するモードに変わっている。例えば文章を書く時にいろいろと編集しながら文章が成立していくことも配置換えだし、マイクロ・スリップなんですが、そういうことが増加してくる時が行為の発達にはある。

塚本――なるほど。感覚が人間だけでなく物の方にもくっついている。物と物がくっついて意味を持つわけですね。

佐々木――ええ。磁力というか磁場ができて、物がくっつく強度みたいなものが情報とよばれているものです。素材の話に戻れば、人間の口の中に入るのが食材だけれども、建材は人間を取り囲む素材ですよね。それをどういう塩梅に配置するのかが建築という行為なんでしょうね。

塚本――物の方にどんな感覚をどれだけ託しておくか。最近の建築家は、いろんな物の重ね合わせで理解される空間を作りたいと思っているから、物への感覚の託し方が多次元にわたってきている気がします。

佐々木――その多様なはたらきをしている物が、塚本さんのおっしゃる小屋とかペット建築ではいっぱいに露出している。「建築的親和力」があけすけになっている。それを街の中で見ると楽しいですよね。

塚本――僕が『ペット・アーキテクチャー・ガイドブック』とか『小屋の力』という本を作ったのは、建築を作るという行為に比べると、読むという行為があまりにも貧弱であると感じたからです。それに対して、物に託された感覚を開く、つまり「読む」ことを増やしたい。そしてそれを「作ること」にフィードバックしたい。石を池に投げる(作る)と波紋が広がって、広がりが止まるところと石を投げたところが同時に見える(読む)ところまでフィードバックして、もう一度、石の投げ方を決めたい。そう思ったのです。

佐々木――いまおっしゃった、波紋が広がっていくようにして全体が見えるというのが、物が全体として見える時に中心にある意識だと思うのです。だから、これまで詳細に伺ってきたように、それが建築ではどういうふうになっているのかを教えてもらうと、素人でも本格的な建築の話ができるような感じがします。食べ物でもおいしい、おいしくないじゃなく、どういうふうな系列として食べたかを話せれば興味は一層深くなる。一食でも一週間でも。

塚本――そうですね。今日、ずっとお話をしてきたように、それはやはり環境と建築を一緒に考えることがそのきっかけになるでしょうね。僕が材料というのをいつも非常に拡張して語っているのもそういうことです。空の見えも木々の見えも、建物の外にあって建物を包囲する建材なんです。物が何を定着・観察しているのかを捉え、それと人間の行為、環境、時間がうまく構造化されるようマネージする。そのマネージメントが建築家の仕事です。だから逆に、こいつにこれを観察・定着させちゃっていいのかとか自問して、結局定着しないことも多い(笑)。この定着・観察がずっと続くのはどうも好ましくないなと思ったら、それはやめてもらおうということです。もっと違うものを見なよと。

佐々木――物に、そう固くなるな、もうちょっと面白くしてろよと言う(笑)。とてもいいなと思うのは、物の眼が外を向いているとして、その物の後ろに人の眼、例えば塚本さんの眼があるというところなんです。そういう感じはおそらくそう簡単にわからないことだけれど、今日はちょっとわかった気がしました。建物が主人公なんですよね。いやらしい言い方だけど(笑)。建築家が見たぞじゃないんですよね。

塚本――僕は建物についていろいろ文章を書きますけれども、最終的には建物が独り言を喋っているかのようになれば一番いいなと思っています。観念を物で表現するのは難しい、というよりもそのあいだには驚異的な飛躍がある。つまりはAをBで表現するのは難しいということで、AをAで表現する、AはAであるというふうにいかないと、やはり無理が生じる。それは、イデオロギーと建築のあいだにも言えることだと思うんです。こういうことを言うところが、若い建築家はイデオロギーがないと言われる所以なんですが。

佐々木――そこがいいと思っているんですけれども……。

塚本由晴(つかもと・よしはる)
一九六五年、神奈川県生まれ。東京工業大学工学部建築学科卒。一九八七〜八八年にパリ建築大学ベルビル校に留学。一九九二年、貝島桃代とアトリエ・ワン設立。一九九四年、東京工業大学大学院博士課程修了。同大学大学院助教授、博士(工学)。建築作品に、『アニ・ハウス』、『ミニ・ハウス』(平成一一年度東京建築士会住宅建築賞金賞、第一六回吉岡賞)、『川西町営コテージB』、『ハウス・アサマ』などがある。著作に、『もっと小さな家』(アトリエ・ワン)、『ペット・アーキテクチャー・ガイドブック』(ワールド・フォト・プレス)、『メイド・イン・トーキョー』(鹿島出版会)などがある。
[連絡先] アトリエ・ワン(〒一五〇―〇〇一一 渋谷区東一―二四―三
tel&fax ○三―五七七四―六五〇八)

ページとフォーマットの劇場

鈴木一誌×佐々木正人

1 サーフェス（表面）ディスプレイ（表示）リプレゼンテーション（表象）

佐々木――鈴木さんは二〇〇二年に、『画面の誕生』（みすず書房、二〇〇二年）、『ページと力――手わざ、そしてデジタルデザイン』（青土社、二〇〇二年）と二冊のご著書を刊行されて、私は、その出版記念の行事として池袋の書店で行われた対談の相手をつとめさせていただきました。

鈴木――出版社の方に、対談相手に佐々木さんをとリクエストして、願いがかないました。

佐々木――その対談の時にも申し上げましたけれども、僕自身は、その方が楽だからということもあるんですが、ずっと表現、表象を知覚研究の話題としてこなかったんです。けれどもその対談でお話をして、また対談の前に先ほどの二冊を読んでみて、表現、表象が知覚の問題として迫ってくる感じがしてきたんですね。今日は、鈴木さんのお仕事であるブック・デザインと、そして鈴木さんのもう一つのテーマ、映画についていろいろと伺いながら、表現、表象、つまりリプレゼンテーションと知覚の関わりをめぐって話ができればと思っています。

J・J・ギブソンが一九六六年に公刊した『知覚システムとしての感覚』という本があります。私たちのグループが一〇年越しに訳してきて、東大出版会より刊行を予定しています。この第一一章が「技術による光の構造化」というタイトルで、ここでギブソンは「サーフェス（表面）」の修正を分類しながら、「ディスプレイ（表示）」、そして「リプレゼンテーション（表象）」という二つのサーフェスについて論じています。

人工的に修正されたサーフェスが周囲にまったくないよう

な自然にいた動物が、のこのこと街に降りてきたことを考えると、サーフェスの修正ということが少し理解できる。ヒトの棲んでいるところにも森にあったのと同じようなサーフェスのレイアウトはあるけれども、そこには森にはなかったようなサーフェスがある。例えばヒトが棲んでいる家のそばに行くと、特別にレイアウトされた草、つまり「芝生」がある。アメリカ映画みたいですがそれを刈り込んでいるヒトをふと見てみると、どのヒトの頭も刈り込まれている。女性の大部分と男性の一部分は顔のサーフェスのレイアウトの肌理を修正して、色を塗って反射率を変え、黒いサーフェスで全体に陰をつけたり、眼の周りのエッジに線をかぶせたりしている。化粧ですね。これらがサーフェスのレイアウトの変形の一種で、もともとあったサーフェスの意味を誇張して、そこに意味があるぞ、ということを他人に伝えるためにしている変形です。自分が知っている顔のいいと思っているところを、ここだぞとレイアウトして差し出しているのが、この種の変形です。

この種の変形は、もともとのレイアウトの固有の意味が何であるか、それを残す範囲内で行われます。化粧をあまり厚くしてしまって誰かわからなくなったら、それは化粧した顔ではなくて仮面になってしまう。どんなに芝生をへんてこに刈り込んだとしても草だということはわかる。これらが第一種のサーフェスの変形です。

第二種の変形というのもあります。それは、例えば土や泥をいじって容器を作るとか、金属板を加工して車のボディを作るとかいった具合に、変形によってもともとのサーフェスにはなかった意味を作り出す変形です。土のサーフェスは平たい時には液体をそこに溜めて移動させるという意味は持たないわけですけれども、レイアウトを変えると容器になる。これは数万年行われてきたことです。変形2が変形1と違うところは、変形によって意味が新しく現われているということです。もともとのサーフェスは素材としては利用されますが、レイアウトの意味は変形後に生じたものです。

ここまでの二種の変形ぐらいまではひょっとすると動物もやっているんですが、ヒトのいる場所にくると森の中とは全然違うことがあると言いましたように、三番目の変形が登場するわけです。おそらくヒトが生活している周囲にある壁や床には、たいがいひっかき傷とか削った跡とか、手の動きの痕跡がついている。土でできた容器にちょっと指を押しつけたような模様があったりする。これがサーフェスの変形3の一つです。粘土をいじって容器を作るのは変形2ですが、容器のサーフェスについている手の痕跡は変形3です。ヒトはサーフェスに手の動きの痕跡をつけることを楽しんでいる。

元来、手の動きそのものは人間にとっては圧倒的に重要な視覚的な対象です。自分と物のあいだを縦横に行き来する「対象」として二つの手がある。手によって物の形が変わったりしている時に、どのように動いているか、眼はいつも周到に見ているわけです。手というのはサブジェクティヴなオブジェクトと言われますが、その変形の視覚情報に、ヒトならば誰もが習熟していくわけです。おそらく進化でも個人の発達でもそうです。子どもは手でサーフェスに痕跡を残すこと、つまりなぐり書きをさかんにやります。手の動きそれ自体の視覚情報は一瞬一瞬で消えてしまうわけですけれども、サーフェスに痕跡を残すクレヨンのような道具があると手の動きがサーフェスに保存されます。この手の動きの痕跡をギブソンは「ディスプレイ(表示)」とよんでいます。

なぜなぐり書きや落書きみたいなことをヒトはするのか。ギブソンに言わせると、それは知覚の練習なんです。つまり、おそらくいつも視覚世界の一部を占めていて多彩に拡大し縮小し、最も微妙に動き続けている手の変形の情報をそこに痕跡として味わっていて、消えてしまう視覚情報をなごりとして楽しむものがディスプレイだと言うんですね。そのようにすることで視覚情報について熟知する、だから知覚の練習であると。ギブソンは、この知覚の練習、ディスプレイの延長上に「リプレゼンテーション(表象)」の登場があったんだろうと言っています。

つまりこういうことです。ディスプレイはただの模様というか手の痕跡にすぎないんだけれども、それがある時、人の顔に見えたりした(第1章、040〜042ページ参照)。そのサーフェスはそこにない何かを意味する情報を持つことになる。つまりサーフェス自体の意味に他のサーフェスの意味が重なる。ギブソンはその二重の意味を持ったサーフェスをリプレゼンテーションとよぶのです。手の動きの痕跡を見ることで情報を知る長い知覚の練習の果てに、手の痕跡が何かを意味していることを誰かが発見して、そこにはないものをサーフェスに重ねて描くという表象の営みが開始された。

文字は発話を記録するシステムですけれども、これだってディスプレイの探究の果てに、ヒトの出す一連の音、声を分節して、一つずつに形を当てはめて、さらにその連なりで発話を形の系列として表現できることに気づく人がたまたまいた。それが文字の発明で、大昔の人の声が紙の上に残ることになった。わずか数千年前のことです。

手を見る視覚の練習、その延長でサーフェスの上に手の動きの痕跡をつけるというディスプレイでの情報の練習の果てに、意味が二重化したサーフェスが発見され、洞窟画から始まって絵画、書物、そして映画などの視覚の芸術が誕生した。ぜんぶサーフェスの変形ということでは連続しているというところがギブソンのオリジナルな観点です。

鈴木さんがデザインをされている書物には、多種の紙のサーフェスがあり、一個の文字のレイアウトがあり、それから複数の文字のレイアウトがあって、その文字には手の痕跡があり、文字列には著者の長い発話音が埋め込まれているわけですよね。

『ページと力』を読んでいた時に、ヒトがそれに意味を探し続けてきたサーフェス、さらにディスプレイ、そしてリプレゼンテーションが、書物という物の中に一挙に畳み込まれている、そこで重畳しているのだという感じがしてきた。これは当たり前のことがわかったということにすぎないわけですけれど、その時に知覚研究とリプレゼンテーションはあまり関係がないとは言えなくなっちゃったんです。

おそらくは人類が数万年かけて徹底的にディスプレイを探究した挙げ句に、一挙にリプレゼンテーションが創発した時期があると思うんですが、鈴木さんは人類のこの長い営みを、誰かが書いた文字列を何枚ものサーフェスの上に配置していくというエディトリアル・デザインの現場で、ある種、逆転させて味わってらっしゃるんじゃないかと思ったんです。

鈴木——おっしゃるように、歴史を、一冊の本を読む時間が数時間か数日間かはともかく、数百ページの中に押し込めているという感じはあります。

手の話ですが、手の痕跡が残されたテクスチャーや肌理から手のタッチを楽しむというのは、絵画や彫刻だとよくわかるんです。では、デザインにはどこに手の痕跡があるのかと考えると、どこにもない気がしますし、デザインは手の痕跡がないことを目指しているのだとも思う。

そこで、デザインと絵画や彫刻を貫く受容のあり方を考えてみると、そこにはいなくなった手を感じさせているんじゃないか、つまり「不在の手」を感じさせている。絵画や彫刻にしても、そこには手の痕跡があるが、手の当事者は既にいない。再度デザインに戻るならば、デザインは印刷術などの複製技術を通過させ、大量生産を通して手の痕跡をなくそうとする。そうした上で、ブック・デザインはページをめくる指を待ち、インダストリアル・デザインは、触ってくれる人や座ってくれる人間を待ち受ける。空いた席が、不在の手を照らし出す。デザインされた物体から、手が不在であることの切実さが見る者に伝わるならば、触ってみたいという気になります。「不在の手」を表象することで、観客や読者や使用者の参入を促すという構造だと思います。

佐々木―― 手の不在が知覚を誘う。

鈴木―― 「不在の手」を埋めるものを消費者ともよぶのでしょうが、ブック・デザインから発想するかぎり、「手」については「不在の手」という役割を持つとしか考えられない。

2 本をなす幾つかの層《レイヤー》

鈴木―― ギブソンは「面」について、美的対象としての面と情報を表示するものとしての面という二つのディメンションを区別していたと思うんですが、確かに子どもに本を渡すと、まず天地の区別がわからない。子どもは、二枚の大きな板からなる蝶番のように書物の一端を手に持って、バタンバタン開閉させるように振りますね。本を物体として味わっているそのような状態から始まって、次にはどちらが先とは言えませんが、紙面をレイアウトとして認識し、あるいはレイアウトの中身に没入してテクスト内容を読み取ることを始める。本には、およそこの三つのつきあい方があると思うんです。

佐々木―― 物体としての本、レイアウトとしての本、そしてテクストとして、という三つですね。

鈴木―― これは佐々木さんも書かれていますが、あらゆる長方形は実際の現場では台形にしか見えていない。同じように本のページも台形でしか見られない。真正面から見続けることは不可能だし、ページがたわみ、見る人間も揺れています。しかし、ページをレイアウトとして受けとる時にはきちんとした長方形に変貌する。子どもがバタバタ振る本はまさに立体物ですし、本として見えている立体的な世界では本は常に歪んでいる。それがレイアウト、あるいは「たたずまい」として意識された瞬間に、空間は、殺され、厚みを失って、幾何学的な長方形になり、観念上、縮小・拡大が可能なものになる。と同時に、時間が捨象される。次にテクスト内容に入っていくと、いま、平面になって時間が消えたのに、テクストの連なりということで再度、時間が仮構され、時間の中によび戻される。

　本当に三つなのかどうかはともかく、こうした複数の層が本にはあって、われわれは層のあいだを自在に行き来している。読者にどういう受け取られ方をするかはブック・デザイナーは想定できないけれども、複数の層の中で読者が受け取ることを想定しながら設計します。

佐々木―― 本を外形で見ると一つの厚い箱のようで、しかしその箱は数百枚もの薄い紙が重なって構成している。一番上と下にはいっとう硬い紙のサーフェス、表紙が張りついていて、その中により柔らかいサーフェスが重なりあっているという独特な物。その物のどこかを両手で割って開いて、ページと称するところを開けてみると、そこには幾つもの文字と称する独特なレイアウト、一個の文字を見ても独特なレイアウトが、たくさん集まってあるレイアウトになっている。このようなレイアウトを乗せた紙がたくさん集まった物をそのまま体験するという時間がある。もしそこに一切テクストがなくても、例えばどこかに全然違うカルチャーがあってただ書物に似た物を作っていたとして、そこに意味のあるテクストを印刷していなくても、それはおそらくそれなりに面白いですよね。一ページのレイアウトというものもそれにしか起こらない探究を内在させています。これもまた、おそらくそれ自体で大変面白い存在です。ただ一つのページを眺めるという視覚の楽しみがある。次にページを越えて三〇〇ページ、四〇〇ページと続くテクストと称するものに他者の声を聴いていく、そういう書物の存在がある。

鈴木――書物どうしが参照しあう関係もある。

佐々木――つまり、おそらくどうやっても三つのレイアウトが、そしてそれと関わる持続が読者には降りかかってきます。それが書物の味わいなんだということを、鈴木さんの『ページと力』という本を読んでちょっとわかった気がしたんです。本をデザインされている人はそういうことを考えているんだということは、僕はそんなに生々しく知らなかった。それがすごく粘っこくわかった感じがした。

そうしますと一瞬ですけれども、ちょっと気持ち悪かったんです。つまり何か書物が生き物のような感じがして。デザイナーの不在の手にちょっと首を絞められたみたいな(笑)。こんなことを言ってどういう意味があるのかわからないけれども、事実そうだったんです。われわれ一般読者はそういうレイアウトの詰まった物として本を見ているということをそんなに自覚していませんよね。

鈴木――ページの中にも行があり文字がありという格好で階層がある。行を空間として捉えることもできるし、行を追うということで時間的なトレースと考えることもでき、おそらく両方のことを同時にやっている。本の中には、複雑な入れ子の構造がある。我々は、面と時間とを往還しながら検知している。あくまでも感じとして言えば、その各層ごとに包囲光が変化する。

佐々木――確かに入れ子構造ですね。

例えばいま机の上にある湯飲みのお茶を飲んでいる。この時に重要なのは、今日は鈴木さんのオフィスにお邪魔しているわけですが、この鈴木さんの地下の仕事場の大きな壁や床にどう「定位」するかということです。つまりまず全身のレイアウトがこの部屋のレイアウトに対して持つ定位です。これが一番大きな基礎となる定位です。それは屋外なら空と地面の対比への定位のようなことです。身体は椅子の座面に尻で定位し、背もたれにも背で定位している。この定位は最初の周囲への定位に埋め込まれている。その上で、上体、首、腕や手が湯飲みの位置と形にどう定位するのか、更に湯飲みの中のお茶の液面に口がどう定位するのかを計っている。

この部屋でお茶を飲む時には全身はそういう無数の姿勢の層の入れ子になっている。全身は幾つも層をなしていて、そのそれぞれは我々が「意識」とよぶようなものですが、それが周囲の意味、つまりこの部屋や椅子にあって我々を転倒させない性質と、さらに湯飲みにあってお茶を飲ませている性質とリンクして、全体が複合して、ある姿勢ができている。

もしそれを情報で語るなら、この部屋に定位するためには、おそらく動かない大きな壁のオプティカル・フロー、つまり肌理の拡大、縮小みたいなものと私の全身の動揺が同調し、その動揺から、手の動揺がスーッと出て、湯飲みのブレと同調して掴む。手で湯飲みを持って口に近づける時に、湯飲みの縁とか液面の見えがどのように変形するかということは、この大きな壁の肌理の拡大や縮小の中に埋め込まれている。マクロな流動と、ローカルな変形が重なったものとして周囲を特定しているのが包囲光です。

ですから各層に包囲光があるというのもその通りですが、むしろ、ここでいま、何かをしているという意味を実現している意識の複合みたいなものをすべて埋め込んでいるものとして包囲光がある。

鈴木——書物の上に並んでいる文字についても、「全体の複合」が言えます。文字が活字だとすると、活字は、字が「活」きているというわけで、もともとが差し替えや訂正が自在な文字という意味ですが、工程の最終段階で、一字ずつの自在さが殺されて面となる。紙型や鉛版やフィルムといった版になる。行為としての「書」もそうですよね。筆触と渡り合いながら書字する軌跡が、「書」という面になる。印刷では、版によって文字が紙上に定着されるのですが、その文字が再び読者によって時間を取り戻される。行を読みながら、そこに「不在の手」、つまりは作者の意図を読み取ることが可能になる。「書」も、書きぶりを堪能できる。面としてのディスプレイになる瞬間が表現にはあって、それが解凍されてリプレゼンテーションに再召喚される。読者や観客、使用者によってですね。

こうして、作者による主観的な手の痕跡が、不在であることを媒介にして、読者や鑑賞者に手渡され、作者の主観が客体になる。佐々木さんが触れられた「手というのはサブジェクティヴなオブジェクト」であるということの一つの事例だと思います。

佐々木――書物が入れ子であるということはそれが物としてもレイアウトとしても光としても入れ子であるということです。読者が一番自覚しているのは、おそらく入れ子の先端にある「意味」、つまり本に書かれている内容のことだろうと思うんです。

鈴木――層ごとの包囲光と言ったのは、例えば大きな分厚い本であれば寝ころんでは読めないと判断したり、戦場では防弾代わりになると考えたり、行長によって、行を追いながら首を動かしているのか、それとも本を動かしているのか、ということもある。フレーム意識とでもよぶのでしょうか、枠組みの切り替えがある。真っ暗闇だったらページに入っていくことがそもそも不可能ですから、包囲光によってフレームの切り替えも規定されているわけですがね。

佐々木――書物によって読者を招く姿勢が異なる。どういうことが入れ子されているかによって探索のゴールが分岐しているわけですね。

鈴木――どういうアクセスを読者がするのかわからないのが書物です。書体にこだわる人もいるし、古本は汚いと感じる神経もある。本には多数のフレームがあって、あるフレームを読者が選んだ瞬間に、他の光がはじけ飛ぶ。包囲光そのものがシフトチェンジするように実感される。美術作品に没入するのか、額縁やタイトルに関心を持つのか、さらにはそれが掛けられている壁や照明に興味が引かれるのか。見えているという実感の中で、フレームのシフトチェンジが行われると思います。フレームという遮蔽、と言ってよいのかな。そしてそのシフトチェンジは、後戻りが可能で、それが、例えば書物というメディアの「ランダム・アクセス性」なのでしょうね。はじけ飛んだ光が帰ってくる。

佐々木――日本語のテクストの場合、眼球運動の軌跡をとると、視点はたいがい、漢字に停留して平仮名を飛ぶというようなデータが出てくるんですが、おそらく視覚はそう狭くはないので、背景としてあるレイアウトによって眼球の動きが違うはずです。つまり自覚はできないけれども、文字列を取り囲んでいるレイアウトも間違いなく読書時の視覚を制御しているだろうというのが、先ほどのような通常の場面での視覚の研究から導かれる予想なんです。

鈴木――視線が漢字に停留・滞留するという場合に、では例えば偏と旁のどちらを先に見ているのかと考えると途端にわからなくなる。多分、偏と旁を見る時間差というか視線の移動があるはずです。その一方で、漢字という面として一挙に捉えられているということもあるでしょう。漢字一文字ですら、画線の軌跡として見られることと版や面として見ていることが重なっているのではないでしょうか。

佐々木さんは本書第1章に再録された、季刊『d/SIGN』（筑波出版会／太田出版、二〇〇一年〜）誌上での連載の第三回目でこう言っておられます。「私たちが行為と呼ぶのは、身体の多種の揺れが、周囲の方々の揺れに一挙に同調した組織である。大規模な周囲への定位に局所の周囲への定位が位置付いている。そうしてできた一つの揺れが行為という出来事である」。包囲光という時、その「包囲」との言葉にはある範囲が含意されていて、入れ子とは、そのゆるやかな範囲の内部へ向かうのではないか。「全体の複合」とは、そのゆるやかな範囲内での振動のようなものなのではないか。

図1-1…『ロシア・アヴァンギャルド建築』

図1-2…『ロシア・アヴァンギャルド建築』

3 ページネーションとフォーマットの劇場

鈴木――この本にも再録されている、『10＋1』第25号（INAX

出版、二〇〇一年)での建築家の塚本由晴さんと佐々木さんの対談で、塚本さんが、家を建てる時に敷地の真ん中に家屋のメインヴォリュームを置いて敷地境界と家屋のあいだに余白を作るという話をされています。この話を挟むと、ブック・デザイナーがやっているフォーマット・デザイン、つまりページの設計が良く見えてきます。

たまたま手近にある『ロシア・アヴァンギャルド建築』(八束はじめ著、INAX出版、一九九三年)という本を例にとります。これは基本が[図1-1]のようなレイアウトなんですね。ノドを挟んで下段中央に穴があいて、ひっくり返った凹型の版面になっています。このスペースが、図版の形状や量によって広がったり縮んだりするレイアウトです。図版などのサブヴォリュームによって、メインヴォリュームである本文の版面が呼吸していく[図1-2]。

佐々木――窓のような感じですね。例えばこのページをデザインする時に、読者の最初の視覚の探究がどのへんに来るだろうというようなことは予想されるんですか?

鈴木――読者の眼に到来する視覚単位を、見開きと考えます。塚本さんの建築も、要するにどこに空き地を作るかという話ですよね。それと一緒で、見開きの中にどのように余白を置くかですね。裂開している余白の凄みを見せたいと。

紙面設計の時には、二つの考えをぶつけさせるんです。本文原稿量が原稿用紙で何枚で、本の大きさはこうで、何ページくらいの本にしたいという版元からの指示がまずあります。すると、割り算でターゲットとすべき一ページ当たりの文字収容量が出ますから、メインヴォリュームのサイズが決まってくる。そしてもう一方では、本の内容やメッセージ性からいって、こういう余白がふさわしいとの線が引ける。この余白の輪郭線と、文字収容量から引かれる輪郭線を重ねるわけですが、両者が合致することはまずない。両者が重ならなければ余白がもっと取れるし、重なれば余白を減らすか何とか余白を捻出する工夫をしなければいけ

図2…『セリーヌの作品』シリーズ

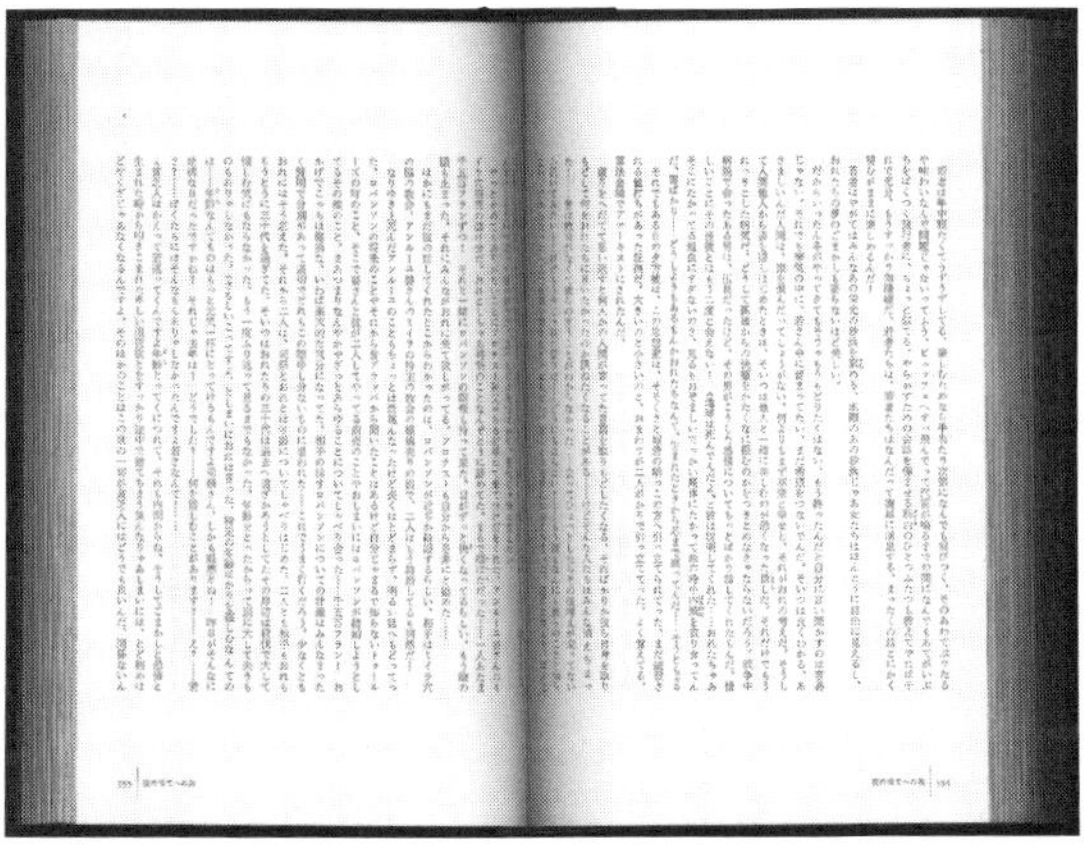

ない。その衝突の中で「版面」、建築で言えば、メインヴォリュームの外形線が決まってくる。

次に出てくるのが本の「天地」と「読み方向」の問題です。それは、建築での南北という軸線に近いくらい、ページ上ではすごい強度を持っています。天地は、文字が縦組みの場合にも横組みのケースにもあって、両者でありようは違いますが、いずれの場合でも、余白をページの上に持っていくか下に持ってくるかで非常に異なる印象が生まれます。上にある余白の方が目立つということもあるし、同時に何となく和風だったりもします。逆に、余白が下にある方が学術書っぽい、洋風味を帯びてくる。

余白と読み方向の関係ということでは、以前、杉浦康平さんのもとで『セリーヌの作品』シリーズ(高坂和彦訳、国書刊行会、一九七八年〜)の版面をデザインした時のことを思い出します【図2】。セリーヌの文体は、暗い饒舌体と言うのでしょうか、改行が少なく文字列が延々と続く文章なんですね。その時に杉浦さんから言われたのは、こういう文体だから次の見開きページに繋がるような紙面にしなさいと。それで天地のアキ・余白は広めにして、左右のアキ、つまりノドと小口のアキは少なくして、つんのめって次のページに続いていくような感じのフォーマット・デザインにしたんです。つまり同じ面積の余白、同じ面積の本文版面でも、それをどこにどうレイアウトするかで、紙面の突出度が変わってくるのを実感しました。この『セリーヌの作品』シリーズは、先ごろ二五年近くたってようやく全巻完結したようです。

そして、その版面、メインヴォリュームに対して、今度はノンブルをどこに置くか、小見出しをどう入れるかというふうに、サブヴォリュームを生えさせていく。そのサブヴォリュームの主たるものが「構造明示子」で、簡単に言うと書物の構造を指し示すセンテンスではない文字列のことですね。

佐々木――余白は、多い方が嬉しいですか(笑)?

鈴木――文章によります。一般に、下手な文章だと余白に耐えられません(笑)。対談で、「はい」とか「そうですね」が多いと下がスカスカになりますし、お色気モノで、「はあ」とか「すう」が多いと、やはり行長を使い切れない。しかし、共通して言えるのは、文字の塊以上に、余白の形状を気にしながらフォーマット・デザインを考えていることです。

佐々木――余白の形はどのように考えるのか、『セリーヌの作品』以外で幾つか例示してもらえますか?

鈴木――『ロシア・アヴァンギャルド建築』では、建築的であろうとして、地平線があってその上にアーチが架かっているといったイメージです。アーチの下に大きな空洞があると。

『Japan: An Illustrated Encyclopedia　英文日本大事典』(講談社、一九九三年)は、日本について英語で著述された百科事典で、下に地面意識がありその上部を風が吹きぬけていくという「日本」イメージが込められています[図3]。ついでに言っておけば、余白は一筆書きできる形が望ましいという感じがします。「風が通る」かどうかなんです。

『英文日本大事典』では、いま申し上げた地面意識のせいで、「柱」が版面の下に来るデザインにならざるをえませんでした。『ページと力』でも書きましたけれど、それが駄目だというアメリカ人編集者と大論争になったんです。彼らは、柱は「ランニング・ヘッド」という以上、ページの上部に来なければならないと言う。最終的には版元上層部の後押しもあって、当初のデザインが通ったのですけれども、余白が文化摩擦を呼ぶこともある。

佐々木――このページは何だか障子っぽく見えてきますね、そう言われると(笑)。

鈴木――その余白に向かって、サブヴォリュームが浸入していく。ノドの下部に強い磁場があって、そこから文字や図版が放射していく。それが私のイメージだった。「ひのもと日本」というわけでもないけれども(笑)。ともあれ、ページは均質ではなく、包囲光にも偏心がある

図3…『Japan: An Illustrated Encyclopedia 英文日本大事典』

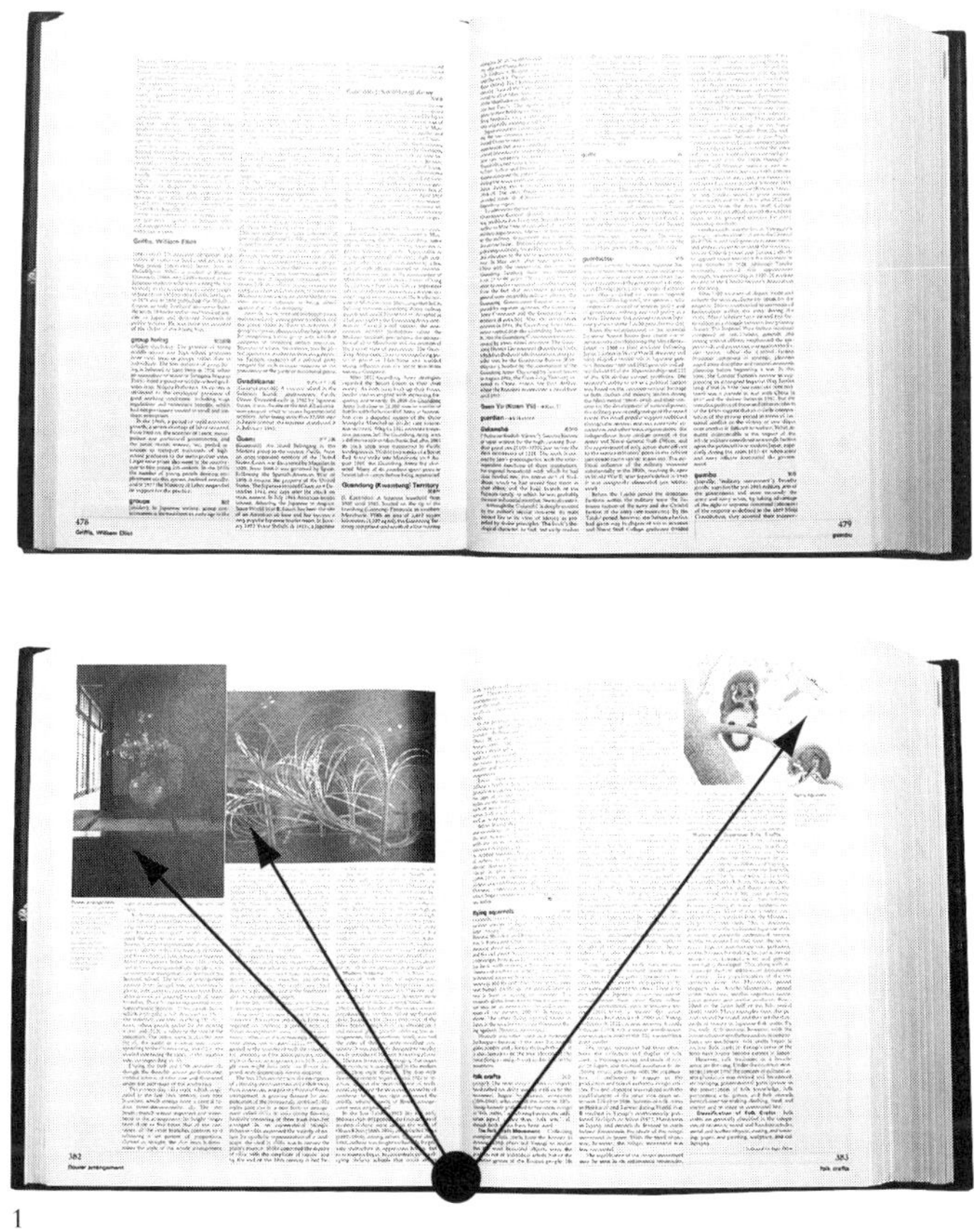

ように、白い紙には重力の偏りがある。レイアウト作業を何百ページとやり続けていると、その傾きが身体感覚になって、図版の位置をどこにするかが一発で決まってきます。

佐々木――眼の動きの速度は予想するんですか？

鈴木――読者の認知速度は予想しきれませんが、「引かれる本」なのか「読まれる本」なのか、事典のように必要箇所にアクセスする本なのか、それとも小説のように読み続けられる本なのか、という違いは意識します。レファレンス・ブックなのかストーリーものかで紙面設計は違ってくる。

佐々木――蓮實重彦さんなんかは改行のない文体で書いていますけれども、ああいうのはどうですか？

鈴木――やりやすい(笑)。改行がない分、版面が綺麗な矩形になるし、あの達意の文章では、テクスト内容に読めばはっきりとわかる切断面があるので、デザイン的な切断を強くしなくていい。金井美恵子さんの文章も、放任しても成立する。一方、辞書・事典なんかは見出しなどがはっきりしている必要があるから、切断面の強いデザインになる。

文字ばかりの紙面が続いたら、突然黒い紙面を入れて驚かすとかのデザインをすることはあります。同じようなデザインを続けることでレイアウト的にちょっと退屈なダレ場を作っておいて、すとんと変える。各ページの余白もさることながら、めくる移動体としての余白の調整もまたある。

ということで、デザインにおけるレイアウトは、余白の調整につきる。観測するのが点で、移動すると線になり、そのことによって知覚するのが主には面という格好で、点、線、面となるわけですけれども、おそらくページをめくることで、あるページを開くと他のページが遮蔽されつつ、フォーマットの中の風景がふわーっと動いていく感じになります。

佐々木――つまりある本を手に取った時に、それはある劇場の中に座ることのようなものなんですね。その劇場の建築がフォーマットとよぶもので、その中をページは流れている。

鈴木――流れていくことで何が明示されるかというと「不変」であることですよね。

佐々木――同じ劇場で見続けているということ。

鈴木――ええ。あるいはこの本であるということ、そしてこのフォーマットであるということ。実際に読み進めていくと、サブヴォリュームが一切配置されず余白が完全に余白のまま残されているようなページは僅かに数パーセントでおそらく滅多に出てこないはずですが、そのフォーマットであるという不変性は、ページをめくることで沈潜し身体化されるわけです。佐々木さんが、「変化しないことではなく、変化することによって、対象の不変な性質が明らかになる」(『アフォーダンス――新しい認知の理論』岩波書店、一九九四年）、「不変とは動物の移動に相対的な不変である。移動よりも長く持続するレイアウトの知覚である」（『d/SIGN』第3号）と記される通りのことが起きている。

佐々木――『英文日本大事典』であれば、一八〇〇ページを超える膨大なページ数ですから、感覚としては大劇場ですよね。なぜ、本の一つ一つがかけがえがないと思えるのか、なぜ本を集めて置いておきたくなるのか、ちょっとわかってきました……。

鈴木――シアターでありたい。本は多分、そうあろうとしている。空き地や南北の問題と、幾らか事情は変わりますけれども、本にはシアター的な要素があるのでしょう。

佐々木――この『英文日本大事典』という劇場は、きっとめくるめく、一八〇〇部屋ぐらいある城みたいなものなんですね。一部屋一部屋は違うのにもかかわらず、ある類似性で貫かれている、そういう不思議な移動の経験みたいなもの……。そういう意味では、書物は普通には出会わないような「建築物」ですね。なるほど、お話を伺って、ページという単位がちょっとわかりました。

4 映画を見ること、映画を書くこと

佐々木――ところで、これはすごく映画の視覚経験に近いと思うんです。映画の場合には一コマというのは見えませんよね。鈴木さんが映画を見る時にページに相当するものは何ですか？　カメラ位置の切り替わりとか、そういうことですか？

鈴木――見えないという意味では、書物の場合もあるページを開いている時は次のページは見えないし、次のページを開いた時には先ほどまで開いていたページは途端に見えなくなる。けれども結果的に繋がっています。あるいは行を追って読んでいるにもかかわらず、記憶の中ではあのページの左上というような記憶の仕方をする。普通、左のページか右のページかぐらいはだいたいわかっていますよね。それがまったくできない人がいるらしいけれど、確かに考えてみれば不思議なことで、そこでもやはり、時間を持った世界と時間を持っていない世界が交替しつつ到来しているんです。

先日ベルリンで、単語カードくらいのサイズのパラパラめくりの映像集を買ってきたんです。映像集といっても、水滴が水面に落ち、それによって水面が王冠のように隆起する推移を白黒で見せるもので、昔からある本当に単純なものです

が、パラパラやると動きが綺麗に見えるのが不思議で仕方がない。結局、映画はそれだと思うんです。そのパラパラめくりに遮蔽が入っていて、見えないことと隣合わせになって見えることが出現している。ページと映画の強い親近性を、改めて感じます。

佐々木──確かに静止したものを基礎にして、それを遮蔽の文脈に持ち込むことで動きの出来事をデザインするという点では同じですね。鈴木さんは一つの映画を、映画によっては何十回もご覧になるんですよね？

鈴木──マキノ正博監督の『次郎長三国志』を七、八回見ましたが、これは全九巻なので、合計七〇本くらい見たことになるのかな（笑）。二〇回くらい見た映画なら、鈴木清順監督の『東京流れ者』とか何本かあります。

佐々木──僕は昔はフランソワ・トリュフォーが好きでした。それからトリュフォーの映画の俳優の仕種がすごく好きでした。それから亡くなってしまったので悲しいのですが、相米慎二の映画も好きです。相米監督の映画はしばしば後半になってわけのわからない彷徨のシーンがありますよね。普通にストーリーを追うテンションとはがらりと変わる、あの重力を失うような浮遊感が好きなんです。ストーリーが何だかわからないゆったりした時間に溶解してしまって、俳優とカメラの動きだけが出てくるようなところです。風景が前面に登場する。

ただ、僕のように映画をただ楽しみとして見る人間にとって、一つの映画を何回も見るという感じはわかるんだけれども、鈴木さんはそれを言葉にするということをやっているわけで、大変な作業ですよね。僕らも観察したことを文章にするのが仕事なので、その大変さは少しわかるんです。視覚というのは先ほどからの話の通りとんでもない重層性があって、何とも記述しつくせないわけです。しかし、『画面の誕生』への批評で多くの方が言っていたことですが、鈴木さんの映画批評の仕事はそこのところとあまり妥協しないでやろう、なるべく画面に近くやろうという視覚的な根性とでもよべるものが見えてくるんです。

映画を見てそれを文字にするというのはいつ頃から始められたんですか？

鈴木──大学生の時に、映像科の先生が映画批評誌『シネマ』の編集委員で、そこへの原稿を約三〇枚書いて、何度も書き直しをしながら七転八倒したんです。その頃の癖が残っているのでしょうか、当時はビデオなんてないので、記憶で書くほかなかった。『画面の誕生』に出てくる映画批評の長いものも、大体、二回で書いています。一回見て書くに値するかどうかを見極め、もう一回見てそれで書く。間違いがないかを確認するために、もう一回、見に行きます。ということは、ほとんど記憶で書いている。映画を見ながら知覚している、とはまず思わない。

佐々木さんの『知覚はおわらない――アフォーダンスへの招待』(青土社、二〇〇〇年)の中に、「知覚とは環境についての見えであると同時に知覚者の行為についての見えでもある」とありますが、さらに、私には、知覚は遅れて到来する、と思えて仕方がないんです。見ている自分を見ているという事情に伴う、遅れてくる感覚……。

あるいは、映画を見ている時でもふっと観客席からほんの少し浮く感じがする。ストーリーではなく例えばカット割りを見ていたり、図像的に見始めていたり、いずれにせよ少し遅れながら必死に映画の軌跡を追跡している気配があって、それが批評を書こうという契機になっている。見ている自分を見ている、というような感じですね。

佐々木――映画館で座って見ている自分が、同時に見えてくる、というかたちで映画が想起される……。

鈴木――「知覚は終わらない」ではなく「知覚は遅れてくる」というか……。その少し遅れてくる感触が、同じようにアフォーダンスにもあって、だからアフォーダンスは自己批評を核に持つ理論なんじゃないでしょうか。

佐々木――映画の運動を記述したいという動機を持っている人はすごく沢山いて、鈴木さんの映画批評がインパクトがあると思うのは、そういう人達にある種の可能性を提示していることにもあると思います。つまり映画史の流れのようなことや、自分の考えたことを映画にかこつけて批評するというのではなくて、とりあえず幸せな映画の知覚経験だけをベースにして何かを語りたいという一群の人がいて、運動としての映画はそういう人達が議論の俎上にあげている。

ただし映画の知覚の秘密を知ることはそう簡単ではない。例えば、映画を編集している人のところに行ってどうやって編集しているのかを見ても、とくにデジタル化している編集はものすごく細かい作業のようで、一秒以下の繋ぎの本当に細かいところの調整に満ちている。数秒のシーンを作るための遮蔽の構築は大変に繊細なもので、それをそういうものとして記述することは確かにできるけれども、そうしてみると全然、映画ではなくなってしまう。

いまのは視覚だけの話ですけれども音をどう使っているかとか、つまりマルチ・モーダルなものとして映画を見ていくということもある。例えばゴダールなどはそういうことに関わる試みをさかんにやっているわけで、そういうところに注目して映画を語るという人もまた沢山いますよね。でもそれもほんの一部のことにすぎないのであって、映画の知覚とはよべないんですよね。鈴木さんの映画批評はその意味で、映画を記述するのに必要な方法を探しているんだろうと思うんです。

鈴木――見た自分を記述したい。自分を記述するために、映画を見たという行為を記述することになるのですが、その際にはなるべく参考文献に頼らない。面倒くさいから読みたくないというのがまずあるんですけれども(笑)、普通なら引用が埋めてしまう部分を余白にして、その余白に包囲されるように自分を配置していく。

佐々木――ディスプレイは「不在の手」の知覚なのだという冒頭の話に戻れば、子どもは成長過程のどこかで痕跡を残す道具を手にする。そしてサーフェスを見ることとサーフェスに痕跡をつけることを二重化するようになる。痕跡をつけるということはすなわち、いま、書いているということではなく、書き終わったあとが行為に循環してくるということです。

鈴木さんにとって映画を見るというのも似ている。いま、映画を見た自分をあとでまた見るというのが映画の場合の知覚で、不在の視覚を見ている自分を通して映画に接近すること、それが映画を見るという経験に他ならない、ということですね……。

知覚というのは終わらないとするならば、生まれてから三歳、一〇歳、一七歳……とすべての知覚がずっと繋がっていると考えていいわけで、三日前に銀座の映画館で見た映画の視覚といまの視覚は繋がっていると考えていい。そうであるなら、鈴木さんの話は十分納得がいくことです。ただ、サーフェスに残した痕跡ならいまでも眼に見えるから自分の痕跡とわかるけれども、例えば三日前の自分を痕跡とよぶ感じは僕にはあまりないから、鈴木さんの話が不思議なんでしょうね。

鈴木――結果的に書くことを選んだ映画というのは、見終えたという感触がない映画なんです。ヒーロー、ヒロインが活躍してハッピーエンドといった映画については書いていない。そうした映画もたくさん見ているんですが、書く必要を感じない。何か嚥下しきれないものが残留して、この映画は終わっていないとの感触を持つ作品についてだけ、結果として書くことになった。

最近の映画を見ていて思うのは、下手で終われていないという映画がものすごく多いということですね。要するに、無理矢理終わっていて、主人公を殺してしまえば、あるいは二人を結婚させてしまえば確かに終わるのですが、映画の生理としては終われていない。

書きたくなる映画、例えばワイズマンなんかの終わり方は、まったく終わっていないんだけれども、ここしかないというう感じの終わりなんです。一般的にドキュメンタリーには終わりはないわけで、水俣病を考えたってどこで水俣病が終わったのか誰も言えないですよね。いまだに水俣病はあるわけですから。

佐々木さんがおっしゃるように、知覚が終わらないことに呼応して言えば、作品も終わらない。「不在の手」を鮮烈に残すのが作品の使命なのでしょう。しかし、「不在の手」が鮮やかに残っている作品は、大きい空席があることになりますから、完結したとの感じからは遠い。しかし、作品としては見事に終わっている。

おそらく、ディスプレイとリプレゼンテーションの違いは、痕跡を残す人間に終わりの意識があるかどうかなんじゃないかと思うんです。リプレゼンテーションは、「不在の手」に向かって終われているもののことです。映画にせよ小説にせよ、これが、終わり方をめぐる、共通して言える構造なのではないでしょうか。

終われているということも、アフォーダンスの一つだと思うんです。絵画であればそのキャンヴァスには何万というタッチがあるわけで、でもあるところで終わるわけですよね。サインをして終わる。この終わりを決めさせた瞬間の包囲光とは何なのか……。その絵画を見る人と、包囲光の中にあってその絵画を終わらせたアフォーダンスとの関わりの中で、もう一度知覚の探索が始まってしまう。駄目な作品は多分、知覚が終わる。ジェットコースター・ムービーの多くは、見ている時は夢中になるが、劇場を出るとすぐ忘れる。終われていながら知覚を終わらせない映画は、フレームの中の包囲光を残留させるような雰囲気がある。

佐々木――リプレゼンテーションになり得ている映画というのは出来事として完結していて、完結していることを見たという事実が持続を与えるということですね。

鈴木――終わるとは、一種の遮蔽なのでしょうが、その遮蔽の向こうを見たくさせるかどうか。

佐々木――そうか、下手な作品を無視すれば、原理的に映画として成立している映画というのは何度も見るものなんですね。終われている映画は見ることを終わらせない。知覚がそこで終わってしまうのは終われていない映画である……。仏壇の上に掲げてあるわけではなくとも、写真って、何だかもう無いっていう感じの視覚ですけど、映画の中にはそういう寂しさはないですね。映画では、既に死んだ人が画面で動いているのを見ても、写真みたいにはあんまり悲しくない。これもそういうことなのかな？

鈴木――映画の中の人物は、死ぬことができない悲しみに耐えている。写真の中の人物がすべて死んでいるのと逆ですね。

佐々木――映画の話を聞いて、何だか視覚が少しわかった気がしました。視覚はとにかくものすごく長いイベントなんですね、つくづく。

僕は、人が大きな街全体を知るというのはどのようにして可能なのかということ、つまりナヴィゲーションの問題をずっと考えているんです。映画や書物などの表象の体験が、おっしゃるように想起を絡めながらずっと視覚の意識にまとわりついてきているというのは間違いない事実なんだけれども、そのことと大きな街を長いこと歩き回って知ることが同じようなことだとは、今日まであまり思わなかった。映画や書物というのは、最後に親切に終わっているという「姿勢」をしているから、それを見ることや読むこととは「終」のところでいったん離れられると感じていたけれど、そうではないんですね。

鈴木――これは言い訳ですが、自分がやるデザインにどこか読みにくさがあるのは、身体の中に抵抗感を残留させるような感じにするから（笑）。

佐々木――僕は幾ら読んでも、書いてもギブソンのわかりにくさが残留しちゃうんですけれども（笑）。

5 「視覚世界」へ――顔の捨象とモノクローム

鈴木――アフォーダンスについて伺ってみたいんです。先ほど相米監督の話が出ましたけれども、おっしゃるような主人公たちの彷徨が始まるシーンでは、主人公や登場人物が顔をなくしているような印象があるんです。

佐々木――ぼけますよね。ぼやける感じがある。

鈴木――日常空間の中での重力をなくすような感じですけれども、アフォーダンスも意外と顔のことを言っていない気がします。顔についてのアフォーダンスの論文はあまり読んだことがない。この、顔を捨象してしまう雰囲気は何なのか。もう一つ、アフォーダンスに感じるのはモノクロームの世界なんです。顔の捨象とモノクロームが、アフォーダンスの印象です。

佐々木――ギブソンの『生態学的視覚論』の第七章は「自己知覚に関する光学的情報」と題された章でセルフについて書かれているわけです。その冒頭にはエルンスト・マッハの有名なヴィジュアル・エゴ（視覚的自我）の絵が掲載されています。「左眼で見た時の自己。観察者の左の眼窩の一時的な視野」というキャプションがついています。洞窟から覗いたようにある部屋の情景が見える。図の右側には鼻の一部が覗いていて、手足がここからズッーと伸びている。自己だけど顔はないですよね。「見え」だけがあって、棒のようにそこから延長している胴体と手足はあるけれど顔は描かれていない。

この章には他にもギブソン理論にとっては重要な図が掲載されています。それは鳥が飛翔する時（第4章、217ページ参照）や、飛行機が離着陸する時の地面の肌理の光の流動の図です。いずれも、移動している自己を特定する光の情報ですが、ギブソンにとってセルフというのは、このように外部のマクロな変化に特定される情報の一種なわけです。彼はそれを自己特定的情報とよびますが、環境を特定する情報と非分離であるわけです。水面や鏡がなければ自分の顔そのものは一生見えないということになりますが、周囲の流動にセルフは見えている。もう少しローカルなセルフというのは、先ほど手はサブジェクティヴ・オブジェクトだと言いましたが、その複雑な動きですね。それはセルフの言いつくせない感覚の情報源なのだと思います。

それからモノクロームということですが、色については一

自己を特定する視覚。
頭を右に回した場合の一連の視野の重なり合い。
（ギブソン『生態学的視覚論』より）

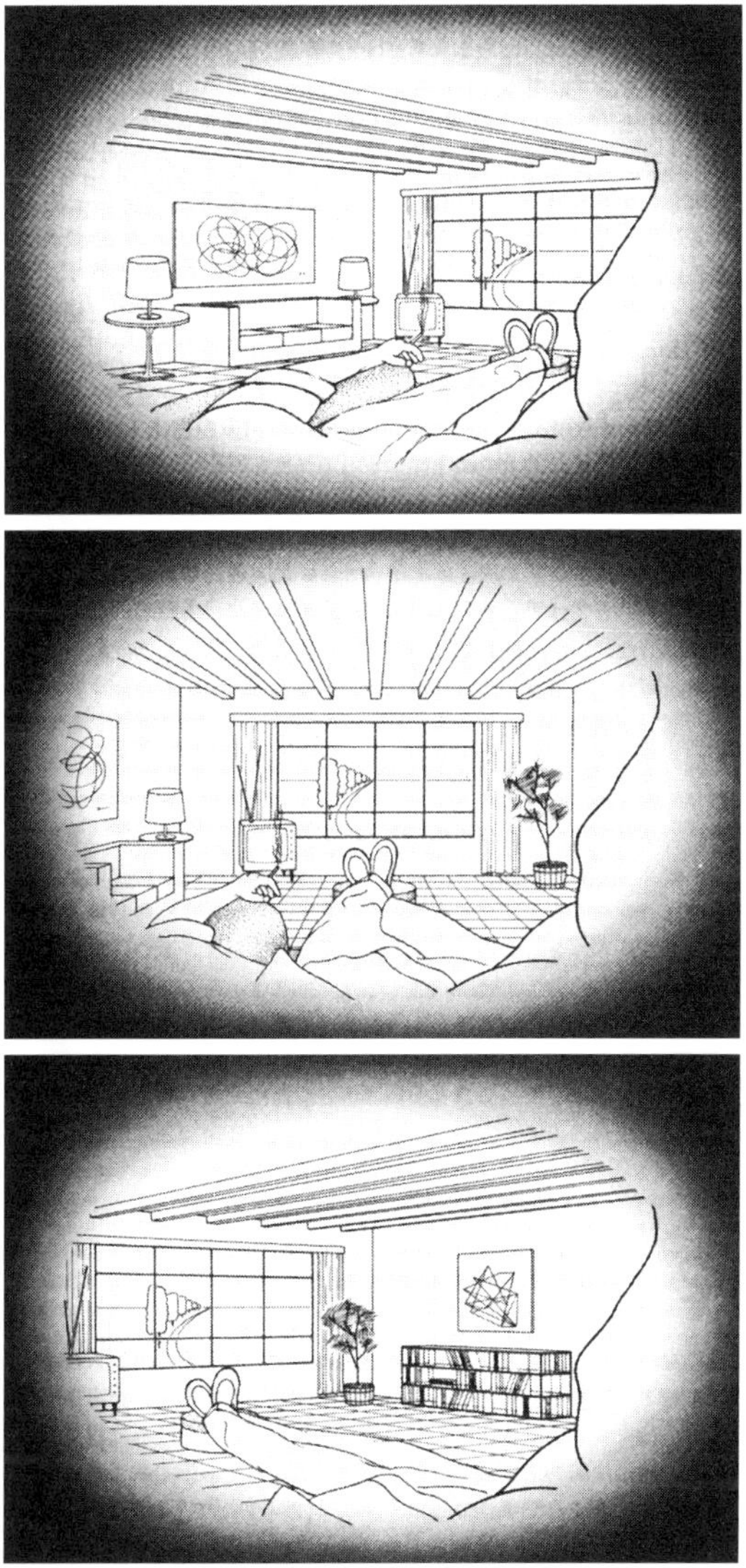

七世紀のイギリスの経験論哲学者、ジョン・ロックの第一次性質、第二次性質という定義がありますよね。形や運動が第一次性、色や音や香りは第二次性で、一次性は物体そのものにあるが、二次性は知覚者に感覚を生じさせる性質にすぎないという議論です。つまり色は主体の影響下にあるので、確固たる物の性質ではないという主張です。

ギブソンはそれに反対しています。彼は色と肌理とは分離できないと言います。色と肌理の共在を考えてはじめてサーフェスのレイアウトに起こっている最も微細な出来事がわかる。色と肌理が共変する出来事としてあげられるのは、植物や、動物表面の成長の度合い、地面の崩れやすさなどです。皮膚が年老いてきて少し黒ずんでくるというのは肌理の変化の出来事でもある。環境の崩壊の具合などは色と肌理によって示される。モノクロームというのは肌理だけでこの種の出来事を知覚する世界ですね。

鈴木──デザインのやり方にも幾つかあるのだと思います。ここでも杉浦さんのところでの修業時代を想起するのですが、当時はコンピュータがないので、紙を切り貼りしてデザインのダミー、見本を作りました。こういうデザインにしますというのを、文字が入るのであれば、中味はまったく関係がない文字列を貼って編集者に見せ、そのデザインがオーケーならば、ダミーに沿って編集者が本番の文字原稿を用意してくれた。

その時、ダミーは徹底して白黒で作る。杉浦さんは、白黒で駄目なものは色をつけても駄目だという考えでした。つまりぎりぎり最終工程までモノクロームでデザインを完成させていく。必然的に仕上がりとしても白黒の装幀が多くなるのですが、そのように白黒を基本にして構想するデザインのやり方がある。もう一方には、田中一光さんのような色彩の魔術師がいて、まったく逆に色彩の方から発想しているのだろうやり方があるはずです。

その訓練を受けたせいか、私には、デザイン作業には脱色された世界が貼りついているのですが、それとアフォーダンスのモノクロームのイメージが近い感じがする。

佐々木──例えば犬は色覚がないとか言われていますよね。僕は動物全般の色覚のことは詳しくないですけれども、色覚が弱い動物と私たちはそれほど違う世界を見ているとは思えない。確かに僕たちがいろんな表現媒体に使っているような特別な色の識別のすべてをできない動物は多いと思いますけれど……。肌理の視覚、微細な陰と光のコントラストとその推移する流れぐらいでも世界のかなりの情報が得られるんだろうと思います。そういう意味ではギブソン理論は総天然色の知覚論というよりはモノクロームかな。

鈴木――顔を捨象する感じやモノクロームの感じのことを伺ったのは、アフォーダンスに日常とは少し違う視線の存在を感じるからです。例えば『ギブソン心理学の核心』(境敦史他著、勁草書房、二〇〇二年)に、「視覚野は、見慣れた視覚世界とは異なる」という断定があって、視覚野というのは我々が普段見ている日常の視覚世界とは異なるもので、視覚世界にある操作を施してはじめて見えてくるものだという宣言をしていますよね。はたしてこれはどうでしょうか。

佐々木――「視覚野(ヴィジュアル・フィールド)」と「視覚世界(ヴィジュアル・ワールド)」という二つの視覚的経験を対比したのは、ギブソンの一九五〇年の『視覚世界の知覚』という本です。視覚野と言っているのが、今日の話ですとまさにリプレゼンテーション、つまり線があり平面があるという、古典幾何学的な単位で描かれた世界で、これは大部分の伝統的な視覚科学が扱ってきた一つの抽象的世界なんです。

そしてそれだけでは視覚を説明するのがどうにもたちいかないというのでギブソンが導入したのが「視覚世界」なんです。『視覚世界の知覚』は一九五〇年の本ですから、二〇世紀前半のゲシュタルト心理学以来の、我々の意識に現象することをそのまま記述するという実験現象学の手法に繋がっている。最近『触覚の世界――実験現象学の地平』(東山篤規+岩切絹代訳、新曜社、二〇〇三年)という翻訳が出たゲシュタルト心理学の後継者であるダーヴィット・カッツなどとギブソンは時代を共有している。

カッツは色の現われを何種類にも分けたんですが、その中で重要なのは、英語にすると「サーフェス・カラー(表面色)」と「フィルム・カラー(面色)」という二分法です。サーフェス・カラーというのはお茶の色、衣服の色、書物の表紙の色、等々、何らかのサーフェスに張りついている色のことです。表面にあり、位置が特定できる色です。カッツはこれを「還元」していったのです。例えば紙にすごく小さな穴をあけた時にその穴の開口部の所に見える色がある。その穴が例えば鈴木さんの体の側にある時には穴の所には鈴木さんの皮膚の色が現われるけれども、その皮膚の色は、皮膚のようではなく空の色のようにふわふわと柔らかくて、位置が不確定です。小さな穴に現われるのは浮遊する色です。カッツはどういう事態で色がサーフェスを特定するものになるのかというようなことを調べたわけです。基本的には還元実験ですから条件を制約していってサーフェスが崩れるところを示した。それが実験現象学とよばれる研究です。

ギブソンはこの手法を踏襲しています。彼は黒と白のリングの配列を作って、どれくらい密に置かれていると白と黒のパターンのあるトンネルに見え、どれくらい疎になればトンネルの見えが崩壊するのか、つまり、そこにボールを転がせるようなトンネルという見えがどのような肌理のレイアウトならそこに現われるか、といったことを実験した（第2章、048〜049ページ参照）。被験者に片眼で、両眼で、あるいは顔を動かして等々、いろいろな条件で覗いてもらってその時の見えの様子を詳しく聞いています。知覚的意味の現われを問題にする、条件を変えて被験者に詳細な報告を求める、ということもカッツなどの実験現象学の影響です。

そしてそういう発想の延長上でパイロットの知覚の研究をやって、「地面」というレイアウトを世界に発見した。そこに視覚が根を張っているのだという大発見をしたわけです。「大地説」とよばれています。ギブソンが「視覚世界」とよんだのはそういうグラウンドがある世界のことです。そういう世界を幾何学の分析の観点で見たのが「視覚野」です。

鈴木——そうするとアフォーダンスの主たるフィールドは視覚世界だ。

佐々木——ただし、視覚野への興味を最後まで捨てなかったというのが今日の冒頭の話です。リプレゼンテーションを一貫して気にはしているんです。

鈴木——視覚野が視覚世界にはめ込まれている、あるいは視覚世界に視覚野をのっけているような感じですね。

6 アフォーダンス知覚論の批評性

鈴木——ではグラウンドがあるのが視覚世界であるとして、その視覚世界がどれくらい日常的なものであるのかということをお聞きしたいのです。

少し遅れてくる感じ、モノクローム、顔の捨象といったことを含めて、アフォーダンスは日常べったりを肯定しているのではないんだろうと思うんです。「視覚野は見慣れた視覚世界とは異なる」との記述に、ああそうかと思うと同時に、違和感が残ります。

アフォーダンスは、日常性からほんの少しの遊離、見慣れた世界からの皮膜一枚の剥離なのではないか。その剥離が皮膜一枚分しか隔たりがないことで、逆に見慣れた世界を「見る」ことができるのではないか。日常と踵を接しているゆえに、日常に対する衝迫力を保持する。日常と非日常を二項対立させるつもりはなくて、アフォーダンスが問題にしているのは、非日常的な視線でありながらの日常的なまなざしと言い換えてもよいのでしょうか。

佐々木――鈴木さんが強くおっしゃるので、そういう感じにならなくちゃいけないかなという気がしてきたんですけれども(笑)。いま、否定的に日常とおっしゃっているものは「現在」と言い換えてもいいのですか？

鈴木――しつこくてすみません。むしろ、知覚に現在があるかどうかが疑わしいということを言いたいんです。瞬間的な記憶を通ってこないと知覚なるものは到来しない、あるいは見ていると思わないと見ているということが来ないというか……。

佐々木――本の一ページを見ている時に、お前は何を見ているのかと聞かれて、このページを見ていると答える。これは視覚ですよね。でも、本を全部読み終えた時に、お前は何を見ていたんだと聞かれて、本のすべてを見たんだと答える。これも視覚ですよね。あるいは、その本を買った時のことからすべての経路を見ているとも言える。そしてその本を買う前に、本を買う金を稼いだところだって見ていると言えるはずで、それらの持続のすべてが本の知覚に関わる現在だと思うんです。

こう言うと馬鹿げたことを強弁しているやつだと思われるでしょうが、先ほど言いました大きな場所でのナヴィゲーションを考えるとすごく当たり前のこととしてわかる。

僕は一九歳で東京に出てきたんですが、いまは東京のどこに行ってもそんなに定位感は失わない。今日は飯田橋の鈴木さんのオフィスにお邪魔していますけれども、いま、何となく新宿があのへんにあって、というような感じで、間違うかもしれませんが、東京全体への定位の感覚を持っているわけです。

いまどこにいるのかというその感じを支えているのは、東京中を移動することで探索されてきた、この街のある種の「地平線」、視覚的な全体を特定する情報への定位であるだろうと思うんです。この全環境への定位の感じを支えている視覚を、膨大な時間……私の場合は上京してから少なくとも三〇年くらいかかって作り続けているわけです。多数の遮蔽を越えることによってです。これも間違いなく視覚なんですよね。この規模の視覚がなければどこにも行けない。

鈴木――建築の日当たりとか、ページの行方向みたいな定位。

佐々木――僕は、一つのことが幾つにも見えてくるというのは知覚の本質だと思うんです。相撲がよく見える日と何だか見えない日があって、見える日というのは、やはり土俵上の幾つものことが見えているという感じなんです。力士の動きは非常に速いし、技はそれこそ細部に満ちていますから、見ようと思って全部を見られるものでもないんですが、テレビや国技館では、まず息を吐いて、立ち会いの時はこちらも力を抜いて眼を見開いて、と思って身構えるわけです。しかしそれでも何だか見えない時もある。貴乃花の引退のきっかけとなる、膝に大怪我をしてしまった武蔵丸との取り組みは両国で見たのですが、あの時は本当に何も見えなかった。一場所に一回くらいです、充実してうまく見えたという感じがするのは。

鈴木――幾つにも見えるというのは佐々木さんがおっしゃっている「異所同時性」に関係があるんですか？

佐々木――そう言えると思います。それは何かを見るとか、何かを見ないということなのではなくて、おそらく幾つも同時に見えるという感じなんだろうと思うんです。

鈴木――次の手がどう出てくるかとか？

佐々木――いや、全体が、です。丸ごとどういうことが起こっているかが見える。力を抜いてフアーッと見ている感じの時に、異所同時とおっしゃったけれども、稀にそういう見えの感じになる。

ギブソンは視覚というのは本質的に「集中」と「分散」の同時性なのだと言っています。貴乃花の体が手や足のさばきの細かいところまでよく見えつつ、全身の圧力の流れも見えて、両者の視線が見えて、そして力としては崩壊していく相手の力士の体もよく見えて、舞い上がる土俵も砂も見えつつ、力士の向こうの観客の驚く表情も見えつつ……なんていう感じです。全体に充実しているんです。そういうことができるのが、おそらくは視覚という経験の最も固有の性質なんだろうけど。ただ、相撲だとうまくいかない時の方が多いわけです。局所だけ見えてしまって。

視覚の失敗は、日常でもしょっちゅうあることで、例えば向こうのパンを取ろうとして、慌てて手前のコップの水をこぼしてしまったとか、上の段を見上げたら階段の端でつんのめったとか、そういうことは山ほどあるわけですけれども、それは何かを見ていないからというよりは、注意と分散がうまくいっていないということだろうと思うんです。普段は何ともなくできることですから。

いまは自覚のレベル、コンシャスできたレベルでしゃべっていますけれども、たいがいの行為に伴う視覚の場合には、自覚していようがしていまいが、命を保つというレベルでは異所同時性や分散性が一応は保持されて、周囲には注意がはりめぐらされていますよね。この生物的な機能が視覚の経験だと思うんです。

鈴木――佐々木さんが相撲を見る時は勝ち負けのような通常の関心からはちょっと引いて見ているわけですが、それは、例えば現象学で言う内観とか判断停止に近いものなんでしょうか？

佐々木――現象学の判断停止というのは僕はよくわかりませんけれども、もし停止が文字通りにネガティヴなことだとすると、「見ない」ということの全体を制御する主体が必要になる。そういう見ない主体というのは不可能だろうと思うんです。つまり見ないことを制御すると言った瞬間に、全部見ている立場からの問題設定になってしまうからです。

だから、視覚はおそらく、常に何かを見るという肯定の形でしかありえなくて、もし現象学のエポケーの意味が、そういう新たな知覚的発見のことでもあるならば、それはギブソンと同じ事を言っているんです。おそらくどれほどのことを見ているのかという、単純にポジティヴな問いにするのがいいんだろうと思うんです。

鈴木――『知覚はおわらない』に、「ミーディアムとは、そこにしかないユニークな観測点が密に埋め込まれているところ」と書いておられます。ミーディアムという全体を構想できるのかという話なんですが、自分には包囲光全体という概念をいだくことはできないのではないか、遮蔽されたフレーム意識によって切り取られた光景しか見ていないのではないか、と思っていたのです。でも佐々木さんの話を聞いていて、全体を見ることができるのか、と思えてきました。

佐々木――ギブソン後の実験的な視覚研究も、無数の視覚情報を「ポジ」的に重ねる方向にいっている。ただし、ポジを重ねるというのは単なる加算じゃないんですよね。ポジが複合するとまったく違う組織ができるわけです。一つずつ取り出せれば、これが見えた、あれが見えた……ということなんだろうけれども、それらが複合して全体に近いことが見えたと思える時には、おっしゃった異所同時性のような、あらゆるところに視覚があるというような、まったく違う見えになるはずなんです。例えば東京という街が見えるとか、あるいは壁での遮蔽につぐ遮蔽を越えてある建物の内部のどこにでも行けるようになるとか、そういう時の見えがある。それがアフォーダンスなんですよ。

鈴木さんが視覚は遅れてくると言う時に、それが二つの時間の前後関係のことなんかではなく、そのような幾つもの時間の重なりのことをおっしゃっているのだと理解してよいなら、知覚というのは確かにそういうものだと思います。

いつも住んでいる家にいて、それが何年も住んだ街の中にあって、今日一日の視覚的経験がその家の中で展開し、数十分前から料理を始めて、いま眼の前の皿の上に、これから数十分でなくなるであろう視覚的な対象が現われているという、そういう一連の出来事全体として視覚というものがある。

本を読む時にページをめくることがとても本質的だという話がありましたけれども、日常の視覚というのも同じだろうと思うんです。出来事の入れ子の中に位置している。そういう意味で、アフォーダンスの話が「非日常的」であるというのは理解できる。つまり現在というものをどこからどこまでと決めず、複合する持続を前提にした視覚の理論であるということです。

鈴木──小説に夢中になってページをめくっている時にはめくっているとは思わない。文字列に夢中になっている時にはそこに行があるというような意識はとんでいるわけですよね。映画を見てばかばかしいところで泣いたりするわけですが、泣いたなと思う時に泣いたということが見えてくる。読んだということを問題にしようとした瞬間には読んだという行為は逃げている。つまり知覚していると自覚した瞬間には知覚したことは逃げていて、考察の対象にはなるけれど、ずれがある。それは必ずしも時間的なずれということではなく、むしろ知覚したと見る知覚があって、重層化しているんじゃないか。

アフォーダンスは、知覚そのものではなく、知覚しているものを見る知覚という重層化した観測点なんじゃないでしょうか。それが、非日常という言葉が的確とは思いませんが、日常においての視差、パララックスを確保している。

佐々木──あらゆる知覚経験にはそれに相即するセルフの経験がある。いま、鈴木さんがおっしゃっているのは自己というものをかなり限定して、その自己のあり様と一体に意識されるような視覚と、そういう意味では自己を知覚できないような視覚との関係のことなんじゃないでしょうか。それは知覚というよりはむしろ想起に近いと思うんです。何かを思い起こすということ、つまり想起においてなら、自己は常に、思い出している自分と思い出されている自分に分裂していますよね。自己は二重になっているわけです。

知覚もまた確かに環境とセルフが二重であってはじめて可能になっている経験ですけれども、その二重性は想起の二重性とは違いますよね。なぜなら想起は常に懐かしいわけです。あるいは忌々しい、嬉しい等々、さまざまな感情を伴いますけれども、知覚には普通そういうものは伴わない。

鈴木──確かにいま現在のことが、一年、あるいは一〇年後には何らかの懐かしさと共に想起されるでしょうけれども、いま、自分が何かをしながらそれを一拍遅れで見ているという感触の中では必ずしも懐かしいというロマンスは必要がない。見ている自分がいるという感触があるだけだと思うんです。世界は普通、まず消費や欲望の対象であるはずなんだけれども、それを面の構成として見るというアフォーダンス的まなざしには、視差が貼りついているようでならないんです。

佐々木―― ギブソンの知覚の説明は本当に多様な層《レイヤー》に及んでいる。いまおっしゃったサーフェスのレイアウトで語るというのは、ギブソンの構想の中ではエコロジカルなジオメトリー(生態幾何学)という、意味そのものを扱う「レイアウトの幾何学」レベルの話です。これはおそらく二〇世紀前半のトポロジーとか非ユークリッド系の幾何学の展開に触発された議論で、環境にある縁《へり》とか地面の凹凸とか、まさにサーフェスのレイアウトに意味が宿っているんだという話です。

そして、そこに光が登場して包囲光のレベルになると、包囲光の構造の一部を占める光の肌理の置き換わり、ギブソンの言葉で言うと肌理の「削除」と「添加」と言いますが、そういう極めて微細なレベルの事実になる。アフォーダンスというのはある意味で光の話でもあるし、サーフェスの話でもあるんだけれども、その両方でもあるんですね。たくさんの意味のレベルが重なっているということなんです。これは鈴木さんの言うずれとは違うかもしれない。

ただ、鈴木さんがおっしゃる「遅れてくる」というのを「まだ来ていない」というふうに理解してもいいものであるなら、それはまさにそうだろうと思うんです。知覚は、その限定された現在というのが測りがたい、区切れない営みである以上、いまのゴールは一体いつ達成されるものなのか、常に留保されていますよね。そういう意味で、いったん行為を開始した動物にとって、周囲というのはなかなか「到達できない」ものとして現われているはずなんです。

それが知覚の本質だとするならば、確かに「ずれ」ている。予期的ということです。何かの意味を俺はとっつかまえるぞと決意した動物にとって、先ほど追いかけるという話をしましたけれども、常にちょっと先、あるいはずっと先にあるものとして何かは見えている。それを非日常的だとおっしゃるならばそうだけれども、僕から言わせるとそれが日常なんじゃないかと思うんです。むしろ、そうではない日常というのはどんなものなのか、僕は想像できないんだけれども……。

鈴木―― それが日常だ、と言説化すること自体が、言説の内容にかかわらず、視差に加担していることになる、多分ね。確かに知覚は見えていないこととセットになっていて、追いかけきれないものとして見えているということはわかります。佐々木さんは「本物の行為を舞台にのせる」と言われていましたが、本物の行為を舞台にのせるという決意、覚悟がどこかで、自己や世界への批評だと思う。

佐々木――確かにそういうことをしていながら、それが日常なんだと言うところが心理学者の知覚研究なのかもしれない。映画の視覚を語ろうとした時にも、そういう問題が生じますよね。

鈴木――書物には例えば三つの層があるという話をしましたけれども、そのような書物を見るそのことのうちに視覚野と視覚世界の重層性が見えるはずで、それは映画もおそらく同じでしょう。映画を見ながらストーリーに没入する時もあるし、フリッカー、つまりディスプレイが気になる時もあるし、あるいは映写条件が悪ければスクリーンの粒々が気になるし、背後の観客がうるさくてどうとか、いろいろなことがありながら、しかし映画を見ていることの中にすべてがあるはずだと信じて記述するわけです。日常を多層として捉え、そこの行き来をアフォーダンス理論は体系化しようとしているんじゃないか。それが脱色する気配であったり顔に重きを置かない気配であったりする。

「事象のなりゆきは事象の始まりに既に暗黙のうちに示されている。終わりもまた」(『生態学的視覚論』)なんていう文言がギブソンにありますね。日常世界はほとんど顔で動いているわけですが、あれほど顔を軽視する知覚論というのはあまり知らないし、さらに一拍遅れの感触などを含めて考えると、アフォーダンスは、一枚にぴたっと貼りついていると信じられている日常を、ふわふわに分けていこうとしている。この視覚的な革命が、本物の行為を舞台にのせることですよね。

佐々木――「本物の行為を舞台にのせる」という言葉、僕は、これは理論やモデルへの逃げをうたない真っ当なサイエンスなんだぞというような、もっと単純な意味で使っていました。心理学者ってやはり、自分が特権的に世界を生で見ていると思っていますから……。

おっしゃるような意味で知覚の深さを語られると、知覚研究者がやっていることがどういうことなのかというのも映画を見るということと同じように考えられるべきだろうという感じはします。

いや、鈴木さんのおっしゃったギブソンの批評はかなりショッキングです。ギブソンは本の章立てとしては知覚の部分と表現の部分とをきっちり分けていますけれども、彼の知覚の理論には彼自身の表象の経験が相当浸透しているという指摘は腑に落ちます。

ギブソンが亡くなったのは七九年の秋で(奥さんのエレノア・ギブソンが二〇〇二年の一二月に九二歳で亡くなりました……)、『生態学的視覚論』はギブソンの死の年に出版されています。この本の構成は、最初、環境から入ってサーフェスの話が出てきて、次にそこに光が差して光学になり、出来事からアフォーダンスへと説明がされ、続いてこの構想を支えた生態光学の諸実験が紹介され、次におっしゃったようなかなり重要な議論が出る、当時の認知主義や情報処理モデルに対する批判と理論のまとめの章が幾つか続き、そこで遮蔽とナヴィゲーションの話のあとに異所同時性の議論も出てきて、そして最後に別立てで表現の話にいく。視覚についての書物として、この流れはなかなか真似できないものですね。おそらくこれは、晩年のギブソンにとっては無理のない構成だったんだろうと思います。けれど、もしあと一〇年生きていたらそれがどう変わっただろうかというのは、今日、鈴木さんの話を伺ってちょっと興味が出てきました。

7 時間のレイアウト――「知恵蔵裁判」へ

鈴木――佐々木さんは、これも本書に収録されていますが、写真家・畠山直哉さんとの『談』第64号での対談(たばこ総合研究センター、二〇〇〇年)で、「いろんな規模の出来事を見ているわけで、裏を返せば時間などない」とおっしゃっていますよね。ギブソンも「時間と空間は何かで満たされなければならないような空っぽの容器ではなく、事象と面が作り出す幻影にすぎない」と記していますが、これは普通に考えても、衝撃的な言葉です。

佐々木――時間の概念を批判する議論はいろいろあると思うんですが、時間がないということの背景にある経験の複合性、つまり同時に流れている幾つもの出来事の持続を、比喩ではなく、こういう視覚の情報があるぞというかたちで一つ一つ見せたところがギブソンのオリジナルな仕事ですよね。哲学とは違ってるな、心理学のやり方だなと思います。

鈴木――佐々木さんは「心理学は同時性を記述しなければならない」ともおっしゃっています。

佐々木――おそらくそれは心理学にかぎらずに、運動を扱うあらゆる領域は二〇世紀に既にそうなっていると思うんです。つまり運動は原因から結果へという一方向のリニアーな系列ではなくて、あまり変わらないことと容易に変わることが一緒にありながら、全体として異なるフェーズが登場してくるという出来事なのです。それは人の身体の成長でも、あるいは経済でも気象の運動でもそうでしょう。そういう変移するものを記述する時に、持続するものと変化するものとを共に記述するというのが同時性を記述するということで言っていることです。

ギブソンは居間の出来事を例に挙げています。あるところにずっとあり続けるテーブルやソファのようなものと、日々場所を変えているスリッパや雑誌のようなものとが同時に、ある居間の全体としての姿を現わしています。もしそれをうまく描ければ、そこに住んでいる人が決心して掃除を開始するというような情報を記述できる。ゴミというのは長く変化しないこととよく変わることのあいだくらいの物につけられたカテゴリー名ですよね。

しょっちゅう変化するものだけを扱っていても、あるいはめったに変わらないものだけを扱っていても、環境は記述できない。心理学を含めておそらく運動を扱う科学全体もそういうことに気づき始めていて、それを扱うためのいろんな方法を探ってきたというのが二〇世紀での展開だったと思うんです。

鈴木――確率論的ということではないですね。

佐々木――確率論的というよりもむしろ素朴な決定論的なのかな。両者は方法のレベルでは対立しないのかもしれませんが。多種のことの「流れ」で見るしかないようなものが実体なので、現象はあまりにも複雑です。どことどことがリンクすればフェーズの転換を記述できるのかは、いずれにせよ跡づけ的にならざるをえません。同時性に着目することで、生じ方の法則を記述できるかもしれない、とは考えています。

複雑系というのは数年前までものすごく流行したキーワードですけれども、おそらくその時に大部分の人が自覚していたのがこの感じなんだろうと思うんです。非常に大きな舞台の転換の中でいろんな人がいまでもいろんなことをやっていて、アフォーダンスというのはその中では極めて部分的なことをやっているんだろうとは思いますけれども、やはりそのような試みの一つなんだろうと思います。

鈴木――主語-述語の線形的な関係が崩れて、主語が散乱する。その主語の粒状性を、フェーズで割って確率表にするのとは別の仕方で記述する、という難問を我々は抱え込んでいるわけですね。多分、レイアウトも滅茶苦茶にやっていると毎ページ変化してしまって、不変なものが照らし出されない。フォーマットがあることで変化していくことが照らし出され、変化していくページを見ることでフォーマットというフォームが見えてくる。

佐々木――そこが知恵蔵裁判で問われた問題でもあるんだろうと思ったんです。

鈴木――「知恵蔵裁判」に関して簡単に説明しておきますと、『知恵蔵』は年度版現代用語事典と分類される事典ですが、私が創刊以来手がけてきた『知恵蔵』の本文レイアウト・フォーマットを朝日新聞社が編集長の交代を期に流用するわけでして、それに対して私が朝日新聞社を相手どって起こした裁判です。日本ではじめてのフォーマット・デザインの権利をめぐる裁判だったと言ってよいと思います。レイアウト・フォーマットは、編集・デザイン・組版の仕事の共通の拠り所となる組版仕様書だと考えています。DTPに代表される電子出版時代の現在、レイアウト・フォーマットの重要性は増加しています。結果的には、裁判は負けるのですが、負けるまでに五年かかりました。その辺の経緯は、『知恵蔵裁判全記録』(鈴木一誌＋知恵蔵裁判を読む会編、太田出版、二〇〇〇年)に詳しく記録しました。

知恵蔵裁判の争点は幾つもあると思うのですが、この場に即して一つを挙げるならば、紙面のレイアウトやページのたたずまいには意味があるのかないのか、ということでした。裁判所の判断は意味がない、と。つまり、「レイアウトの詰まった物として本を見る」ことを拒否した。書物は、意味の連なりであるテクストという単層からできているというわけです。

佐々木――『知恵蔵裁判全記録』には朝日新聞側の弁護士からの「被告準備書面」という文書が再録されていますけれども、それを読むと、我々が今日ずっと話題にしてきたような知覚にとっての極めて重要な事柄がすべて些末なこととして取り扱われていますね。『知恵蔵』の割り付けデザインの細部にわたる過程の選択に著作権があると言ったら、それは紙パック牛乳のデザインに著作権があると言っているのと同じになるなんていうふうに反論している。実用性や機能的形態の背後にある工夫はそれほど重要ではなく、機能に埋め込まれているのだ、という主張ですね。ちょっとここは腹が立つというか。

鈴木――要するに見えなんてどうでもいいんだと言っている。

佐々木――どうしてやろうかという感じですけれども(笑)、被告の新聞社は自分にはそういう重要なものを見る眼がないということを吐露している。つまり文字列にメッセージがあって、レイアウトは「ノイズ」にすぎないというわけですよね。これはついこのあいだまでは知覚心理学が、ごくごく普通に主張してきたことでもあって、意味は主体

『知恵蔵裁判全記録』表紙

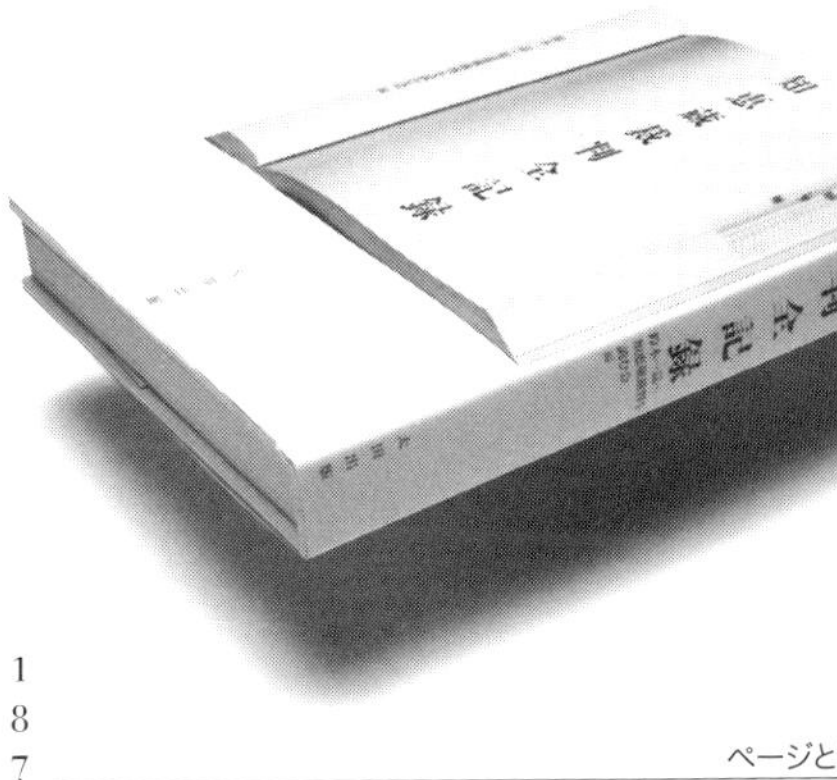

の構成物としておごそかに脳に存在している。逆にこの枠組みを反転させてノイズが大事なんだ、サブリミナルが重要だというような言い方もありましたけれども、ノイズが大事だと言う時のそのノイズというのがいったい何なのかはそこでは問われないままだった。意味もノイズもひとまとまりにしか扱われていない。どちらの主張も乱暴さにおいて同種なんですね。

意味とノイズの両方をおそらく分離せずにつきつめた時にはじめて、「レイアウト」がぐっと表に現われてくる。僕はノイズという用語よりはレイアウトの方が力があるんじゃないかと思う……というよりも、レイアウトこそノイズでありかつ意味なんだと言いたいんです。

鈴木――普通は、意味以外のものを事後的にノイズと定義するわけですよね。

佐々木――鈴木さんがこの書面が出る前に「原告準備書面」を作成された時に、レイアウトやフォーマットについて、それを「容器」のようなメタファーで書かれたというのはそういう意味ではちょっと残念かなと思います。というのは容器だとこぼれるものを認めてしまうわけですから。レイアウトからこぼれるものなんてないはずですよね。

鈴木――「現われ」と「抽象的なテクスト」の二項対立で言い過ぎたという反省があります。

裁判の前にアフォーダンス理論をもう少し知っていれば、見えるものと見えないものが同体であるという議論を詰めることができたかもしれません。包囲光が、ある範囲を含意しているのではないか、との思いつきを述べましたが、かと言って、包囲光は容器ではないわけで、包囲光が照らし出す範囲の概念と言ったらよいのでしょうか、まさにそれがレイアウトなんでしょうが、知恵蔵裁判のフォーマット論に逆流できたのかもしれません。ただ、時間は幻影であるなんて裁判所で言ってどうなるのか……(笑)。

佐々木――おそらく裁判長にはそれは無効だったろう……というか、鈴木さんのおっしゃることがよりわかりにくくなっただけかもしれないとは思います(笑)。多分、版面を前にして具体的に、こうしたらこんなに駄目で、こうしたらこんなにいいじゃないかというふうに裁判官の視覚を練習させるしかないと思うんです。今後もこういう問題が起きてくるとして、やはりレイアウトについて識別できる視覚を裁判所も持たなければいけないんじゃないかと思います。鈴木さんが裁判官になればいいのかもしれないけれども(笑)。

鈴木――極刑乱発(笑)。

佐々木――僕がわかっているという意味ではありませんが、理論でわかることじゃないですよね。僕らが見ているような行為のレベルを人に見ろと言っても、それは突然にはできませんよね。やはり時間がかかる。リハビリテーションの臨床場面なんかでも、みな、障害を持った人を確かに見ているわけだけれども、その体にある同時的な無数の動きの複合が問題なんだと見る人はそう多くない。例えば一つの障害名として見てしまう。

動きの同時性が集合的な意味をどう形成するかを見るというのは結構辛いんです。これまでの批評や理論の言葉を使わないという決意が必要です。鈴木さんが非日常ということで強くおっしゃったのは、そういう意味でもあると思います。そういう感覚を持った人がわーっと増えてくるのは、僕は楽しい。

8 柔軟性、あるいは無知の感触

鈴木――質問としては最後になります。私がアフォーダンス理論に強い関心を抱くのは、それが何より自分の日々のデザイン作業の実感を言い当てているからです。

実感によってアフォーダンス理論に共感する。今日は、いわば実感につこうという原理主義者でいようと思っているのですが、その実感の当事者は、私という主体である。ところがアフォーダンス理論では、意味は環境に埋め込まれていると宣言されていて、主体を重視する姿勢の転覆であると理解できます。アフォーダンス理論が生態学的実在論ならば、認識する主体を必ずしも必要としないわけですね。ところが主体は、実感によってアフォーダンス理論に共感せざるをえない、という回路のうちに存しているこのずれをどう考えたらよいのか。

また、ギブソンが『生態学的視覚論』で、「自分の背後の環境を意識するというのは、環境の持続を意識することである」と書き、さらに、「知覚とは、環境の面およびその中にいる自己自身を意識することである。隠れた面と現われている面との入れ替わりがこの意識には必須である」とも記述しています。ギブソンのこの二箇所の文言を読んで気づいたことは、見えていないことが私を切断するのではなく、逆に、見えていないというスリットこそが私という持続感を保証するのかな、ということです。

よく映画のコマとコマのあいだには闇があって、人の眼が静止画どうしを連続させていると言われています。静止画の羅列でしかない映画は、それ自体が未完成なもので、仮現運動やベータ運動などとよばれる観客内部の見かけの運動によって連続して見える、というふうにイメージしていたのですが、どうもそうではないのではないか。上映された映像が切れ切れであるからこそ、見るものの連続性があると考えた方がよさそうだ、と思いました。切れ切れであることを埋めてしまうのではなく、スリットとスリットのあいだを渡っていくサスペンスによって、観客である私が出現するとでもいうのかな。

主体は、自分が持続しているという意識に支えられている。その持続は、断続的な遮蔽に依存している。振り返ったら背後の世界が消滅しているかもしれない、そのスリルが生きることだという気がします。それはまた、夜寝て翌朝目覚めて、まだ自分があった、という感慨だったりもします。

余白がそうであったように、遮蔽は何かの不在なのではなく、ポジティヴな何ものかなのではないか。ページとページのあいだの非連続にも、あるいは「不在の手」にも同じことが言えるはずです。

ここでこう考えます。アフォーダンスは主体まるごとの転覆なのではなく、主体の質の転覆なのではないか。エコロジカルな変革である、と。

その質の転換とは、外へ向かって突出していこう、構築していこうとする主体から、受動的である主体へです。行為の可能性というのは、逆に、こうはできないという行為の不可能性でもあって、マイナスの拘束性がかかった視覚世界と言える気がします。自分が何をできるのかは、受動性の鋭敏さによっているんじゃないでしょうか。

佐々木――確かに何かをしようというふうに体が動くということは、何をしないかという動きでもあって、それは中年以降の身体感覚によく合う感じがします(笑)。我々が環境に切り開ける経路というのは本当に僅かな跡だから、その事実を見る時にアフォーダンスという存在が本当に妬ましくなるという感じはあります。

鈴木――スポーツ選手なんかでも、あるべき一つのフォームに自分を調整していく、あるいは残った僅かな隙間の中に自分を押しこんでいくという感じがする。

佐々木――そういう意味ではとても悲しいことが起こっているわけですよね。我々は、そこで多くの可能性が縮減され、断念された組織を運動の発達に見ている。

ただしおそらく、多くの可能性を断念する中で培われた組織を作るための組み替えが、ほんの僅かな経路の中に実はものすごい多様性を密集させ、潜在させているという感じはします。ちょっと楽観的すぎるかもしれないけれども、少なくとも技を持ったスポーツ選手の場合にはそういう感じがある。

スポーツには絶対に駄目だろうとはなかなか思えないところがあって、だめなバッターでも実際、たまに打ったりしますよね。

鈴木――エドワード・リードが『アフォーダンスの心理学――生態心理学への道』(佐々木正人監修、細田直哉訳、新曜社、二〇〇〇年)の中で、「環境とそこに住むものとのあいだには常に非対称性がある」と言っていて、理解できたという自信はないのですが、この非対称性というのはとても重要な概念だと思うんです。版面を決める際の二つの輪郭線のぶつかり合いも、非対称性どうしの摺り合わせのような感じがある。

佐々木――リードがずっとこだわったのは「柔軟性(フレキシビリティ)」で、リードはそれを、なぜ種が多様化したのかというダーウィン進化論の文脈で考えた。制約と多様性、縮減と豊富化を同時に説明しなければ進化は説明できないというのがリードの発想で、ダーウィン源流のアイデアをそのまま一個のアクション、例えば木から林檎をもぎ取るというような行為のレベルにも使えるんじゃないかと考えた。リードを訳した細田直哉さんはそれで、幼稚園に行って砂場で遊ぶ子どもの動きを観察して修士論文を書いた。子どもたちの数分間の動きを数十のアクションに分類して、それらの作る組織が時間の中で起こす変移で、「砂場遊びの柔軟性」を記述しようとしたんです。

リードは、先ほどスポーツ選手の例で言ったような事態がすべての行為に起こっていて、多様性と縮減が同時に現われている、それが行為の柔軟性なのだと言っています。

発達心理学には、二〇世紀の一時期に主流となった構造主義のジャン・ピアジェなどのように、発達が生み出すフェーズそのものを数学の理論を導入して記述しようとした天才がいたんですが、なぜフェーズが転換していくのかということの説明はどうもうまくいかなかったわけです。構造と、構造の転換の両方を組み込む理論は難しい。構造とはスタティックなしばりのことですから「変化を予期する構造」というのは矛盾なわけです。

リードの構想はそういう発達研究の隘路にダーウィンとギブソンで切り込むということを目指していた。それは環境の意味の豊かさと、動物の知覚システムの脆弱さそのものがエンジンとなってフレキシビリティが構築されている、という主張でした。アフォーダンスと動物の身体にはどうしたって非対称性がある。そういう根源的な弱みがあるのに、それが逆転して強みになっていくということが起こる、そういう出来事として生物を描いてみるという発想です。

鈴木――行為の可能性としては同時に複数あるにしても、結局はしかし、決断しなければならず、可能性を縮減する。デザインも、さまざまな可能性があるけれども、最後には一つに決定するわけで、それが、決定の背後には必ず不安が控えている事情ですね。

佐々木――誕生してしばらくは必ず誰かと一緒に食事をするとか一緒に着替えをするとか、初期の知覚システムの意味の探索は集合的なポピュレーションで行われています。おそらくそこでリプレゼンテーションやディスプレイが、また特別な意味を持ってくる。

鈴木――集合的である時、視覚世界が視覚野に狭められる。家族的であること、恋人的であること、野球チーム的であること……、というようにしてフレームが限定されていく。

佐々木――他者に意味を伝えようと思っているか思っていないかにかかわらず、自分の知覚の痕跡を残す場合には、それが他者に何かを伝えますよね。その時に、おっしゃったように視覚野を自覚してやる場合もあると思うんですが、僕が鈴木さんのお仕事に感じたのは、鈴木さんは視覚野の言語に限定して書物を書かれているわけですけれども、実は視覚野から視覚世界の方に少しはみ出す部分が沢山あって、そのはみ出しているところのわからなさ、凄さが追随する人を招くんだなということなんです。

そのことは、どの領域でもそうなんだろうと思うんです。保育学会というところに呼ばれてシンポジウムをやったことがあるんですが、僕は教育の話はあまり好きじゃないんです。みんな「いいこと」しかしゃべらないからです。その会も打合せをしたら環境はいい、教育にはよい環境がなければいけないという話をする会だったのでどうしたらいいかなと考えた。そこで大した話ではないですけれども、環境というのは「ない」ということなんじゃないか、ないからいいんじゃないか、という話をしたんです。それはある意味では本当に生《なま》な意味で、あまりいろんな物がない方がいい、物が少ない方が楽しいという意味でもありますけれども、「そこには既知のことがない」ということを知るということが環境を知ることなんだという意味でも言ったんです。

どんな行為でも環境を知らないこととして丁寧に扱っている。非対称性というのはそういうことで、我々がなぜ周囲を探索するのか、なぜこのままじゃ駄目だと思ってそこに飛び込んでいこうとするのかというと、そこには知っていることがないってわかるからですよね。

鈴木――紙面設計の初期では、あるべき余白と理想的な版面が揺れながら重なっている時間が続き、それを名づければフロートしている、漂っている感じで、大事にしたい感覚なんです。その感覚は、佐々木さんが相撲を見る時に視線を漂わせている、その雰囲気に近いと予想します。

佐々木さんは、『知覚はおわらない』の中でこう書かれています。「決定を留保するための決定を可能にするために非決定性をどう記述するか」。自分が次にできることは、複数のエッジの重なり合い、その重なり合いのレイアウトの中にしかない。行為の可能性は、マイナスの拘束性として規定されていて、そこにすぽんと空いた空洞として定位されているという雰囲気、主体と行為がずれ、非対称性の中でフロートしている。

佐々木――普通、動物は漂わないように周囲に非常にかぎられたものだけを配置しています。限定された異性と、それからいつも使う寝床、いつもの食物……。人間でも食べている野菜や肉の種類を列記すると数は極めて限定されていて、長い間、本当に僅かなことの組み合わせだけを楽しんでいる。

ところが生まれたばかりの子どもは、あるいは職業格闘家の人は、その安住の場所から出て行かないといけないわけです。その時にどうするかと見ていると、反復ですよね。徹底して、対処不能な未来に対して、いまの行為の組織を何度も何度も組み替えて、どれくらい組み替え可能かという多様性を探索する。それがいわゆる型ですよね。その型を作った上で子どもは砂場に行く、というよりも砂場でもそれを続けているわけです。その挙げ句に、ある断念をして大人になっていく(笑)。

断念を許されない相撲取りは徹底して型を作って、あるいはそれは相撲取りにかぎらずあらゆる芸術家がそうだと思うんですが、型を作った上で、ひょっとしてまったく違う世界に出会えるかもしれない……と、ぽんと何かに背を叩かれて飛び出すわけですよね。そこはやはりすごく迫力がある。そういうことは普通の人の人生には数回しか起きないんだけれども、大相撲の相撲取りはそれを一場所で一五回もやらなければいけないわけです。フロートすることはどうしても避けたいんですよ、危険ですから。『現代思想』の「プロレス」総特集(二〇〇二年二月臨時増刊号、青土社)で「相撲と無知」というエッセイ(本書第4章に再録)を書いた時に、やっぱり相撲取りは自分が「無知」だということを知っている人なんだなとつくづく思えて、偉いなと。

……そう言いつつ、いつも思うんですけれども、僕らが地面に向かって一歩踏み出す時って、同じなんですよね。歩くということ自体、無知と闘っているんだけれども、相手が人間である格闘家はまた格別難しいんだろうと思うんです。相手もこちらについて無知なわけですから。

鈴木――その無知の感触は、どういう仕方であれ、世界を記述しようとする視線が伴うわけですね。

佐々木――心理学は二〇世紀に、視覚野では駄目だ、視覚世界にしなきゃいけないという議論になった時に「生態学的妥当性(エコロジカル・ヴァリディティ)」ということを言い始めるんです。それは先ほどの教育の話ではないけれども、エコロジカルな方が正しいんだという言われ方で、ギブソンのこともある文脈ではそれまでの駄目な視覚研究に対していい視覚研究を始めたんだというような評価をしている人がいるんです。でもおそらくそれは嘘だと思います。

いま、考えたいのはレイアウトへの転換が何かということです。心理学は、鈴木さんが何十年も格闘してきたレイアウトという無知が、やっとこの頃見えてきたかなというところなんです。

鈴木一誌(すずき・ひとし)

一九五〇年、東京都生まれ。東京学芸大学、東京造形大学ともに中退。東京造形大学在学中よりグラフィック・デザイナー杉浦康平のもとで一二年間アシスタントをつとめ、一九八五年に独立。本文を含めた書物全体のデザインを仕事の中心にし、現在にいたる。本文フォーマットをめぐり、朝日新聞社に対して一九九三年に「知恵蔵裁判」を提訴し、九九年に高裁で敗訴。八一年に映画批評で第一回ダゲレオ出版評論賞。九八年に講談社出版文化賞ブックデザイン賞。デザインの主な仕事に、『昭和二万日の全記録』『シリーズ20世紀の記憶』『大辞泉』『鈴木清順全映画』『加藤泰作品集』『小川紳介 映画を穫る』『映画監督 増村保造の世界』『昭和の劇 映画脚本家 笠原和夫』『映画監督 深作欣二』などがある。また、著書に、『画面の誕生』(みすず書房、二〇〇二年)、『ページと力――手わざ、そしてデジタル・デザイン』(青土社、二〇〇二年)、「明解日本語文字組版」(共著『印刷ガイドブック DTP実践編』玄光社、一九九九年)、『知恵蔵裁判全記録』(共著、太田出版、二〇〇一年)がある。

4 力のレイアウト

相撲と無知

相撲が始まるとテレビの前に座る。両国でやっている時は一度は出かける。生の相撲は思いのほか速いので、息を吐きながら身を軽くする感じで乗り出して、眼を大きくして見る。少し油断をすると、見ていても土俵で起きたことを見逃す。何が起こったのかわからないままになる。テレビだと勝負は再生されるのでそれを見ればいいが、国技館ではどこを探しても再生画面はない。一つの相撲が土俵で消えたような空白を見ることになる。

1

物と身体の動きを同時に見るということを仕事にしている。三年前にはしばらく靴下を履くところを見た。はじめは何が何だかわからなかった。ただ靴下が足先に覆かれていく、それだけしか見えない。それだけでも別に困らない。だが、それだけではないはずだと思い続けて半年近く見た。しばらくして、幼児が靴下を履いているところを見たことをきっかけにして、靴下を履くということが少しわかった。

靴下を履く時には四種の意識が現われる。ここで意識というのは、頭の中であれこれめぐる「意識」のことではない。ここでいう意識とは身体の動きを周囲の物に繋ぎとめていることである。それはいわば行為と物のあいだに現われてくるヒモのようなことである。

一つは動揺の意識である。大人はたいがい立ったまま靴下を履くが、片足で立ったまま靴下を履こうとすると身体が動揺する。床やイスに座っても、壁に手をついて支えても、どのような姿勢をとっても靴下を履こうとする時には全身は動揺する。この動揺が第一の意識である。動揺の意識は靴下と身体を繋いでいる一つのヒモである。このヒモが切れないようにすること、つまり開始した動揺が転倒に至らないようにすることをこの意識がしている。幼児はたいがい座って靴下を履く。それはそうすると動揺を止める太いヒモを作り出せるからである。

第二の意識は全身を曲げた時の柔らかさ、しなりである。靴下を履くためには両手を足先まで持っていくか、足先を手元まで持ってこなければならない。胴体は二つ折れになり、しなる。床に落ちている本を立ったままで取るなどという場合にもこのしなりの意識が現われる。

第三は靴下の入り口と手先との接触の意識である。手は靴下の繊維素材、そのくたびれ具合、入り口で脚を締めつける部分の細工などのすべてを無視せずに、靴下の入り口を開いている。この部分にはその靴下の性質がまじまじと集まっている。これらのことが総じて靴下の入り口の意識である。もし靴下の記憶などということがあるのであれば、それはおそらくこの辺りに濃くあるだろう。入り口辺りは靴下の顔である。

最後の、第四の意識は靴下に滑り込む足と、それに拮抗して靴下を保持しつつ、持ち上げる手の両方の意識である。手は靴下を足に入れようと引っ張り上げる、足は靴下に入ろうと押し入る。その両方向の移動が同時に起こり、手足に逆方向に力が入る。その反発調整の具合がここで現われる意識である。

靴下を履く時にはこの四種の意識が同時に起こる。ゆっくり履くなら四つの意識を順序よく体験できる。いそいで履けば四種の意識はほとんど重なり一つになる。身体の動きを分けてみて、四種の意識が一足の靴下を履き終わるまでの時間軸上でどのように現われるかをプロットして、流れを楽譜のように描いたことがある。時間軸を、四種の動きが重なりながら推移する、そういう譜ができた。履くたびに毎回異なる模様が現われた。どれもが同等に靴下を履くという組織である。どの靴下履きでも四筋の意識の流れが密なパタンを作り出していた。

靴下にかぎらない。物と身体が接触するところには、ここで意識とよぶ物と身体を繋ぐことがどこでも、一個以上は現われている。身体は物を与えられると、その物と一体に動いていく。その一体は、一個の身体と一個の物からなるわけではない。数個に分割する動きと、物の対峙がある。したがって身体が動きで物と関わるところには、細やかに分岐した動きと物とが作る肌理が現われることになる。色で言えば一色ではない。クレーの絵のように、複数色の織物である。少なくとも濃淡の混合がある。

身体は物と複数の意識で絡まり合う。この絡まり方が行為である。靴下には四種の意識がツイストしていた。それが行為の姿である。行為を見る眼にはこの肌理が現われている。

物を主にして言えば、物は身体を分割している。靴下は身体を、動揺、しなり、入り口の接触、手足の引きと押しの拮抗の四意識に分割する。物を扱おうとする身体は分割される。分割の仕方は物ごとに異なる。それは物が身体に強いている。靴下の四つの意識は、他の物では起こらない。衣服を扱うような場合には、身体はまた異なる分割をこうむるだろう。それがどのような分割であるかは、物でばらけてくる身体をよく見てみなければわからない。

身体は物の分割する力からのがれられない。身体にできることは、分割された意識をそのつど時間の流れに配置することである。この配置された組織が行為である。行為とは物が身体を分割してできた意識が配置された一個の情景である。

2

靴下を見てからしばらくたって、今度は魚の身が箸で取り去られるところを見た。これもずいぶん長く見た。論文にまとめるために、二週間、六枚の鰺の干物が解体されてゆく過程ばかりをビデオで見た。箸の動きはあまりに多様で靴下の時のようにそれを幾つかに分類することは不可能に思えた。とりあえず魚の体に起こる変化を見ることにした。

解体されてゆく魚は箸で分割されていた。靴下の時には身体の分割が見えた。魚の時には物の方の分割が見えた。身体のする物の分割ということについて考えた。

物と身体には規模の差がある。両者では大きさと持続とが異なっている。持続というのは普通は固さと言われていることである。大きさと固さの差が分割のきっかけとなる。身体と物の大きさと固さをすり合わせることが分割である。

例えば山という物を行為は数万のステップに分ける。頂上に登ることは、山をステップで数万に分割することである。これは両者のサイズに大きな対比があるせいで起こることであり、また山が身体よりも固くて、長い分割の時間のあいだ、続けて存在していられるから可能になることでもある。大きさと固さが山を山にしている性質である。

物が小さくても同じである。一口には余る程度の大きさの饅頭を食べる時、口はそれを分割する。この場合も饅頭の大きさと固さが分割の性質を決める。

流れ続ける水のような液体を扱う時、固い容器を用意してきて水を分割する。流れる液体に粘性がある時には、器ではなく、手を器の形にしてそれで液体を分割することもできる。

身体が関わると物は分割される。山も饅頭も水も何もかもが分割される。繰り返すが分割がどのようになされるかは身体と物との大きさと固さの比が決めている。固さとは食べやすさとか、粘り気とか、温度などと言われている物にある持続の性質のことである。身体にもその性質はある。それが物を分割する一つの基準となる。

実は人は周りを身体と同程度の大きさと固さの物で囲っている。それほど固くない、それほど流れない、それほど小さくない、大きくない、そういう物をあちこちから探してきて周囲に配置している。身体にそぐった中程度の大きさと固さを人は好んでいる。おそらくそうすることで、物を扱う以上どうしてもしなくてはならない分割を楽にしている。料理は物を中程度の大きさと固さにすることである。建築は周囲を中程度の大きさと固さで囲うことである。デザイナーとは中程度の大きさと固さに通暁した人のことである。

人は分割の労を惜しんで中程度のサイズと固さの物を周囲に集めてきた。ほぼ毎日そのことばかりしている。しかし時にはこの中程度の物と関わることに飽いて、法外に大きな山や、流れるばかりの川や海に出かけていく。

特別に固い、凍った氷上に、固い鉄製の道具を足につけてわざわざ転ぶために出かける。そこで液体の持続がいつも変化していることを確かめる。

昨年は魚の全身から箸が身を取るところばかりを見た。まず魚がほぼ二つのことに分割されることがわかった。それは「身」と「身を取るための妨害物」、つまり骨や皮などの二種であった。一匹の魚は数十個の身と妨害物に分割されていた。しばらく見ていて、箸の分割がもう一種の魚を扱っていることがわかった。箸は魚の身体を探索しながら時々は魚全体の皿上での配置を変えていた。箸は「魚全体」も扱っていた。

魚全体が動く度に、魚と身体との定位が更新する。この魚全体と身体の定位を変更し続けることは、妨害物を排除しながら魚の身を取る過程に何度も織り込まれていた。身を取ることに習熟することは、この魚全体の扱いを、身を取る過程に入れ子にして、取られてくる身の質を上げることであった。定位を変えながら身を探索すれば、妨害物とうまく分離した身だけという単位を扱うことができるようなのであった。

身体と物には大きさと持続に差がある。身体は物を瞬時には扱えないので物を分割する。ところがこの過程には大きな問題が起こる。身体が物に分割をしかけると、物は当初の姿を変えてしまう。分割を始めると物の姿が刻々と変わる。にもかかわらず身体は物のもともとがどのようであったのかを、分割の過程で知り続けていなくてはならない。そうでなければ身体は分割の筋道を見失う。山の一歩一歩への分割それ自体は容易である。しかし、人が山全体を見失わないようにすることには技術がいる。山全体へ定位していなければ分割は頂上に達することができない。遭難という分割の中止もある。山の場合は見上げれば頂上があり、斜面も沢もある。幾つもの「全体」がある。饅頭ではそうはいかない。饅頭を二つにすると当初の一つの饅頭はまったく失われてしまう。饅頭を食べる人はたまにその割れ口をじっと見る。それで一個の饅頭という物への定位を得るのかもしれない。

物を分割しつつ扱い、その物が何であるかを知り続ける。そのために行為は注意を分散し続けている。結果として物に特有の定位を埋め込んだ分割の過程が発明されてくる。魚の身を取る場合の定位の方法は、魚の姿全体の配置を調整することであった。手は定位を混合して分割を進めることで、あざやかに分けられた身を魚に発見できるようになった。

3

三年ほどかけて靴下と魚を見てきた。物と身体とでどれほどのことが生じているのかについて、少しは知った思いである。ここまで書いてきたようにまとめてしまうと、行為を知るために何か一つの方法が用意されているように思われるだろう。しかし、逆である。物と行為を見れば見るほど、それらで起こることを方法に定着させることの困難を知る。

何せ、物と行為が作り出す組織は知りえないことを餌にしている。身体に分割されていく物にも、物に分割されていく行為にも、そしてそれらが作り出す組織にも、その一回の行為でしか扱われないことが常に現われる。それが知りえないことである。その知りえないことを、「無知」とよぶことにする。その無知に行為は頓着せずに、果敢に物に挑んでいる。行為はそのようにしなければどの物も扱うことができない。というか、行為のエンジンは無知を燃料にしている。おそらく行為が知っている中心のことは、物など十全に知ることはできないということである。すべてを知っているという満足はおとずれないということを、行為は知っている。どの一回の行為も無知に気づいてたじろがない。行為は無知を予期にしている。行為の原理は無知の隣にある。

魁皇(左)対栃乃洋。立ち会いの瞬間。写真提供=日刊スポーツ。

行為を知る方法がないということの見通しは持てた。その眼が相撲を見る。

相撲は身体が身体を分割することである。熟練した力士の行為は相手を分割するための特別な意識の組織となっている。それを技とか型という。それは他の力士を破壊的に分割する意識の組織である。

身体は柔軟な物である。型と技がなければおそらく力士と力士の衝突から生まれる組織は多様なだけの散らばりになり、見ることもできない飛沫に化するだろう。型と技は相撲で生ずる組織を何とか知覚しうる範囲に接着する装置である。しかし言うまでもなく、相撲に起こることは物と身体に生ずることを越えている。身体は柔軟にその繋がりを変更する組織であり、それは思いがけないほど多種の物の混合物である。通常の物にはありえない組織である。身体はどうしても扱えない窪みを潜在している。そういうところに力士は二人して飛び込んでいくのである。

4

勿論、力士とは徹底的に、無知にあらがうための意識の組織を身体に作り上げてきた者である。にもかかわらず、力士は毎回まるで息をつめて谷底にダイビングするようにして行為を開始する。そのように鍛練した身体も、相撲の無知が扱いきれないことを知っている。一回の勝負は常に無知の奈落に入る。

力士は二人して、どうしても知りようのないこととして他者の身体がそこにあることを知っている。そういう無知どうしがわずか四メートル五五センチの円の中で対峙させられている。知ろうとして知ることのできないことにどちらも紅潮している。そして二つの無知は時間が来ると決然と猛烈に衝突する。一回の相撲には結局十分な密度のある組織が現われる。二人して無知をぬぐいさろうとした結果である。

相撲が終わると、いつも何が起こったのかと力士は聞かれる。たいがいは覚えていないと答える。言葉を持たないのは力士だけではない。観客も何も知らない。力士と観客はこの一回の無知を共有したのである。土俵にはいつも無知の空白だけが残る。

リハビリテーション

制御・入れ子・協調のデザイン

僕は物をデザインをしたことも、デザインについて長く考えたこともありません。心理学をやっていますので、人の振る舞いに興味を持って、それをなるべくそのまま捉えようとすることを仕事の中心にしています。そのプロセスで私なりに「レイアウト」というキーワードにたどり着きました。今日は僕なりのレイアウトの発見について話します。デザインについて探求されている方々に、僕の話すこととデザインとの結びつきを考えていただければ、もしそのような接点があればうれしいです。

靴下を履く

一九九八年頃から、神奈川県の病院で、頚椎損傷や脳梗塞、脳卒中などのかなりシビアな運動障害の患者さんに会う機会を持っています。しばらくして僕自身にとって、文献を読んでアフォーダンスや生態心理学[★1]の勉強を続けることと、運動障害を記述する仕事は緊張した関係を持つようになりました。理論と事実をどう交差させるかというのは、大変な問題だと思います。なかなか上手

★1　ギブソン(Gibson, J. J.)が創始した心理学。物とは異なり、自ら運動するもの(the animate)は周囲の資源を利用するために自分と周囲との関係を調整する能力を持っている。ギブソンはこの周囲の資源をアフォーダンスと呼んだ。アフォーダンス群の相対的利用可能性(あるいは不可能性)が動物個体の行動に選択圧を作り出す。行動はアフォーダンス群との関係によって調整されている、というのが生態心理学の基本仮説である。アフォーダンスは行動を引き起こすのではなく、行為の機会を提供しているだけである。アフォーダンスを探索するためにどのような周囲の性質(生態学的情報)を利用するかなど、この調整過程の研究を生態心理学は目指している。国際生態心理学会(The International Society for Ecological Psychology)が研究誌(*"Ecological Psychology"*)を刊行している。日本生態心理学会も活動している。

くいかない。ただ、僕自身は彼らを長い時間をかけて観察させてもらう中で、学会などで知ることができた新しい運動の理論が、理論としてではなく具体的に理解できたように思えることがありました。今日はそのことについて、実際の症例を参考にしながら話していきたいと思っています。

最初は一人の頚髄損傷者の症例です。二〇代前半の彼は、一九九七年夏に、海への飛び込み事故で頚椎の五番目を脱臼し骨折しました。幸いに命は取りとめた。しかし折れたところ、肩から下の運動は完全に麻痺し、そこに何かを触れさせる感覚のテストをしてみても、触覚も温かさや痛みの感覚もない。身体の神経が中枢との連絡を断たれたからだと説明されています。

頚髄損傷では平衡感覚がままならなくなるそうです。直径一メートルぐらいの大きなゴムマリのような柔らかい物の上に座ったことを想像してください。ふわふわして転げそうになりますね。比喩的に言えばいつもそうした状態だそうです。普通の安心できる接地感や、バランスの感覚は持てなくなるのだそうです。補助器具を使って片手に例えばスプーンのようなそれほど重くない物を持つと、それだけで上体のバランスが崩れるそうです。その時には、もう片方の手の位置を上下してバランス調整します。勿論、移動は車椅子です。

はじめて患者さん、Kさんに会ったのは一九九八年の初夏です。その時の彼は三ケ月ほどの訓練によって肩の使える筋で、両腕を揃えて大きく回してやっと寝返りができるようになったところでした。排泄の感覚はまだないと言っていました。秋になった頃、冬に向かうので、自分で靴下を履くための練習をしようと作業療法士の先生が提案しました。

さて、障害を得てからはじめて靴下を履こうとした日、彼はまず何とかして両足に段差をつけ片方を扱いやすくしよう、あるいは片足の足先を手元に持ってこようとして、延々と頑張りました。こうしたらいいよ、ということについては特に教えられずに始めました。リハビリテーション担当の先生は彼は相当の運動能力があるので、彼のアイデアにまかせたいと言っていました。

最初の日の感じを知っていただきたいので動きの一部を図で示します【図1】。同僚の宮本英美氏(東大助手)が作成したものの一部です。Kさんはとても柔軟で腰のところで上体を折りたたみ、足先に手が届いています。しかしおよそ九分間、この姿勢で頑張っても足先を手元に近づけることはできなかった。リハの先生は、そこでアシストをしました。ベッドを傾斜させ、背もたれにして上体の姿勢を立てることを提案します。【図2】の姿勢です。その後六分かかってやっと片足に靴下を履けました。

他人が靴下を履くなんてことをまじまじと見たのははじめてでした。これほどの困難が靴下履きにあることもはじめて知りました。Kさんは冗談を言いながらやっていましたが、その大変さは隠しようもないものでした。手の指はうまく動きませんが指を曲げて鍵のようには使えます。靴下の入り口にはヒモでできた輪が補助としてつけられていて、鍵型の指をそれに通して引っ張り上げるなどして扱います。しかし足は動きません。不自由な手で、棒のように動かない足に、ぐにゃぐにゃと柔らかくて変形する入り口の小さな物を履かせるわけですから、大変なのです。

靴下履きなんて毎日やっているまったく当たり前のことです。しかしKさんがそれと格闘するところを見ていると、この行為の細部がとんでもなく複雑であることに気がつき圧倒されました。というより困難に満ちた靴下履きを見ているうちに、僕には靴下を履くということがいったいどのようなことなのかがよくわからなくなりました。何を見

図1…Kさんの靴下履き

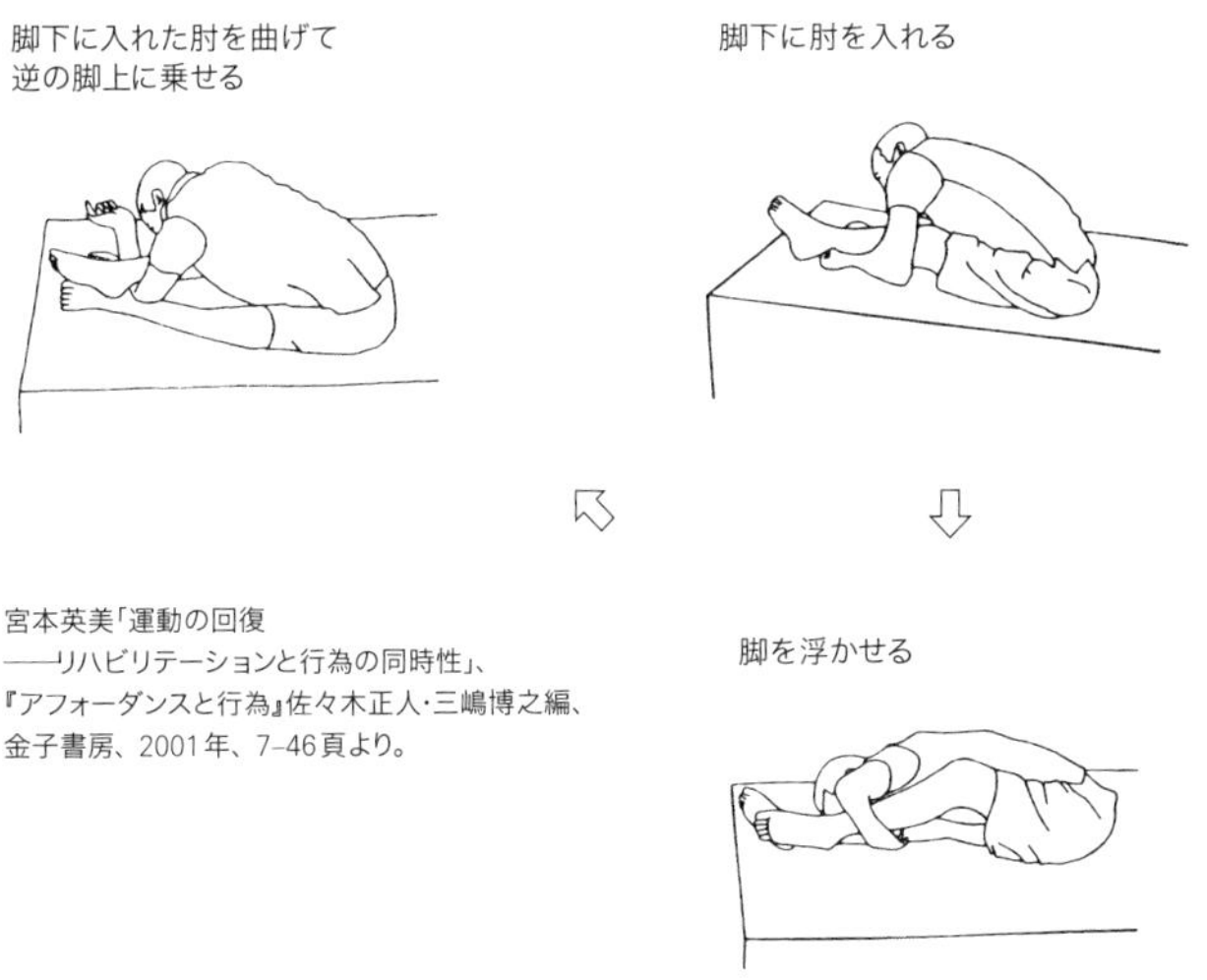

図2…上体を起こす(同前)

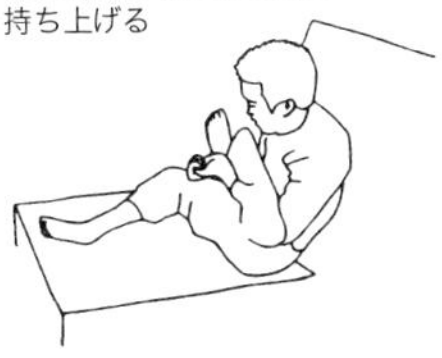
脚を腕で体幹に引き寄せ

宮本英美「運動の回復
――リハビリテーションと行為の同時性」、
『アフォーダンスと行為』佐々木正人・三嶋博之編、
金子書房、2001年、7-46頁より。

れば靴下履きを見たことになるのか……。

しばらくして冬になって、そうだ、靴下履きを新鮮な感覚でやっているはずの、靴下を履くのに慣れていない人たちを見てみようと思いたちました。保育園にお願いして観察させてもらいました。そこで、一つの発見がありました。三歳児は座って靴下を履くということです。一、二歳の子どもでは靴下の履き方はまちまちでした。まだ保母さんに履かせてもらっている子どももいます。しかし三歳の子はみなどういうわけか同じ方法で履いていました。それは履くという行為をきっちり分解する方法です。昼寝からさめると、誰もがまず最初に床に座るのです。それから足を曲げて手元に持ってきて、入り口を両手で開いて靴下を履いていました。

しばらくして、ああそうかと思いました。何かがわかった気がしました。それは靴下を履くためには「転ばないようにする必要がある」ということです。

靴下を履くことには、手から遠い、足先の操作が含まれます。足の先端を手元に持ってこなければいけない、それをしばらく扱わなければいけないので、重たい頭が足の方に移動して、履き始める前とバランスが大きく変わります。一時的にかなり不安定になるわけです。そこで全身の平衡が崩れないようにする方法が必要になります。三歳児ではもっとも確実な方法である、座ってしまうという方法を採っていたわけです。

みなさんは今日の朝どんなふうに靴下を履いたでしょうか？　だいたい誰もが立ったまま履いたと思います。その時に転ばないために全身がしていたバランスの調整感覚を覚えているでしょうか？　もし足を捻挫していたり、体の調子が悪い人がいたら、その人は柱やイスで体を支えたかもしれません。転倒しないようにし続けながら、靴下の口を押し広げて、足を入れて、履き込む、というのは結構難しい作業なのです。僕らの足は、足の方から靴下に向かって動きますから、まだ楽です。しかしKさんの麻痺した足はそのように微妙には動けませんから さらに大変です。

ああそうかと思ったことをまとめると、靴下履きとは転ばないように姿勢を調整し続けつつ、全身を大きく変形して足と手とが触れられるようにして、そのままの状態をしばらく保って手の操作を持続することだ、ということです。だいたいこの三つをうまくできれば靴下は履けます。

運動を組織で描く

Kさんに戻ります。Kさんの靴下履きを約半年間毎月一回のペースで記録しました。[図3]にあるように最初は九一八秒かかっていた。最後には一三三秒で履けています。一二月にぐっと速くなっています。[図4]は、靴下を履くまでに幾つの「運動」を使っていたかを数えたものです。ここでの運動とは、物に一回触れるために動きが開始してから停止するまでを一つの動きとして数えたものです。普通の大人が靴下を履くところをこの基準でカウントすると大体一五個前後です。Kさんは最初は六九〇個、一〇月になると増え、三月でがくんと減って、それでも二〇〇前後の運動で履いていました。

時間を計ったり、行為の過程を運動に分解してその数を数えても、先に述べた靴下履きで僕たちがやっていることは表わせません。そこで一つの図を工夫して作成しました。[図5]です。図の横軸は時間です。この図には一九九八年の九月から一九九九年の三月三〇日まで五回分の記録が重ねて示してあります。各月の行為は四つの下位行為に分解されて示されています。下位行為とは「体幹支持(上体の姿勢を転ばないように調整すること)」、「靴下につま先を入れる」、「靴下を引き上げる」、「脚位置調整(足先を手元に持ってくること)」の四種です。先ほど言った靴下履きの行為でどうしてもしなくてはいけないことが全部含まれています。各月のKさんの行為過程を四種の下位行為の時間軸上の重なりとして描いたのがこの図です。

図では二つ以上の下位行為を同時にしていた時には灰色で、一つだけのことをしていた時には黒で棒が描かれています。最初の九月では「体幹支持」の行為が全

図3…片方の靴下を履くまでの時間

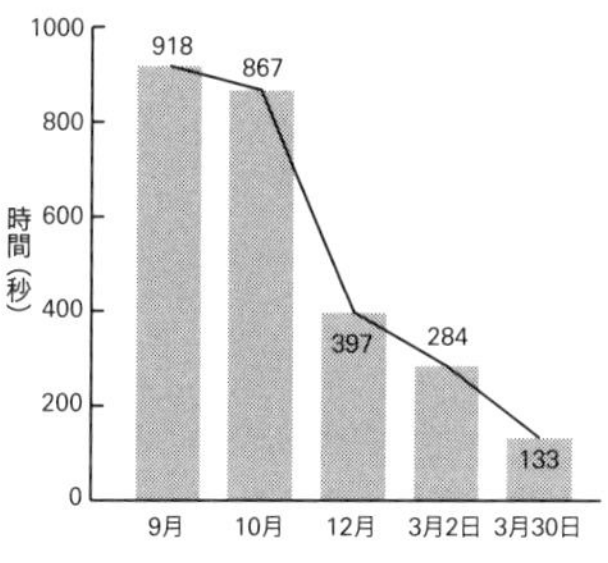

図4…片方の靴下を履くまでの「運動」の数

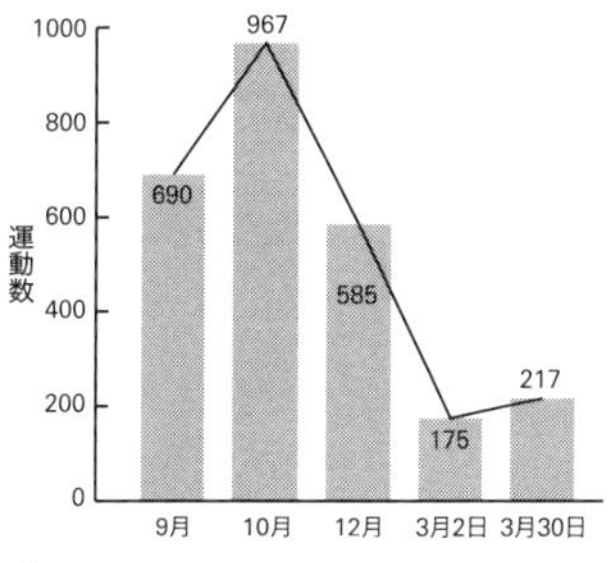

過程にずっと続いています。ところどころで他の下位行為が行われていますが「体幹支持」と同時に行われています。靴下を履く時にするべき四種のことがくんずほぐれつ一体に一つの団子で進んでいます。一〇月になると四種が分かれます。まず「体幹支持」の基礎姿勢を作っておいて、次に「脚位置調整」と「つま先に入れる」と「引き上げる」ことが同時になったり、交互になったりしながら行われています。

速くできるようになった一二月にはちょうど三歳児に見られた、順序よく段階化して履くという方法が成立しています。まずベッドの背もたれの傾斜を作って全身の安定姿勢を作り、次に片足ずつ手元に足を持っていき、次に膝の下に手を差し込んで足先を手元に持っていき、入口に足先を入れ、次に輪に親指を差し込んで広げ、引き上げるという方法です。四つのことを段階的にやっています。ほぼ三ケ月で一つの技ができあがったことがわかります。

しかし「進化」はここで止まりませんでした。図の三月三〇日を見てください。一番下の部分です。ここでは二つ以上のことがまた同時に行われています。おそらく僕らが靴下を履くところを図にしたらこんな感じかと思います。もっと速いですけどね。四種のことを一挙にやっています。僕らの場合には四種のことが圧縮されて団子状になっているはずです。その感じが三月三〇日の図にはあります。リハビリテーションの専門家の方も驚いていたのですが、Kさんはこの時、背もたれから背を一時離していました。このように上体のバランスを取るのは、お尻の感覚がない彼にとっては大変な技術だそうです。靴下を履き込みながら実に微妙に体幹姿勢を変え続けていたわけです。一二月に段階ができたなと思ったら、三月には一見ぐちゃぐちゃになったのですけれど、それは大変に高度な組織になったわけです。

運動には運動が埋め込まれている

先ほど僕は、頚髄損傷の方の靴下履きの発達を観察して何となく理解できたことがあると言いました。それまでは誰かが言った理論を何となく頭でわかったつもりでいたことが、このKさんの靴下履きを六ケ月かけて観察して腑に落ちたのです。その一つが、「協調」ということです。

「協調」という言葉は、二〇世紀の半ばくらいから、運動研究の分野では中心の概念になってきました。英語で言うとコーディネーションです。コーディネーションという概念を運動研究に導入したのは、ソビエト時代のロシアの運動生理学者ニコライ・ベルンシュタインです。ベルンシュタインは優れた研究者で、レーニン賞を取り、国立の研究所の部長だった人です。しかしユダヤ人だったので晩年はスターリンに眼をつけられて、職を追われました。彼は運動制御を考えるということがどういう問題かということを明瞭に自覚したはじめての人です。

動物の運動を古典的な機械と同様の方法、つまり座標を設定して作動する部位の位置を個々に指定する方法で制御しようとすると、決定すべきことが非常に多くなります。人間の関節の機械的自由度は大変に多いからです。人間には七九二の筋があり、ほんのわずかに体が動く時でも、全身の関節と筋が関わっています。動物

図5…4種の下位運動の組織化の推移として描かれた「靴下を履く」行為の発達（宮本、2001より）

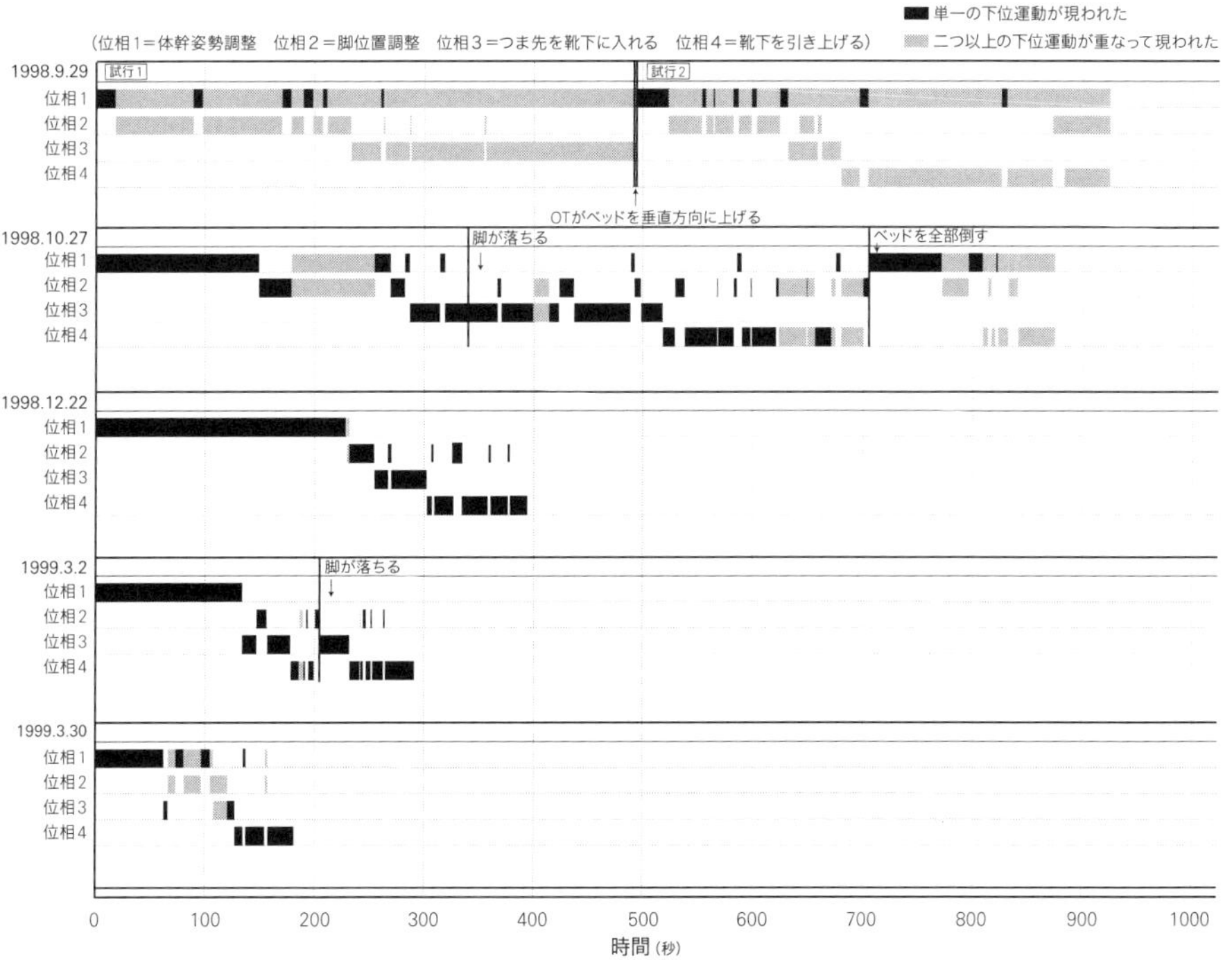

の運動軌道を計算してプログラムを書こうとすると、制御者はとんでもない量の作業をすることになる。というより多自由度の動物身体の運動をこの方法で制御しようとすることは、それを解けない問題にするようなものなのです。ベルンシュタインはそれに気づいたわけです。チェスのコマを動かすようには動物は動かせない。動物運動制御の困難さは人工知能を搭載したロボットの制御についての研究が進んだ現在では誰でも知っています。この種の多自由度の動物運動制御に固有の問題を、今日の研究者は「ベルンシュタイン問題」とよんでいます。その問題に出会ってベルンシュタインは、「協調」について考え始めたのです。

ベルンシュタインの定義では、「協調」とは「運動器官の冗長な自由度をマスターして、それを制御可能な系にする過程」であり、「運動が持たねばならない同時性、統合、構造的統一を有する活動」です。要するに、動物が動く時に現われる各部が結合した動きの組織のことです。それができるおかげで自由度の問題が解けるのです。「協調」というユニットを扱えば運動の制御について、一九世紀に流行った、制御者を運動の外部に置き、制御に「中心(例えば脳)」を想定する方法とは異なる展望が持てると彼は考えたわけです。

これも二〇世紀中頃に実験されたことですが、馬を移動させてその四脚の動きの関係を観察すると、それはウォーク(普通の歩き)、トロット(早足)、ギャロップ(疾走)にほぼ限定できるそうです。馬をトレッドミルにのせて走らせると、ベルトがだんだん速くなるとウォークからトロット、ギャロップへと移行します。速度条件に対応する四脚の動きの関係は断続的にふわりと出現するのです。この三種の動きの組織は馬の四脚にある「協調」です。もし四脚の動き方を別々に指令しようとすると大変なことになります。しかし、それらはたった三種のコーディネーションに落ち込む。問題はどこで協調を転換するのかということだけになり、制御は大変に容易になっているのです。

協調で運動を考えるということは、一個に見える運動が実は複数個の運動間の関係として成立していると考えようということです。一つの働きをしている運動には、二つ以上の運動が含まれている。だから一つの運動は、他の最低もう一つの運動と同時に観察される必要がある。運動は二つ以上の運動の関係として記述される必要があるのです。

どんな運動も単体の動きだと思ってはいけません。指の動きについて知りたい人は、一本の指だけを見てはだめです。他の指と一緒に見る。呼吸について知りたい人は、呼吸だけではなく、呼吸と他の身体の動き、例えば発話との関係を見る必要があります。例えば「食べる」という行為を観察したい人は、食物を噛み砕く「咀嚼」の動きと、飲み込む「嚥下」の動きと、それから「呼吸」の動きの、最低三つは見る必要があります。食べる行為は一つの動詞で表わされていますが、実際の運動として見ると、その中に幾つもの運動が埋め込まれているのです［図6］。


［図5］をもう一度見てください。ここでは靴下を履くという行為が四つの運動の組織として示されています。二つ以上の運動が協調してはじめて一つの行為と

図6…吸い込む協調（Goldfield, E. C.（1995）*"Emergent forms—Origins and development of human action and perception."* Oxford University Press. より）

フレーム572では乳児の口に母親の乳首がふくまれている。乳首の周りを覆っている黒いものは撮影のためのバリウム液で、母乳の動きをわかりやすくするために入れられている。572ではバリウムはまだ咽頭プレートと舌のあいだに納まっており、咽頭は呼吸のために開いている。574から584にかけて下顎と舌が押し上がり、乳首が圧縮されている。バリウム(おそらく乳も)が食道に流れ始めている。585から600までは下顎が下がり、乳首への圧が減少している。乳は少しずつ胃の方へと移動し続けている。

ここで乳児は、母親の乳首を口にふくみ、「吸う」、「飲み込む」、そして「息をする」、という三つのことをしている。図は、この三つの動きどうしが一連の動きとして関係づいている過程を示している。ここに示された一回の吸い、飲み込み、呼吸はどうやら大過なく無事に進行している。バリウムで誇張されている乳の大部分が無難に食道を通過し、胃へと落下していく様が、この回の三種の動きの関係が上首尾だったことを示している。三種の動きの相互関係に少しズレが生じて、もしわずかでも乳が気管に入ったら、乳児は激しくむせて咳き込むだろう。この図は乳を「吸う」、「飲む」、「息をする」という動作のどの一回も、それがうまくいった時には、精巧に調整された関係なのだと言えることを示している。

運動研究はここ二〇年間ぐらいで、これらの事例に示されているような身体の動き間の関係をもっぱら問題にするようになった。これらの動きどうしの関係は既に二〇世紀の四〇年代に、このような動きどうしの関係に注目していたロシアの生理学者ニコライ・ベルンシュタインの命名にならって「協調」とよばれている。

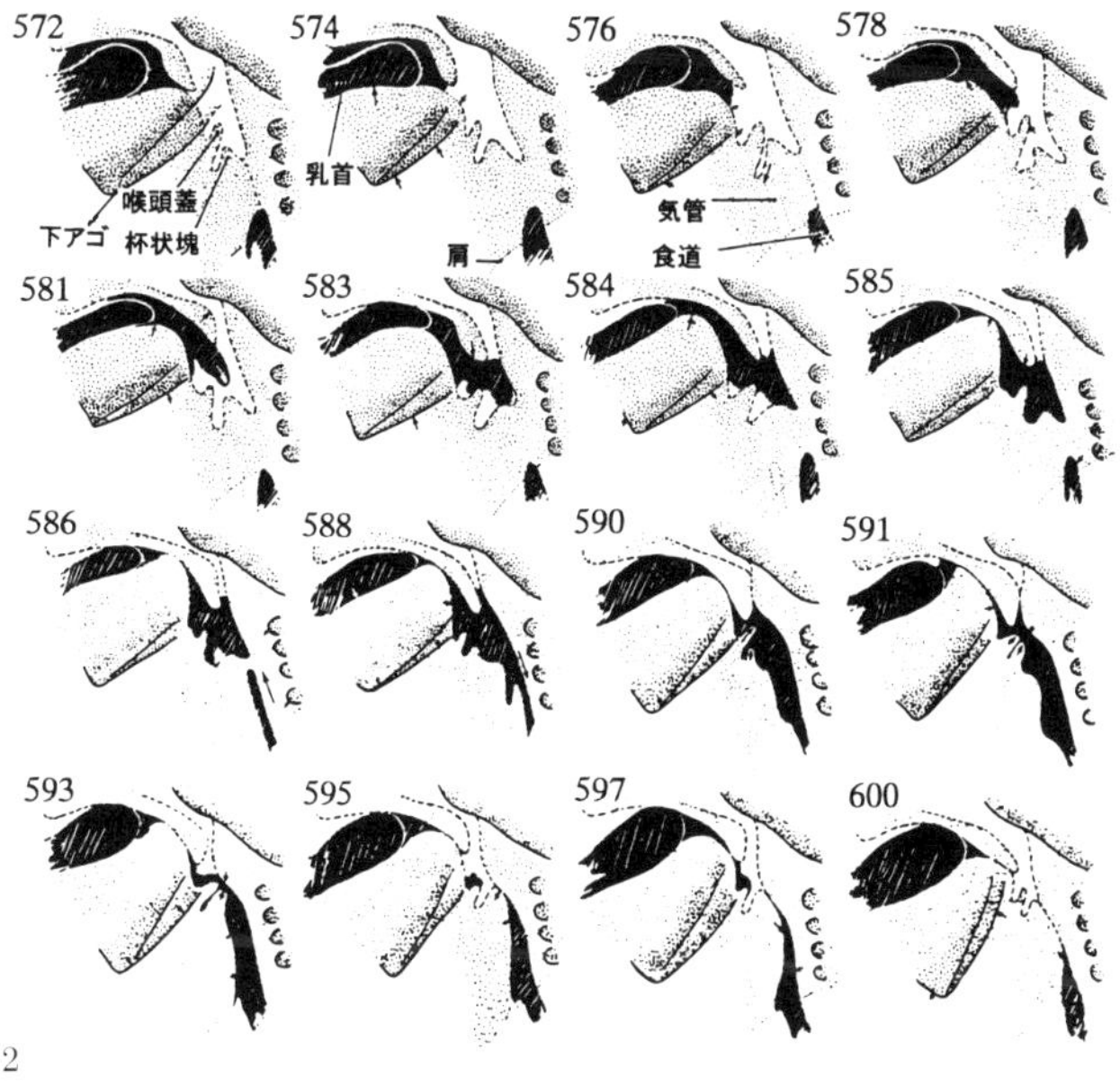

よべるような働きを示すことができたわけです。

秩序は運動そのものにある

もう一つ腑に落ちたことがありました。それは、運動の秩序、つまり制御と言われてきたことは、一つの運動が複数の運動間の関係であるということ、それだけから生まれるということです。

例えば、膨大にある馬の四脚の動きの関係には、速度を変えればそこに三つの秩序が生ずる。噛む、飲み込む、息をするというのも、三つをどのように関係づけるのかなんて考えたら食べていられないわけですが、誰かが噛んで、飲み込んで、息をするところを［図5］のような図にしてみると、その人の食べ方の組織がそこには示されると思います。動物の身体に起こる運動ならばどんなことを取り上げても、馬の四脚に起こるような秩序化を発見できるはずです。それを良く観察すれば、AさんBさんそれぞれの食べ方の個性、移動の個性などがわかるのです。

つまり二つ以上の運動の関係から生じてくる運動の秩序は有限なのです。三つの運動の関係を見ろと言われたら、それが時間軸上に展開することであることを考えると、幾らでも組み合わせの仕方があるので、また計りがたい複雑さに出会うのではと不安になると思います。しかし実際は運動に生ずる秩序は結構少ないのです。

一つのことをする運動に複数の運動が埋め込まれているとして、その中の幾つかの運動を止めて、自由度を少なくして、例えば一つの運動だけを残してそこをコントロールしてやろうとするのが従来の制御モデルです。これは大変な作業です。例えば食べることを学習する時に、噛むと飲むと息をするというのを別々にやることを考えてください。これは不可能です。そうではなく、全部の動きをフリーにして、サブの運動群を勝手に走らせる。するとなぜか全体の自由度が一挙に減るのです。ある運動に伴う呼吸を習得する時、それだけを練習しようなどと思ってはいけないのです。息を運動群に埋め込んでしまえばいい。そうしたら、自然に、呼吸はある秩序の中に位置する。

運動のシステムにおいては自由度を解放することで、自由度を制約する秩序が生まれてくるのです。非決定イコール秩序だということです。自由度が大きいということは何かが決まらないことです。その非決定をそのままに放置しておくことが決定を生む。そういう矛盾が動物運動の原理なのです。

Kさんのリハビリテーションを担当した先生は靴下を履く時に、こうしろというようには教えませんでした。勿論、誰にでも通用する方法ではないですが、言わなくてもできそうな患者さんには最初から任せてしまうそうです。そこで、患者さんは七転八倒して覚えます。そこに彼なりの身体の相互の埋め込み方、編み上げ方が出てくるのです。それがKさんの秩序なのです。Kさんなりの秩序を発見していく様子を知ることができれば、その協調には介入できるのです。段階的に教えてしまうのとは違う。自律した組織は変化していく。そこが臨床的には結構大事なのです。

靴下で見たように秩序というのはどこかに止まっていません。秩序Aは秩序Bへと移行します。秩序は有限個なので、移行は有限の秩序のあいだで起こります。馬の脚の例では、この移行は速度がもたらしました。

ベルンシュタインが「協調」という概念で言ったことは、動物運動の性質がそのまま運動の問題を解く、そういう解法が存在するということの主張だったのだろうといまは思っています。

物との協調

さらに腑に落ちたことがあります。これがもっとも重要です。それは動物の協調には周囲が関連しているということです。

動物は隔離された運動体ではありません。周囲(環境)との関係を調整して生きています。これまでの話は全部運動だけですが、馬の四脚では、当然どんな地面を走っているのかということは大問題です。つまり、地面の性質も協調に参入しているはずです。「食べる」協調は、食べるものがあんぱんなのか、チョコレートなのか、するめなのか、マシュマロなのかによってだいぶ異なると思うのです。動物の運動は、周囲と同時に成り立っているのです。

そういうことを一生懸命言った人たちがいます。動物の運動は二つ以上の運動が複合したものであるという主張に、二つ以上の運動が複合する時にはじめてそこで物への意識が現われる、ということを付加したわけです。その一人が、エドウィン・ホルトという人です。この人は、アメリカにフロイト主義（意識の選択主義）を導入した人です。彼は哲学の系譜で言うと、プラグマティズム★2の創始者の一人、ウィリアム・ジェームズの弟子で、アフォーダンス理論のジェームス・ギブソンのプリンストン大学での先生です。ホルトは、協調は物に出会う、物に出会うことで協調は、意図・意識になる、と言っています。

［図7］を見てください。ホルトが示した例を絵にしました。架空の水棲動物がいて、眼があります。これは光を感受する。この眼は身体の反対側後ろのヒレと連結していて眼に光が当たると反対側のヒレが動きます。光源から片眼が光を受けるとヒレが動き、進行方向が変わります。するともう一方の眼も光を受けられる位置に来て、もう片方のヒレも動き始める。そのようにして両方のヒレが動くようになると、動物は光源に接近するわけです。原理的には八〇年代に、ロッドニー・ブルックスというロボット工学者が作って評判になった「クリーチャー」に似ている。ブルックスは感覚器と運動器が一対になっている「層」というユニットの動きを重ねれば昆虫ぐらいの動きは設計できるとしたわけです。計算とか表象とか記憶などの旧来の知能の原理ではなく、非常にシンプルな感覚-運動を重層化する原理で知能の原型を設計できるというのでみな驚かされたわけです。

ホルトの水棲動物もヒレと繋がった眼が二個あれば「光を求める」運動をする。もしこういうふうに動くロボットや小動物を見ると、僕らはこの小動物は寒いので、暖かい方に向かっているとか、暗いので明るいところを探しているなどと思うはずです。つまりその動きに「光の意識」を見る。それを可能にしているのは、二つの感覚-

エドウィン・B・ホルト（Harvard University Archives）（Heft, H. (2001) *"Ecological Psychology in Context"*より）

運動単位が複合しているというただそれだけのことです。僕らが何かをアウェアしている、知っている、意識しているというのはそういうことです。感覚-運動がリンクするところに周囲への意識が生ずる。そこに心が現われるということです。エドウィン・ホルトは心の起源は運動の複合であると考えたのです。

マシュマロを食べる時の「噛む」と「飲む」と「息をする」の複合をよく見ると、その組織はマシュマロをアウェアしている。その運動の複合を十分に記述できれば「マシュマロ心理学者」になれます。世界で最初のマシュマロ心理学者です。「マシュマロの心理学」というような卒論があってもいい。それには動物にしかない運動があり、運動が特定の物と結ぶ過程がある。十分に心理学なのです。ホルトはそのようにして物の登場する心理学を構想していたのです。彼のことを哲学史では新実在論者と言います。心理学に必要なのは、複数の運動と物だけなのです。それだけでサイコロジーは成立するはずなのです。

アフォーダンス

動物運動の協調、行為はこのように周囲と繋がって成立しています。行為がこのことを達成することの謎を生涯をかけて解こうとしたのがジェームス・ギブソンです。彼が英語の動詞「アフォード(afford)」を名詞にして作った「アフォーダンス(affordance)」という用語の意味をひと言で言えば、協調としての行為が関連する環境の性質のことです。環境というのはどこにでもある

図7…ホルトの水棲動物

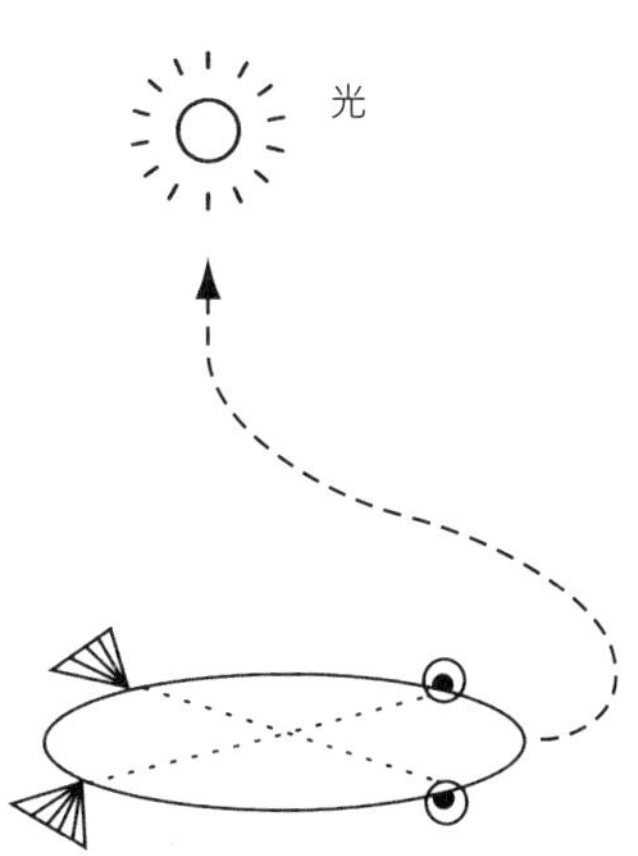

★2　パース(Peirce, C. S.)がカントの、思想が行為の目的と密接な関係を持つことを表現するために用いたプラグマティク(pragmatisch)から借りて、自身の哲学につけたよび名。ギリシア語の「プラグマ」(行為)に由来する。哲学者の鶴見俊輔によれば、プラグマティズムとは、可能性の実在を認める「スコラ的実在論」、個別と一般についての「連続主義(synechism)」、法則は偶然にできた習慣であるとする「偶然主義(tychism)」などの主張であり、常識のような粗雑な信念の論理学である「批判的常識主義(critical common-sensism)」、知識が間違いを重ねながらその度合いの少ないところへ進むという「マチガイ主義(faliblism)」等を方法論とするアメリカの哲学である。

のではなくて「動物の周囲」のことなのです。ギブソンは動物の周囲は、動物の行為から再定義されなければならないと考えた。動物の周囲に、行為にとっての意味があると考えた。それをアフォーダンスとよんだのです。

ギブソン以前の心理学は周囲を知るために動物が持っている器官を感覚受容器に限定していました。それが入力できるのは「刺激」とよばれるミクロなものだけです。視覚ならば光線のようなものです。光線は網膜の感覚受容細胞に電気的、化学的な変化を引き起こすエネルギーではありますが、それ自体は意味を伝えません。光線からは人の顔は再現されません。ギブソンは幾つもの感覚器が複合して、周囲を探索する協調のシステムが身体に成立していると考えて、それを知覚システムとよびました。単一の感覚受容細胞ではなく、それらをも含んだ組織が身体にはあり、それが環境の意味を探していると述べたのです。光を探していたホルトの眼とヒレの組織を思い起こしてください。あれは光を探す知覚システムです。当然そこには筋、つまり運動組織も参入しています。

ギブソンは知覚システムは周囲のエネルギー流動のマクロな構造と循環しているとしました。周囲のエネルギー場のこのレベルをギブソンは「刺激」に対して「情報」とよびました。情報としてギブソンが最初に発見したのは、地面のような環境表面の肌理(テクスチャー)です(第2章、047ページ参照)。

伝統的に視覚心理学は真っ暗な実験室に光の点を提示して、そこまでの距離を答えさせるというようなことをしてきました。いまでもそうです。そこには光点はあっても、背景がありません。しかし実際に視覚が働いているところは真っ暗ではありません。そこは肌理に満ちたサーフェス(表面)からなる世界です。多種の表面が動物を取り囲んでいます。だから大小規模の肌理がギブソンの言葉で言えば「入れ子」になって動物を包囲していることになります。遠ざかればより大規模の肌理が、近づけばより小規模の肌理が周囲にあることがわかります。ここには三〇〇名くらいの方がいます。みなさんの身体の群れが作るのも肌理ですし、一人の人にグッと接近した時にその人の肌に発見できるのも肌理です。肌理が入れ子になっているとはそういうことです。

ギブソンは肌理の構造のような周囲のマクロな構造が、光にもマクロな構造を作り出して、それが視覚システムを包囲するのだとしました。【図8】は鳥が飛翔する時に体験する光の肌理の流れをギブソンが描いたものです。

人間の姿勢もこのような光の変化と循環してコントロールされています。身体は常に揺れていますが、その振幅が大きくなりすぎて転ばないように、つまり「立ち続ける」ために、僕らは周囲に起こる光の肌理の流れの拡大や縮小を使っていることが実験的に示されています。光に投影されている肌理の拡大や縮小が、ある幅で納まるように揺れているかぎり「転ばない」ことを実現できるのです。「転ばない」という行為は、ある幅の揺れを視覚を使って作り出し続ける協調なわけです。これは自覚なしに進行している。時間があまりありませんのでギブソン理論の中心の「生態光学」についてはこれ以上触れません。いま述べた「光の流れ」は視覚システムが協調している情報の一つです。

物を手で持って振るとその物に固有な回転への抵抗を知ることができます。「振りにくさ」です。物と接触して周囲を知るための手の知覚

図8…光の流れ(ギブソン『生態学的視覚論』より)

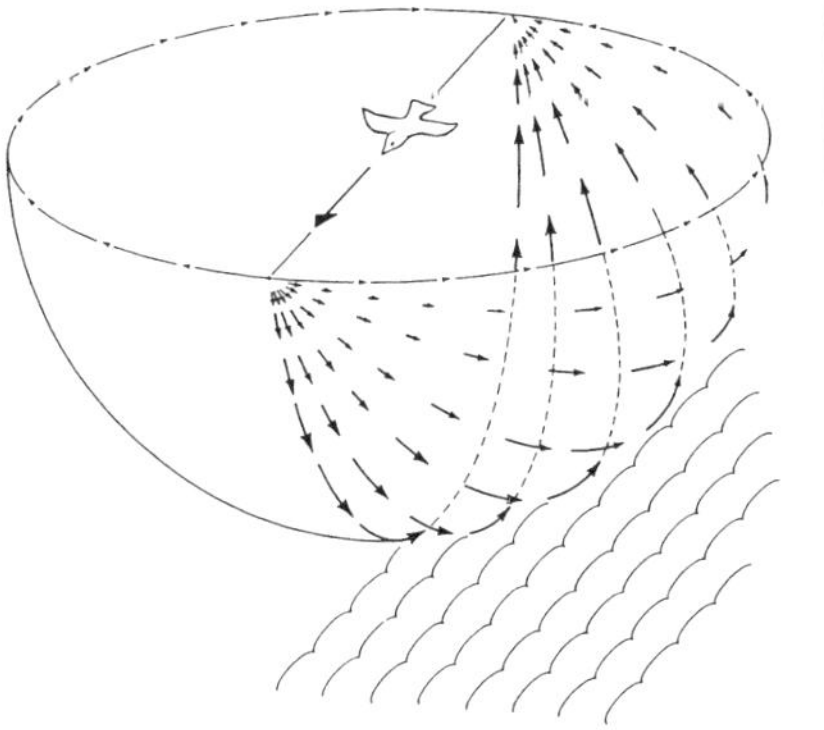

図9…慣性テンソル

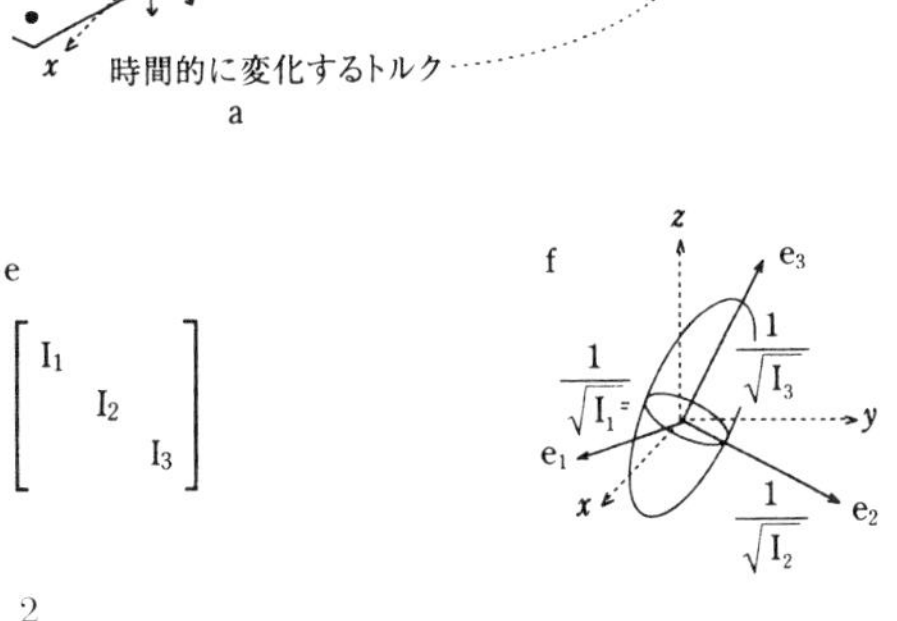

物体が振られると、回転を引き起こす力すなわちトルク(a)と、角度の変位や速度や加速度(b)によって表わされる回転運動が時間的に変化する。これら時間に依存した力と運動は、通常は手首(d)にあってそれ自体は動かない回転の中心での、時間と独立した慣性テンソル(c)によって結びつけられる。

慣性テンソルは、物体の3次元運動における回転速度変化についての慣性もしくは抵抗を定量化する9つの数の配列であり、*I*の文字で表わされる。配列もしくは行列の対角にある数は、3軸での回転に伴う抵抗を定量的に表わす慣性モーメントである。対角外にある数は回転軸に対して直交する方向での抵抗を定量的に表わす慣性乗積である。9つの数は、回転の中心となる固定点で定義される座標系のとり方に依存して決定される。どのように座標系を定義しても、それとは独立に、3つの対角上の数のみから構成されるテンソルの形態(e)が存在する。その3つの数は主慣性モーメントもしくは固有値であり、3つの慣性主軸もしくは固有ベクトル(e)との関係で定義される。固有ベクトルの方向を向いた軸を持つ慣性楕円体(f)を考えることによって、慣性テンソルの幾何学的表現を得ることができる。慣性楕円体の中心から表面への軸に沿った距離は、対応する軸の慣性モーメントの2乗根の逆数に比例している。

ターヴェイ(Turvey, M. T.)と共同研究者によって、ダイナミック・タッチにおける不変項であることが同定された。慣性テンソルの固有値は、ダイナミック・タッチによる対象の「大きさ」と「重さ」(「重量」ではない)の知覚のための情報となっており、固有ベクトルは、対象の「向き」を特定する情報となっていることが確認されている。Turvey, M. T. (1996). Dynamic touch. *"American Psychologist"*, 51 (11), 1134–1152. (マイケル・T・ターヴェイ「ダイナミック・タッチ」三嶋博之訳、佐々木正人・三嶋博之編『アフォーダンスの構想』173–211頁、東京大学出版会、2001年)。

システムが利用している情報はこの「振りにくさ」です。力学で慣性テンソルとよばれている値です［図9］。僕らが身体の状態を知るために使っている情報もこれです。身体が物と接触するといつも「振りにくさ」が生じます。動物はこれを情報にして、周囲の物の長さとか、形とかを知覚します。この情報は動物が身体を持って物に触れた時から動物を取り囲んでいた。振りにくさという情報が動物の身体の形態のこれまでのような進化を導いたとも言えるわけです。

「光の流れ」も「振りにくさ」も動物が動いてはじめて生ずる周囲の変化です。動物とは自ら動く存在ですが、彼らの動きは常にある種の情報を作り出しているわけです。だから周囲を知覚することと移動することとは循環しています。動くと現われることが周囲を知ることの資源になっているわけです。移動イコール情報。移動と知覚は同じことなのです。

さて、棒を手で持って、それを見ながら振っているということを想像してみてください。実際にノートを片手で持って見ながら振っていただいてもいいです。どうぞやってみてください。手のところには振りにくさが生じています。振る方向や振り方を変えても大丈夫です。トルク（ねじりモーメント）を変えても慣性テンソルの固有値は不変なのです。だから同じノートが知覚されます。眼の方にはノートの表面の作る大小規模の肌理が変形するのが見えます。振りますとノートのフォーム（形）はどんどん変化します。その変化はそのノートでしか起こらない変化です。つまり変化させると変化の基礎にあるノートの不変なシェープ（姿）が見えてきます。動きを与えれば「不変なノート」が光の中に現われます。

いまみなさんは、接触システムと視覚システムを使ってノートがどのような物であるのかを探っている。指の数個の感覚器だけでなく、腕全体に分布している筋も含めたシステムが働いており、眼や網膜だけではなく、動く首や上体の動きも含めたシステムが働いている。システムの動作は、物の不変性を特定する情報と同調していっている。

いまみなさんが経験しているノートは、光の肌理に生じた不変と、接触の変化に現われた振りにくさという二つの不変とが協調した不変です。各知覚システムが探索した不変な情報がさらに複合して、固有の高次の情報が現われる。それがそのノートを特定している。

見ながら振っているノートで何ができるでしょう？　それをどこまで投げられるでしょうか？　僕の所まで届くでしょうか？　両手でそのノートを引き裂けるでしょうか？　ノートにこの靴の両方を載せられるでしょうか？　片方ならどうでしょうか？　そのノートで前の人の頭をたたいたら冗談ですむ程度の衝撃ですむでしょうか？　すべて皆さんには自明だと思います。その感じが、ノートにある意味です。それがそのノートのアフォーダンスなのです。

僕がレイアウトというのはこの情報の複合のことです。光点や光線ではなく、周囲の表面の肌理を投影している光の肌理には、既にレイアウトが登場していました。物を振った時に現われる慣性というのも「力のレイアウト」です。知覚はそういう「レイアウト」を利用している。知覚は点や線ではなくレイアウトに生ずる。

しかし知覚は、光の構造や慣性だけを利用しているわけではありません。動物は光のレイアウトと力のレイアウトを複合したより高次のレイアウトを利用して周囲にある意味を探っている。レイアウトは動物にとってもかけがえのないものだという理由は、知覚がレイアウトの利用にほかならないからです。

レイアウトと行為

最後にもう一つリハビリテーションの事例を述べます。大阪ボバース記念病院の南誠一氏に教えていただいた事例です。脳梗塞を発症した七〇歳の女性の記録です。彼女はかなり大きな領域の脳梗塞で行為がままならなくなった。発症後三ケ月の時にある課題をやってもらいました。机の上にインスタントコーヒー、粉クリーム、砂糖、お湯、そしてカップやスプーンなどを置いて、「コーヒーを一杯入れてください」と頼みました。数分かかってカップにコーヒーの粉と粉クリームをスプーンで入れることはできました。しかし、それにお湯を注ぎませんでした。お湯はすぐ眼の前にあったのに行為はそこで終了して、二種の粉だけが入ったカップを飲もうとしてセラピストに止められました。コーヒーを飲むためにはこれでいいと彼女は言いました。

他のことでも同様なことが起こっていたようです。医師は彼女には、行為の目標を達成することに問題があると診断しました。その症状を専門的には「観念失行」とよびます。失行というのは行為に起こる問題ですが、とくに観念失行は個々の運動ではなく、プランを実現できない障害です。この場合だとカップやスプーンの操作にはそれほど問題がないが「コーヒーが入った」という状態を作れない、そういう問題です。運動を連鎖させて「コーヒーを入れる」という目的を達する行為の連鎖を作れない。

この方に、三ケ月後にもう一度同じことを頼んでみました。だいぶ様子が変わりました。発症後六ケ月のこの時には、時間はずいぶんかかりましたが、「コーヒーを入れる」という目標は達成できました。この日の行為にはとても印象深い特徴がありました。その一つが、物の位置をわずかに変える、配置換えが非常に増加したということです。途中で行き詰まった三ケ月目には配置換えはわずか三回しか起こりませんでした。ところが六ケ月目には二四回もしました。まったく同じ物を、同じ位置で彼女の前に置いて、同じことをお願いしたのにです。

微妙な配置換えをこんなにしたわけですから、ビデオを見ると彼女の行為は大変ぎこちなくなったように見えました。物の前で相当迷っているように見えました。しかしそのようにぎこちなくなった時に、彼女はゴールの状態、つまりちゃんとコーヒーとミルクの粉をお湯でとかした一杯のコーヒーを作り出せたのです。

この事例を知って僕は、行為がレイアウトとか、レイアウトを利用しているのだということにある確信を持ちました。先に述べた光のレイアウトとか力のレイアウトとか、その複合というのもレイアウトです。しかしそれはあまりにも理論的で、それがどのようなレイアウトなのか実感を持つことは簡単ではありません。しかし机上で何かをしようとしている時に、人が机上のレイアウトを徹底的に調整している、そのレイアウト作りが行為の進行と深く関連しているという事実には思い当たるところがあり、実感があります。手を動かして何かをすることは、物の微妙な配置を換えることだということは、画家や建築家でなくとも、誰もが気づいていることだと思います。

コーヒーを入れようという時に、手は刻々と眼前の物の配置関係を変えて「一杯のカップにコーヒーが入っている」という配置を最終的に作り出していくわけです。その過程には物の配置が変化して作り出されている光景がずっとあり、それが展開していくことを行為者はまさに見ているわけです。物の配置という情報は、行為が目標にいたる経路のどこにいまいるのかということをまじまじと見せているわけです。したがってゴールが意識できるレイアウトの変化こそが、ゴールまでの経路で行為をガイドしているのです。この行為が作り出しているということは、それにからむ配置換えができる、配置換えにある微妙な差異に感受性を持てるようになる、ということなのだと思います。レイアウトがあること、レイアウトが変更していくことによって行為は動かされている。レイアウトと行為とは循環している。環境のレイアウトを変更することと何かをするということは一体なのです。

デザインとアフォーダンス

「デザイン」のしていることは配置換えです。あらゆるデザインとは、レイアウトの変更です。デザインは行為に深くからんでおり、動物にとっては生態学的な出来事なのです。それは動物の生に深い関係がある。動物の行為に可能性を与え動物に行為を予期させることなのです。

配置換えとは、二つ以上のことを同時に扱うことです。先に協調ということで運動が二つ以上の運動を埋め込んでいるということを言いました。それは知覚でも同じです。知覚情報とはテクスチャーです。そこには協調があります。だからレイアウトを知ること、レイアウトを変更しながら環境の性質であるアフォーダンスを探ることも「二つ以上」を扱うことなのです。

よくアフォーダンスの説明として、ドアの取手に、握りやすいアフォーダンスがあるかどうかとか、そういう単体の物については述べられています。それはそれで間違いではない。しかしアフォーダンスという用語にはもう少し先の意味がある。物のアフォーダンスとは、その物が他の物との配置に埋め込まれた時に現われてくる性質なのです。アフォーダンスの心理学は、行為で周囲を描くことを目指しています。だから行為がデザインする、あるいは行為をデザインする周囲に敏感な心理学です。この点でデザインの領域と近いかなと思っています。

生へといたる消滅
ウイリアム・フォーサイスの動き

舞台にあったフォーサイスの動きたちは「生きている」と思う。生きている人間の動きだから生きているのは当たり前なのだが、ここで「生きている」と言ったのはやや意味が違う。動きたちが「生きている」。

ぼくには三〇〇年以上続いているバレエの歴史、そこでの動きについての知識がない。だからフォーサイスの動きたちをただ見るしかない。そしてただ見て、動きたちが「生きている」ことに驚いた。ただ「生きている」ことの原理だけが、それだけが、他のことには目もくれずに、まっすぐ探されていることに驚いた。

しかし「生きている」といっても、フォーサイスの舞台にあることはぼくたちが普通に「生きている」と考えていることとはずいぶん違う。勿論、元気な子どもたちの動きのように「生き生き」なんかしていない、「楽しそう」でなんかまったくない。むしろそこにあることは凡庸な意味での生きていることとはほど遠いことだ。ただの無意味な動きの群れではないかと感じる人もいるだろう。むしろそうだからこそ「生きている」。

動きを無機にする方法

「生きている」ことを知るためには二つの方法がある。一つはただ「生きている」ことを黙って見ること。これはぼくたちが毎日していることだ。だから「生きている」ことを見ることにかけてぼくたちの誰もが目利きだ。フォーサイスの動きたちがかぎりなく面白いとすれば、それはぼくたちが「生きている」ことを見ることにかけて、既にかなり目利きになっているからだ。基本的には目利きどうしが黙ってフォーサイスを見て、「生きているね」、「うん」とお互いが同じ何かを見たことを確認しあえばいい。

もう一つの方法がある。「生きている」ことを作ってみるという方法である。いざ作ろうとすると、「生きている」ことはとても手ごわい。ぼくたちを近づけてくれない。しかし作る方法でしか見えてこないこともある。ダンス以外のところでこの一〇〇年くらいをかけて「生きている動き」を作ろうとしたり、説明しようとした領域があった。その領域を「運動研究」と呼んでおこう。

一九世紀に運動研究は映画という道具に出会った。動きを記録するために、みなきそってこの装置を利用した。そのうち映画は研究の道具にとどまらなくなった。映画は「静止から動きを作る」技術である。一つのコマの中にある静止した姿態から、本物のような動きが生まれることを見続けた運動研究者たちは、これこそが「運動生成の原理」であると錯覚してしまった。彼らは一つのコマの中にある、「瞬間の身体の配置」というものを、運動の基本単位だと思ってしまった。

運動を作るためにはあとは映写機のようなもの、つまり「瞬間を連続させる仕組み」さえ考え出せばいい。生理学者は「鍵盤型制御機構」といういかめしいモデルを考え出した。

脳の「運動野」という場所に、筋肉や関節の位置や角度など、身体のいろいろな部分の瞬間の配置を指定する「鍵盤」がたくさんある。それを脳の中にいる小人（「意図」という名前をつけられていた）が、記憶貯蔵庫に、これもたくさんある、運動のための楽譜の一枚を引っ張り出してきて奏でる。このモデルは運動の成立をこんなふうに説明した。

確かに映画でも、自動ピアノでも、そしてあらゆる機械でも、動物以外の物の動きはこのようにすれば何とか作り出せる。だけれど「生きている動き」が同じようにできる保証はない。

一九四〇年代のロシアでニコライ・ベルンシュタインという生理学者が、この説明は変だと言い始めた。例えば人間の身体にはおよそ一〇〇の関節と約八〇〇の筋肉がある。それらは全部繋がって大きなシステムになっている。ごく一部のわずかな動きは全体に波及する。身体を制御するということは、この「複雑な繋がり」を動かすことである。

例えばオリンピックの射撃の選手がやっていることは、「静止する」ことではなくて、「動かない動きのシステム」を作ることだ。どう訓練しても絶対になくならない、銃を持つ手の微妙な揺れを、腕や肩や上体や両脚の、つまり全身の揺れのシステムで「吸収」してやることだ。

制御がもし身体の部分と繋がる鍵盤の演奏だとすると、小人は、大規模で複雑なシステムである身体の「繋がり方」のすべてについて知っていなければならないことになる。システムの個々の場所への命令は、命令がいく前に、システム全体がどのように繋がっているのかによって、意味することがまったく変わってしまうからである。

さらに小人はこのシステムとそれを取り囲むところ、つまり環境との接触のすべてについても知っていなくてはならない。地面、壁、大気、水、他の人などに、運動をしかけた結果、それらがどのように変化したり、運動を返してくるのかについても命令をする前に知っていなくてはならない。そうでなければ命令したことは、環境とずれてしまう。

ちょっと考えても、「意図」とよばれた小人がやらなければならないことは気の遠くなるほど膨大なのである。小人の抱えたこの難問を「ベルンシュタイン問題」という。

しかし一九八〇年代半ばまでは、環境についての巨大なデータベースと、環境からのリアクションをすぐに計算して運動を修正する高速のフィードバック機構があればよいと誰もが思っていた。力わざで、人工知能を搭載したロボットが「生きもの」まで進化するかもしれないなどと言う人もいた。

だけれどこの力わざにも落とし穴があった。環境の複雑性に対応するために、知識をいっぱいに抱え込んだロボットを作ってみた。すると、たくさん書き込んだ知識と、いま環境に起っていることを照らし合わせるために、少し動くために何時間もかかってしまった。知識の豊富なロボットは「考えている」ばかりで動けなかった。この知性のパラドクスを「フレーム問題」という。

一〇〇年かかって「生きている動き」を作ろうとして、なんと「生きていない動き」をどうすれば作れるかが本当にわかってしまった。「意図」にとって都合のいい「運動単位」を作って、それを繋げばそれは「生きていない動き」になる。これは「無機の動き」だった。運動研究は一〇〇年かかってやっと「始まり」にたどりついたわけだ。

有機の動き

何といっても、ぼくたちの動きは、一度も「ベルンシュタイン問題」や「フレーム問題」に出会わない。おそらくそれは動きが「生きている」からだ。では「生きている動き」、つまり「有機の動き」とはどのようなことなのか。

交通事故などで膝から下の両脚を切断する人がいる。手術が終わってしばらくするとリハビリテーションが始まる。そのメニューに水泳がある。はじめは、下脚を失った人の大腿は水の中で、切断前と同じ動き、つまりバタ足様の上下動をするそうだ。想像するとわかるけれど、この動きは、下脚がない時には水の中での推進力をほとんど持たない。無駄な動きだから、早くやめるように言えばいいようなものだが、両足のない人にこの動きが現われても、リハビリテーションの担当者は放っておくようだ。なぜなら彼らは経験から、放っておいてもこの大腿の動きに変化が現われることを知っているからだ。

少しすると水の中の下脚なしの身体に新しい動きが現われる。それは上体と大腿が左右へゆらゆらくねくねと揺れる「魚の背のような動き」であることが多いという。

結論から言えばこの下脚なしの身体に現われた「魚の背のような動き」は有機の動きである。勿論、下脚がある時のバタ足も有機の動きだ。

なぜ「有機」なのか。下脚がある時の「バタ足」も、ない時の「魚の背」も、その動きが水とともに探されたからだ。どちらも水なしにはなかった動きだ。水にはぼくたちの身体がそこで浮かんで、進むこと、つまり泳ぐことを可能にしていることがある。それに行為のシステムが少しでも触れることができた日に、その動きは有機になる。泳ぎという行為は水の中以外では絶対に起こらないことだ。だから泳ぎという有機の動きは、そのすべてを水にゆだねている。

水に潜在していた「泳ぎを可能にすること」を発見したのは、ほかでもないぼくたちの行為だ。だから実は泳ぐことを可能にしている水の意味と、それを発見した行為、この二つは一つのことなのである。この二つが一つになっているということが、有機の動きの条件である。

ぼくたちのまわりで動いている生きものの動きを見てほしい、どれもが世界にある意味とそれに触れている行為の「二つで一つのこと」である。

ぼくたちを取り囲んでいるところには、このようにぼくたちの動きにとっての意味が満ちている。

水とは「両手ですくって飲む」、「スポンジのようなものにふくませて他の所に移す」、「乾いた所を湿らせる」、「汚れものを洗い落とす」などという意味の集合である。そういう、行為と一つになる可能性の群が水にある。水中は「呼吸しない」、水面はたいがいの動物には「移動しない」という意味である。水とはそういう、行為と一つにならないという可能性でもある。何でもよい、周囲の世界にあることの意味をこのようにあげていけば、そこに潜在していることのすごさがわかる。

行為にとっての意味がぼくたちを取り囲んでいる。ぼくたちがしていることは、これらの意味に触れる有機の動きを、一つ一つ増やしていくことだ。有機の動きとはこのぼくたちを取り囲むことに触れて、それと一つになりつつある動きである。有機の動きとは「外部のある動き」である。

例えばこれまでぼくたちの足が触れてきた地面は、想像できないほど多様だったに違いない。にもかかわらず、たいした怪我もせずに生きてこられたのは、ぼくたちの「歩くシステム」がこれらの多様な地面のすべてに「歩ける」という可能性をちゃんと探し当てられたからだ。この地面の多様性に対応した「歩くシステム」を特定の座標の上に形として描くことはできない。形にした瞬間に、その歩行は地面にあることからずれてしまう。「歩く」とはどの座標にもマッピングできない「無形の出来事」である。形がないから地面にある多様な意味を探せる。無形なことが「有機の動き」の条件である。だから一九世紀の運動研究が、静止した形を運動の基本単位にしたことは大きな間違いだった。

ぼくたちは、まだどの幾何学でも記述できていない、この無形の出来事を「ああ、生きているなぁ」と確認しながら、毎日見ている。ぼくたちの眼が見慣れている「生きていること」とはこの「外部と一つになりつつある無形のこと」なのである。

動きは外部と一つになる時に「生きる」。動きが有機になるということは、動きがそれだけではない何かにとらえられて、それだけとしては「消えてしまう」ことだ。比喩的に言えば行為は独自であることの「消滅」を代償にして意味を手にするのである。

フォーサイスの有機

さてフォーサイスだ。

なぜフォーサイスの動きたちは「生きている」のか。

劇場は有機の動きにとって最悪の環境である。舞台にあることは、空気と、平らで一定の固さの床と、当たり前の重力と、人工の光と……そこには有機の動きが着地できそうなことはわずかしかない。

そして残酷な観客の眼がある。その眼は批評家でなくとも、舞台で起こることのすべてをそこにはないことを表わす「表現」に仕立てて、そこから何かを「読み取ろう」と待ちかまえている。一九世紀以来の運動研究が確認したように、「意図」が作り上げたあらゆる「表現」は無機のシステムである。「表現」の背後には動きを無機にする小人が必ずいる。舞台の上でこの誘惑を無視することは並大抵のことではないだろう。だから舞台で有機の動きを見るためには、「意図の小人」が偶然その働きを休める「神の啓示」の瞬間を待つしかないと言われている。観客は一方で無機のシステムである「表現」の洗練を期待し、他方で有機の動きがふいに現われる瞬間を待っている。観客とはこの両方がなければ喜ばないという、とんでもなく欲張りなやつらなのである。

フォーサイスの舞台でも事情は同じである。フォーサイスのダンサーは、クラシックバレエの基本的動きである「パ」から出発する。フォーサイスのダンサーたちの身体がこの伝統の枠組みで徹底的に鍛えられていることは見ればすぐわかる。彼らはしっかりと無機の衣をまとっている。

クラシックバレエの身体は、上下に強く伸びた軸に支配される「意図」による構築物である。クラシックバレエのダンサーはいつもこの引き線を自覚している。どのように動いていても「パ」の身体はその軸上にいることを求められる。クラシックバレエとは、この無機の動きを素材にして、舞台の長い時間を埋めてしまうという「無機の装置」である。

しかしクラシックバレエがつまらないと言っているわけではまったくない。だれもが、「パ」の軸にとどまろうとする無機の不自由さの極端な洗練と、その不自由からはみだしそうになる有機の瞬間のわずかの持続の混ざり合いがバレエの魅力であることを知っている。バレエに現われる瞬間の有機は、無機がその極限で、それの破れとして見せる有機であって、バレエだけが見せることのできている無機の成熟の果ての有機である。

つまりクラシックバレエとは「無機と有機との境界」でもある。この極限の境界はそう滅多に現われない。無機は仕組めてもそれが破れて現われる有機は仕組めないことだから、それに出会うためには、ただ待つことしかないと言われてきた。

フォーサイスは待たなかった。フォーサイスは舞台でこの境界だけを探している。そこには洗練された無機がどこまでも有機に破れようとする境界だけがある。

先に射撃手の身体が「動かないという動き」のシステムだと言った。この「動かない

「パ・ド・パピヨン(蝶のステップ)」

動き」のシステムをよく観察してみると、それを制御している中心を遠くの標的の「見えの揺れ」に発見できる。射撃手の有機の動きは、標的の見えの光学的変形(これも射撃手の行為が作ったものなのだが)に吸収されることで完結している。射撃手の有機の動きは、標的の周辺にある光の変形にとらえられることでこの世界に着地している。ぼくたちが知っているたいがいの有機の動きではこのように、その中心が文字通りの外部、つまり身体を越えた外にある。

しかしフォーサイスの動きが探しているのは、水や地面などの、身体を取り囲む身体の外にある意味ではない。それは文字通りの外部を探していない。フォーサイスの動きは、動きが明らかにする、身体システムの「物質性」そのものを探っている。身体には動きを吸収する多数の場所がある。というよりはこの場所は動きによって、どんどん誕生するものである。フォーサイスの動きはそれを探している。

フォーサイスのダンサーはまずは「パ」の無機から出発する。それに横から斜めから、下から上から、ほとんど可能なかぎりの方向から、もう一つの「パ」をぶつける。一つの無機から開始されたはずの動きは、あっというまに下位システムに分割し、システムに動きの吸収されるところだけを探る有機の動きになる。「パ」の無機がフォーサイスの動きでは多数の有機にくだける。クラシックバレエのダンサーでは一つの軸の周辺にしかなかった無機が破れ有機に変わる感動が、フォーサイスのダンサーの身体では全身に同時に多数として拡散している。有機が濃い密度でつまっている。

フォーサイスはこの動き以外の何も作り出していない。そこにはいわゆる「表現」はない。だからといってそこにあることは「無意味」ではない。その反対である。フォーサイスの動きは多数の「意味」を探している。身体にたくさんあるはずの、動きを吸収

「パ・ド・シュヴァル(馬のステップ)」

するところを探している。身体は何も「表現」せず、ひたすら身体自身の動きの「内部」に身体の着地するところを探究している。

もう一度「有機の動き」の定義を思い出してほしい。それは「外部と一つになりつつある無形のこと」であった。文字通りの外部ではないが、身体それ自身は動きたちの吸い取られる外部になりうる。だからフォーサイスの動きは有機の動きである。

普通ぼくたちが見ている有機の動きは、身体を取り囲むところにある意味を探している。普通は有機に有機が接続している。ところがフォーサイスの有機の動きは、無機に始まり有機に接続している。さらに動きにとっては外部である身体自身の内部にあることを探している。だからフォーサイスの生きていることは二重に普通の「生きている」こととは違う。

競合としての意図

ぼくたちが日々見ている有機の動きにはもう一つの特徴がある。

例えば、「果物の熟れ具合」に触れている手。良質な布にならある「織物のこし」に触れている手。胃や肝臓の「病気の兆候」に触れている手。厚い紙の束から「一枚の薄さ」を取ろうとしている手。箸の先にある食べ物の「鮮度」に触れている手……きりがない。いずれもぼくたちを取り囲むところにあって、ぼくたちが意味とよんでいることに直接触れている手にある有機の動きの下位システムである。

手はこのへんてこな形としてではなくて、外の世界にある意味に触れる多数の動きの可能性として存在している。手は意味に触れる下位システムの束なのである。

暗闇でこのダイナミクスの束である手に何かを持たせてほしい。何が起こるだろう。多種の下位システムが一斉に発動して、環境の意味に触れて、触れる過程で動きのダイナミクスの変動が小さくなっていく。最後にはついにそこにあったことを探り当てて、そこにある意味に触れる一つのダイナミクスだけが残る。観察できるのは、時間をかけた下位システム間の「競合と選択」である。

大規模に見える身体というシステムは、単一のシステムではない。幾つかの下位システムの競合するところである。

おそらく、ぼくたちの身体にある行為のシステムが単数だなんて錯覚してしまったのは、つい最近のことなのだ。二〇世紀のはじめに発話や行為の「錯誤」を観察していたフロイトも、あらゆる行為を、二つ以上の行為の競合の場と考えていた。彼が「無意識」とよんだのは、競合の結果、この世に現われなかった多数の行為の影のことなのだ。

「鍵盤を繋げる」ことは「無機の意図」の働きだった。有機の意図の原理はまったく異なる。それは競合と選択の過程である。意図は何かを制御する働きではない。それは競合そのもの、つまり多数の「有機の動き」が、この環境で多数の意味たちに出会って、結果として一つの接触が実現されること、と再定義される必要がある。競い合いにぼくたちは生きている意図を見ている。

「有機の動き」がぼくたちを取り囲むところにその根拠を持っているかぎりにおいて、そして競合と選択が脳の中でのことではなくて、ぼくたちを取り囲んでいる多数の意味の中でのことであるかぎりにおいて、この生きている意図は「ベルンシュタイン問題」にも、「フレーム問題」にも悩むことはない。

競合する動きたち

フォーサイスの動きにはこの生きている意図がある。一人のダンサーの身体では、「パ」という「無機の意図」に、他の「パ」の「無機の意図」をぶつけることで「意図」が消えていく。そこでは「パ」と「パ」の競合が生きている意図になっている。

言うまでもなくフォーサイスの舞台は、一つの身体に有機の誕生を見るだけの装置ではない。フォーサイスの舞台では、一人一人のダンサーの身体に注視してはいけない。もったいない。いつも脱力して、観客であるあなたを包囲する多数の身体のすべてを見るべきだ。多数の身体たちは、ある時にはまったく別々の動きを、そしてある時には思いがけなく幾つかが共鳴して動きを同調し始める。多数の身体も、個々の身体がそうであったように、決して全体を制御する「意図」にしたがってはいない。

フォーサイスにとって「演出」とは、「意図」を避けることである。そのことが一つの身体でも、多数の身体でも試みられている。多数の身体の競合はおそらく長いレッスンで準備され、それにとどまらず本番の舞台の上にも幾つものきっかけが用意されているという。

ここには「意図」ではなく競合がある。不思議だ。普通は一つ一つの身体にしかないことが、多数の身体にもある。一つの有機体にあることに徹底的に近いことが、多数の身体を素材にして探究されている。

フォーサイスの舞台では「無機の動き」と「無機の意図」が消滅に向かっている。そこでの動きたちは「生きている」と言わざるをえない。一つ一つの身体は熱心に、自身が消滅するところを身体に探すことで有機になっている。多数の身体は、一つの身体にあるはずの競合を組織することで意図になっている。動きが二重に「無機」を「消滅」しようとしている。だからはじめて見るはずなのに、わけもなくなつかしくかなしい。

結 レイアウトのレイアウト

肌理《キメ》と粒《ツブ》

1

一九九九年三月一六日。

夢を見た。一頭の栗毛の馬がいる。顔は私の視界を覆うほど大きい。目が黒く潤んでいて、顔の大部分を占めており、私を見て瞬きをする。私にはそれが馬だとわかる。そのことには少しも不思議な感じは伴わない。馬だとわかる、と同時に、私には馬がその馬だとわかる。はじめて見た馬であるが、その馬だとわかる。他と比べたわけではないが、その馬とわかる。そのことについて考えざるを得ないという思いが強くおしよせる。馬の顔の見えと、考えざるを得ないという思いが夢で対峙する。

しばらくして思考の力が抜ける。なぜその馬とわかるのか。いままで「一」や「個」という言葉にごまかされていた。眼前の馬はその馬でありかつ馬の「粒」なのだと思う。

粒は肌理を作っている。粒が集まると地面になり、繊維になり皮膚になる。粒が集まって木肌になり森になる。どこにでも粒と肌理がある。地面や皮膚や森は肌理であり、地面の小石、皮膚の斑紋、森の木が粒である。

一頭の馬を見ていると思っていたが、私が見ているのは馬という肌理の粒であると思う。一つだけで存在する自然物などあるだろうか。すべての自然物は二つ以上あるのではないか。自然物は肌理としてあるのではないか。肌理は同じようでありながら、違うことからなる。違うようでありながら同じと言ってもいい。どちらでもいいのだが、そういう粒からなる肌理として私たちの周囲はある。

知覚が目の当たりにしているのは比である。周囲にあるのは比である。知覚を取り囲んでいるのは比である。馬は一頭であろうと二頭であろうと、たとえ数十頭であろうと、同じで違うことである。一頭は一つの差である。馬は肌理を埋める粒として知覚に発見されている。数えたり、名をつけたりしてみても、いまそこにいる馬が馬の肌理の粒であるということは言い表わせない。しかしそのことに知覚はすぐに気がつく。すべての馬をその馬として見ている。知覚は即座に「それである」ということを知る。知覚はその馬を知る唯一の働きである。知覚は肌理と粒を同時に知る、そういう働きだと思う。

言うまでもないが視界に他の馬が実際にいるかどうかは問題ではない。経験が肌理と粒の同時性を作るとも言える。ただ、おそらく肌理と粒の同時性ははじめて周囲を見る乳児も知覚していると思う。その物という感じのない知覚はもはや知覚ではないのではないか。知覚が頑強なのは肌理と粒に同時に定位しているからではないか。知覚は一つしか見る物がない場合にも肌理を見てしまうのである。

一つから他を想像するわけではない。知覚にとっては肌理と粒しかないのだから想像などは必要としない。知覚はいつも肌理と粒を見てしまう。経験できる物の数が少ないという不満を知覚はもらさない。知覚はただその馬だと見る。五頭の馬がいれば、それぞれその馬だと見る。一が五になり数十、数百になったからそれぞれの馬が肌理の粒らしくなるというわけではない。馬の顔ははじめから肌理の粒である。一頭目でも一〇〇〇頭目でも、その馬である。

知覚が発見するのはいつも粒と肌理である。

2

以前、秦の始皇帝の兵馬俑の写真を見て驚いた。写真では皇帝の墓を守るために埋められたほぼ等身大の兵の立像のどれもが同じようであるが違っているように作られていると見えた。これは人工の肌理なのだと思った。調べてみると、それほど多くはない「型」があり、同じ像が量産されたのだという。人工物なのに肌理であるはずがない。人工物には肌理がない。文字通りの「同じ」しかないとがっかりした。しかし、いま墓に埋まっている兵馬俑のように、人工物は自然にさらされ肌理に近づく。一つの人工物は粒に近づく。物への愛着というのは粒への感じなのではないか。

3

粒が肌理に移行することがある。物が肌理に溶解する。周りが物の輪郭を失って肌理が「浮き上がる」。

例えば電車の窓からマンションのベランダの洗濯物が見える。干されている数種の衣類が作るレイアウトが浮いて、それだけが見えてくる。ベランダにある物のレイアウトが力を持って視覚に迫ってくる。どのベランダもそのベランダの肌理になっている。そのレイアウトを構成している物をあげれば、クーラーの室外機、植物鉢、植物、丸められて壁にかかっているホースなどの道具、スダレ、容器の配列、棒、ガラス、カーテンなどである。そういう物を見ようとして見えないわけではない。しかしまず肌理が見える。レイアウトを作り上げているのは物であるが、物はさておきレイアウトが見える。レイアウトから目が離せない。

そういう日はどこにも皺がよく見える。衣類、壁、路面、手帳、紙、どこにでも皺が見える。染みや傷も見える。横を通り過ぎる人は皮膚や衣服の皺が作るレイアウトである。染みや傷もある。レイアウトが揺れて変形しながら移動している。それにじっと目を奪われる。どの人も弾性のある変形である。壊れかけている変形もある。形成途上の変形もある。雑踏ではどこを見てもそういうレイアウトに取り囲まれる。

生まれながらの盲人がもし視覚を与えられるのなら木の葉の広がりを見たいと言った、という話を聞いた。粒が肌理になる日にはベランダも人も木の葉の広がりになる。視覚の快楽が周囲にあふれる。

粒にも肌理がある。

4

地下鉄から降りてプラットホーム路面の汚れや小さな凹凸の作る肌理から眼が離せなくなるような日がたまにある。その感じは丹治保堯氏の幾つかの写真を見るたびに起こる（カラー頁参照）。その感じはここに書いた二つの経験と似ている。

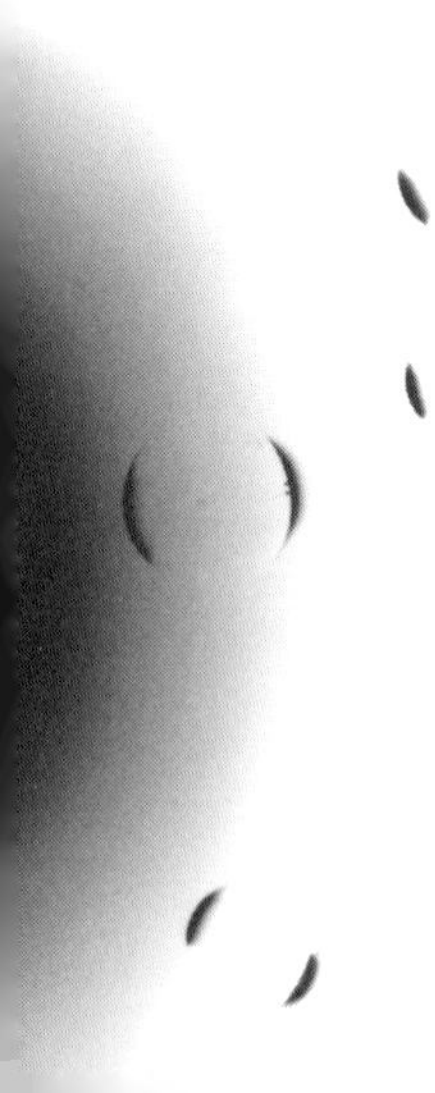

あとがき

レイアウトというのは周囲にある具体のことである。

例えば店頭で魚や野菜や果物の肌理を見る。対面した人の黒眼と白眼の比率を見る。歩く人の脚の振れ具合を見る。異性を見る。朝、歩きはじめにその日の体調を感じる。部屋を見回して掃除しようと思う。鏡で頭を見て散髪に行く。散歩して方々の曲がり角の向こうをのぞく。そのような時に知覚していることは、すべてレイアウトである。レイアウトが特定している意味は周囲のどこにでもある。

一言で言えばレイアウトとは生きていくための知識である。

序に書いたように、ギブソンは視覚研究を始めて二〇年ぐらいたって、パイロットの視覚を研究している最中にレイアウトの存在を自覚し、周囲には肌理があると言い始めた。私は彼の書物を読んで、定義としては肌理もレイアウトも入れ子も理解したつもりでいた。しかし、アフォーダンス理論の中心にあるそれらの概念群について、ああこういうことなのか、という感じはずいぶんと後になってから訪れた。幾つかのことが重なって、レイアウトの意味が把握できたようだ。

最初にレイアウトという言葉が意味を持ったと感じたのは、数年前に、講義を準備していた時である。

しばらくのあいだ、ギブソンの『生態学的視覚論』の内容をただなぞるという方法で講義をやっていた。冒頭、第1章の「動物と環境」からどこも省かずに、節ごとに書いてあることを紹介して、自分なりに考えたことを付加して話すということをしていた。

第2章の「媒質、物質、表面」で、ギブソンは媒質(大気と水)、物質と表面のアフォーダンスについて別々に論じている。その内容は豊富で、例えば媒質である大気が動物にとってどのような意味であるかということのすべてを咀嚼するためには、一回分、一〇〇分の講義時間のすべてを費やすことになった。ついで物質と表面について、そのサブスタンシャリティ(固さとか物っぽさ)について考えていた時に、それまでは別々のことだった媒質と物質と表面が、区切れない一つのレイアウトなのだと思えてきた。早速、サブスタンシャリティの勾配として、媒質と表面と物質が重力軸によって上から下へと層のようにレイアウトしている環境をノートに描いてみた。

環境をこのように固さの勾配として描いてみると、ギブソンのもう一つの書、『知覚システムとしての感覚』の第6章「触覚とその構成要素」、第7章「触-身体感覚の可能性」で論じられている接触のシステムとしての身体を、無理なくこの環境のレイアウトに位置させることができるような気がした。ノートの図に、地面と媒質のあいだで地面にへばりついている小さなヒトの姿を加えた。

この時考えたことは、本書、第1章「レイアウト宣言」の第2節「固さ」(第1章、023〜029ページ)に書いた。環境が「固さのレイアウト」であるということがわかり、触覚がこのレイアウト全体に起こる出来事だと理解できた時に、身体と環境が一つのレイアウトになり、身体に起こる触覚が環境に包摂されていることを実感できた。

九〇年代には、光覚のない視覚障害者のナヴィゲーションについて歩くということをしていた。十数人のナヴィゲーションをビデオで記録し、インタビューをした。この仕事でわかったことの一部は『アフォーダンスと行為』(金子書房、二〇〇一年)の第3章「ナヴィゲーションと遮蔽」にまとめたが、簡単に言えば、視覚障害者が街を目的地まで移動する時には、壁の所で、こちら側から向こう側へと越える時に経験すること(音や接触の変化)が重要なのだということがわかった。

しばらく自分でも、壁を曲がる時に知覚することに注意して移動してみて、街の見えが少し変わった。どの曲がり角にも独自の変化があり、それらのレイアウトとして一つの街はある。曲がり角はどこまでいってもなくならない。それを越え続けることが大きな環境を知るということなのである。幾つもの曲がり角を越えていると、いつか街全体のレイアウトが見えてくる。

この観察の仕事で、一人の視覚障害者に新宿をナヴィゲーションしてもらったことがある。迷いながらも目的地まで行くことができた彼をしっかりとガイドしていたのは、新大久保から新宿を通って渋谷に至るJRの列車音であった。その音は「ガードの音」とよばれていたが、大音量で新宿(東口)の街を「川」のように貫いていた。この大規模ランドマークとしての音は、新宿のどこの曲がり角にも覆いかぶさっていた。壁のこちら側と向こう側とのレイアウトを知ることはナヴィゲーションの基本であるが、このローカルなレイアウトに大きな音が覆いかぶさっている。視覚でナヴィゲーションする場合でも同様だろう。曲がり角での向こう側に見えてくることには、ずっと遠くの山や地平線がレイアウトしていることがある。つまりナヴィゲーションの情報とは局所のレイアウトにより大きなレイアウトが複合したようなものなのだ。これがもう一つのレイアウトの体験である。

本書の最後、「粒と肌理」の夢を見たのはこの頃である。夢を見ながら、夢の内容が、考えろ、もう少し考えろと切迫してくる感じをはじめて味わった。夢から醒めてしばらく考えて、まあこういうことだろ

う と思って決着をつけたところ、それはやはりレイアウトのことだった。動物の種《しゅ》というのが肌理でありレイアウトである、ということを夢の中の一頭の馬が教えてくれたのである。私たちの知覚は粒であり肌理である馬を見ている。

長く交流している生態心理学者のトーマス・ストッフレーゲン(ミネソタ大学)が、複数のエネルギーの共変する情報をグローバル・アレーと名づけて、周囲には、光の配列や接触の配列や振動の配列がそれぞれ別々にあるのではなく、それを複合することがあるのだ、生態心理学はこれら幾つものエネルギー流を複合したことを扱わなければだめだと主張し始めたのもこの頃である。彼の論文(Stoffregen, T. A., & Bardy, B. G. (2001) On specification and the senses *"Behavioral and Brain Sciences"*, 24 (2), 195–259)は国際学会でも大きな議論をよんだ。とにかく光の流れと振動が同時にある、というような出来事を周囲に探すことはレイアウトについて考える練習になった。

電車に乗っている時に、揺れながら見える文字や揺れている人々の顔、窓の外を流れる景色を揺れる眼で眺めた時期があった。確かにそこでは光と振動がレイアウトしているようであった。レイアウトの知覚を自覚することは毎日どこでもできる。

本書に掲載した四つの対話は、これら一群の経験をして、レイアウトが徐々に意味を持ち始めていたちょうどその頃に行われた。当初はレイアウトという言葉の意味は自覚されていなかったが、まさにレイアウトそのものを扱うことを仕事の中心にして、既にその成熟した技術をわが国で高く評価されている方々との対話は、この言葉の意味を大きく膨らませてくれることになった。

本書の冒頭に収めた「レイアウト宣言」は、戸田ツトム、鈴木一誌、入澤美時の三氏が二〇〇一年に創刊した季刊誌『d/SIGN』に連載を依頼されて書いたものである。グラフィック関連雑誌ということもあって、思い切ってレイアウトをキーワードに書いてみた。本をデザインしたり、映画をしつこく見たり、陶器雑誌を編集している目利きの人たちに、私が言いたいレイアウトの意味が意外にも伝わることを知って、いい気になって書いた。この雑誌でなければ書けなかったことを書いたと思っている。『d/SIGN』あっての「レイアウト宣言」だった。本書はいわばこの連載の余勢をかってまとめられたことになる。

鈴木一誌さんには本書のデザインをお願いした。この文章を書いているいま、本はまだできあがっていないのであるが、各ページの文字のレイアウト、図版のレイアウト、ページのレイアウトはどこにも風が流れているようで、校正の眼をずいぶん休ませてくれた。レイアウトについての議論とともに、レイアウトそのものの美しさを実際に味わっていただける贅沢な書物になったことは思いがけない喜びである。

春秋社の小島直人さんには、本書誕生のすべてを制御していただいた。本書にはじめて収録した対話の企画構成から、原稿の選定までを共同で行ない、豊富な視覚表現の選択、収拾のすべてに尽力いただいた。

そして再収録した対話を掲載していただいた各誌の編集者、佐藤真（『談』）、藤田六郎（『武蔵野美術』）、田中功起（同）、荻原富雄（『10＋1』）の各氏、そして慶応大学での講演を企画していただいた奥出直人さん、後藤武さん、勿論、五人の対話者の皆さんにも、心から感謝したい。

ギブソンは『生態学的視覚論』第15章「ピクチャー（絵、写真、映画）と視覚意識」の冒頭に以下のように書いている。

「ピクチャーから得られる視覚は、私たちが包囲光から得る視覚よりも理解するのが容易なのではない。困難なのである。それは知覚の専門書では最後に考察されるべきものであって、冒頭に考察されるべきものではない。ピクチャーは言葉とともに人間生活の本質をなす部分であるから、考察からはずすことはできない」。

数年前から、アートの知覚研究を目指す大学院生が集まってきた。人生と表現が入れ子になっている彼らに感化されることもある。彼らのテーマはアニメーション、舞踏、音楽、デザイン、演劇、オペラ、映画、建築、写真などである。ギブソンが述べたように表現の研究は容易ではない。本書を端緒として、本格的な表現のアフォーダンスの研究が開始されることを期待したい。

二〇〇三年夏至

佐々木正人

初出一覧

第1章　「レイアウト宣言——自然のデザイン原理」　初出…『d/SIGN』第一〜四号、筑波出版会(一〜三号)、太田出版(四号)、二〇〇一〜二〇〇三年
原題…連載「自然のデザイン原理　第一〜四回(完結)」(大幅に改稿)

第2章　「正確に言えば光は見ることができない——絵画とジェームス・ギブソンの視覚論」　初出…『現代思想』一九九四年一一月号、青土社
原題…「正確に言えば光は見ることができない——ギブソンの絵画論」(大幅に改稿)
「光の経験——デッサン派vs.色彩派」　初出…季刊『武蔵野美術』第一一八号、二〇〇〇年秋　原題…「光の経験——更新し続ける感覚へ」
「包まれる(アムビエント)——写真と視覚」　初出…『談』第六四号、たばこ総合研究センター、二〇〇〇年　原題…「写真と生態心理学」

第3章　「小屋の力、街の愉しみ」　初出…『10＋1』第二五号、ＩＮＡＸ出版、二〇〇一年　原題…「建築／アフォーダンス」(大幅に改稿)
「ページとフォーマットの劇場」(新規収録)

第4章　「相撲と無知」　初出…『現代思想』二〇〇二年二月臨時増刊号、青土社　原題…「相撲と無知」
「生へといたる消滅——ウイリアム・フォーサイスの動き」
初出…『Eidos: Telos 形相と目的』(ウイリアム・フォーサイス&フランクフルト・バレエ団日本公演記念プログラム)、日本文化財団、一九九六年
原題…「生へといたる消滅——ウイリアム・フォーサイスの動きたち」
「リハビリテーション——制御・入れ子・協調のデザイン」　初出…『デザイン言語』慶応義塾大学出版会、二〇〇二年　原題…「レイアウトとアフォーダンス」

第5章　「肌理(キメ)と粒(ツブ)」　初出…『現代思想』二〇〇一年九月号、青土社　原題…「肌理(キメ)と粒(ツブ)」

佐々木正人
(ささき・まさと)

一九五二年、北海道生まれ。筑波大学大学院心身障害学専攻終了。現在、東京大学大学院教育学研究科教授。生態心理学者。著書に、『知覚はおわらない——アフォーダンスへの招待』（青土社、二〇〇〇年）、『アフォーダンス』（共著）（シリーズ 複雑系の科学と現代思想 第二巻）（同、一九九七年）、『アフォーダンスの構想——知覚研究の生態心理学的デザイン』（編訳、東大出版会、二〇〇一年）、『知性はどこに生まれるか——ダーウィンとアフォーダンス』（講談社現代新書、一九九七年）、『アフォーダンス——新しい認知の理論』（岩波書店、一九九四年）、『アフォーダンスと行為』（編著、金子書房、二〇〇一年）、訳書に、エドワード・S・リード『アフォーダンスの心理学——生態心理学への道』（監修、新曜社、二〇〇〇年）、ニコライ・A・ベルンシュタイン『デクステリティ——巧みさとその発達』（監訳、金子書房、二〇〇三年）他、多数がある。

レイアウトの法則

アートとアフォーダンス

2003年7月25日 第1刷発行
2019年5月25日 第12刷発行

著者
佐々木正人

発行者
神田明

発行所
株式会社 春秋社
〒101-0021 東京都千代田区外神田2-18-6
電話…03-3255-9611（営業）・03-3255-9614（編集）
振替…00180-6-24861
http://www.shunjusha.co.jp/

印刷
萩原印刷株式会社

ブックデザイン
鈴木一誌+武井貴行

本文・見出し使用明朝体
筑紫明朝-L
筑紫A見出ミン-E
（共に株式会社フォントワークスジャパン提供）

ISBN4-393-36028-1
定価はカバー等に表示してあります